书店传奇
TALES OF BOOKSHOPS

书话三部曲
A BOOKWOMAN'S TRILOGY

书店传奇
TALES OF BOOKSHOPS

钟芳玲
FANG-LING JONG

中央编译出版社
Central Compilation & Translation Press

Acknowledgements

I am indebted to a number of people who have helped and encouraged me in the writing of this book; if it could have been completed without their assistance, it would have certainly been a far lesser work. First and foremost, I want to express my heartfelt gratitude to the many booksellers I have interviewed, often at length, whose "tales" form the fabric of this book. A varied and diverse group of individuals, they were uniformly generous in sharing with me their insights into bookselling and booksellers, and their passion and enthusiasm for books in all their forms, from the most modest to the rarest.

Therefore, for answering my many questions, effecting introductions, providing photographs, and suggesting research leads, I am particularly grateful to the following (some now sadly deceased), whose names are given in the order of the chapters that they appear in: Andrew McGeachin, John Sprague, Mark James, and Javier Molina; John Crichton, John Windle, the late Jeffrey Thomas, Thomas A. Goldwasser, and Chris Loker; Clark Kepler; John Durham, Mike Pincus, Richard McLaughlin, Joe Machione, Ivan Stormgart, Mark Post, and Alfonso Vijil; Joe Luttrell; Scott Harrison and Alan Beatts; Byron Spooner; Andy Ross and Gary Cornell; Steve Fletcher and Carl Croft; Neal Sofman and Itzhak Volansky; Michael and Sandra Good; Andrew McKinley and Peter Limnios; Roger A. Wicker, Jerry Derblich, Alice Hoffman Erb, and Lauren Swan McIntosh; Tom Haydon, Nicky Salan, Tracy Wynne, and Mark Ezarik; the late Allan Milkreit; and Tom Baldwin.

My gratitude is also due to the following, who variously gave generously of their hospitality, research assistance, and photographic resources: Jung Chang and Jon Halliday,

Pu Zhang, Justin G. Schiller, Judy Bernhard, Gary Stollery, David and Caroline Brass, Robert Shepherd, Stephen J. Gertz, David Streitfeld, Joe and Cara Herman, Chris Hannon, Zoë Zeitlin, Ian Jackson, and Paul Yamazaki.

I am especially obliged to Asa Peavy, formerly the librarian of the Book Arts and Special Collections Center at the San Francisco Public Library, for his kind help during the years that I have relied upon the SFPL Special Collections for my research and writing, and for guiding me through the treasures under his care, sharing his profound knowledge of them. George K. Fox, Bruce MacMakin, and Greg Jung of PBA Galleries have happily made their archival resources available to me, which have been of the greatest help in the preparation of this work.

The decorative *leitmotif* of this book is the beautiful set of decorations that Eric Gill produced for the Golden Cockerel Press edition of Geoffrey Chaucer's *The Canterbury Tales*; John Sprague helped me to hunt down this rare bird of the private press movement and Javier Molina captured its image.

Amongst my family and my friends, I would like to record my thanks to the following for their encouragement and moral support: Jih-Heng Jong, Florence Lee, Wei-Wei Teng, Suh-Fen Tsai, Chi-Chun Chiu, Shou-Bai Yen, Ay-Ching Shyong, Yen-Chiu Shiao, Ching-Ping Tsui, Hsing-Wen Wu, Julia Hsiao, King Shaw, Li-Hsiang Wang, Mandy Hsiung, and – especially – my mother, who is always there for me. And finally, my husband, Daniel, for his care, understanding and love.

CONTENTS 目录

Acknowledgements 004
前言 008
导读 010

CHAPTER 1   Henry Sotheran Limited
两百五十年历史
莎乐伦书店 012

CHAPTER 2   Booksellers at 49 Geary Street
绅士淑女聚一堂
盖瑞街 49 号古书商 034

CHAPTER 3   Kepler's Books & Magazines
爱书人的发电厂
凯普乐书店 050

CHAPTER 4   Serendipity Books
不知该惊还是喜
意外惊喜书店 060

CHAPTER 5   Booksellers at 2141 Mission Street
发挥书业同胞爱
教会街 2141 号书店楼 072

CHAPTER 6   Meyer Boswell Books
专卖绝版法律书
麦尔·包斯维尔书店 086

CHAPTER 7   Bookshops on Valencia Street
缤纷灿烂又好玩
瓦伦西亚书街 094

CHAPTER 8   Fort Mason Book Sale
乐善好施又环保
梅森堡大书展 108

CHAPTER 9   Bookshops in Berkeley
既多元又反传统
柏克莱书店剪影 122

CHAPTER 10　Dandelion Books & Gifts
花孩童到老嬉皮
蒲公英礼品店兼书店　　　　　　　142

CHAPTER 11　ACWLP & McDonald's Bookshop
南辕北辙之对比
ACWLP 与麦当劳书店　　　　　　158

CHAPTER 12　Michael Good Books
卖书郎与补书娘
迈可·古德书店　　　　　　　　　174

CHAPTER 13　Adobe Bookshop
社区内摆龙门阵
阿都比书店　　　　　　　　　　　194

CHAPTER 14　Book Places in Elmwood
小而美的乌托邦
榆林区的书天堂　　　　　　　　　206

CHAPTER 15　Larry McMurtry & Booked Up
牛仔书商兼作家
麦克墨崔与他的书店　　　　　　　224

CHAPTER 16　Ever-Changing Bookselling Landscape
几家消失几家存
变迁的书店风景　　　　　　　　　236

CHAPTER 17　In Memory of Allan Milkerit
一位古书商之死
怀念艾伦·米克瑞特　　　　　　　252

CHAPTER 18　Baldwin's Book Barn Revisited
又见老人与小狗
重访鲍德温书仓　　　　　　　　　266

后记　　　　　　　　　　　　　　　286

前言

在平凡书店中发现非凡
在非凡书店中发现平凡

在电子书与电子阅读器风起云涌的年代、纸本书与实体书店逐渐式微之际，出版这么一本书似乎既落伍又不时尚，彷如螳臂当车或唐吉诃德追逐风车般可笑。但是每当我在大城小镇中，随处瞥见一方卖书之地，无论卖的是新书、旧书、古书或报刊，无论它们是书店、书摊、书城、书仓或书镇，我的内心刹那间就变得异常柔软。英文的一句话 "I have a soft spot for bookshops！"大概最能表达我对书店的特殊感觉。每个人的心中都有那么一个"柔软点"（soft spot），面对某些特定的东西就会产生难以解释、无法抗拒的情结与爱恋，而掳掠我这个柔软点或弱点的就是与书店相关的人事地物。

上一世纪年轻时，在西方逛书店不免抱着征服、狩猎的心态，以最短的时间走访最多、最怪的书店，当所逛之店超过一千家、两千家之后，我对书店之爱不变，但数量多寡对我已不具意义、也不再刻意找机会飞去遥远的国度追逐，而是花较长的时间逗留在较少的地方，细细品味书和书店的特色，并享受与店主、店员甚至店狗、店猫的真切交流。

书中篇章的初稿先后完成于过去十来年，而今收录成册，所有篇章都在结尾添上续访札记或简短注记。蓦然回首，发现自己虽然在这期间曾驻足温哥华、洛杉矶、匹兹堡、费城、纽约、伦敦、香港、北京、广州等大都会，也游历了美国宾州、德州、内华达州、亚利桑那州、北卡罗来纳州、德拉瓦州、西维吉尼亚州等区境内的诸多小镇，因而见到不少有意思的书店，但我拜访最勤、着墨最多的，则是在旅居地旧金山方圆百里的书人与书地。年纪痴长的好处之一，就是意识到自己往往舍近求远，反而忽略了关心、挖掘周遭精彩的故事。

书名想了许久，最后还是选定《书店传奇》，"传奇"这两字已被用得浮滥，让人当下难以产生惊喜或惊艳之感，但连张爱玲如此对文字讲究又斤斤计较的人，也选了这语词当她第一本短篇小说集的书名,并在扉页写着:"书名叫传奇,目的是在传奇里面寻找普通人,在普通人里寻找传奇。"我向来不属于广大的张迷之一,却颇欣赏与认同她的诠释。《书店传奇》就是在平凡书店中发现非凡,在非凡书店中发现平凡。

本书所描绘的书店,固然并非皆是传统定义中大格局、气势磅礴、众人传颂的传奇书店(legendary bookshops),但每家书店无论规模小或大、历史短或长,皆有一些属于她们独特的故事、一些让我感动的片段,它们可能发生在两百五十年历史的英国伦敦老店,也可能来自大楼角落中的一家小摊。

全书其实是一连串书店奇遇记,是我个人多年来一路累积出的故事集,故事与故事间的书与人往往又有所关联,像是连环扣,而我有幸成为一个串场者与故事采集者,这也是为何英文书名取为"Tales of Bookshops"的理由之一。理由之二,本书编排设计的灵感和元素,是我撷取自英国金鸡出版社(Golden Cockerel Press)上世纪初以手工印刷的限量版乔叟(Geoffrey Chaucer)名著《坎特伯雷故事集》(*The Canterbury Tales*),此套书由艾力克·纪尔(Eric Gill)设计版型及装饰木刻图。英文里有句话"模仿是最诚挚的恭维"("Imitation is the sincerest form of flattery"),乔叟与纪尔的作品都是我所欣赏者,这本书也可视为一个书迷对他们的礼赞与讴歌。

从《书店风景》到《书天堂》到《书店传奇》,长久以来,我所关怀的一直就是书与人。这本"有关书之书"(a book about books)不仅企图引领读者一路欣赏书店风景、走入书天堂,更希望读者能从这些故事中,领略不同的人生况味、趣味与品味。无论时代如何演进,"书"与"书店"永远会以不同的形式或样貌存在。传奇书店或许不易寻访与复制,但书店传奇却随时随地可能发生,只待我们去采集与经营。

导读

　　本书篇章的编排基本上是按着原始文章历年来完成的先后顺序，图片也尽量选用同时期所拍摄的来搭配，以便读者可以感受历史的脉络（包括我的观察角度与三流摄影技术逐年来的转变）。明显的例外，是有关"莎乐伦书店"的介绍，此文是所有篇章中最晚完成者，却被列为首篇。之所以如此安排，为的是对这家拥有两百五十年历史的老店致以崇高敬意。"莎乐伦"的存在，显示了书店的生命在爱书人的长期支持下，得以延年益寿，并成为传奇中的传奇。

　　"莎乐伦"也是全书中，唯一不在美国的书店。其他多数书店都集中在北加州，以旧金山为中心，方圆百里内的柏克莱、梅娄公园、马林郡几处。最后一篇为《重访鲍德温书仓》，此书仓位于美东宾州，我曾在《书店风景》中简介此店，十多年后再度造访，有着全新的经验与感动。第十五章拉里·麦克墨崔的书店在德州，是重点描绘的数十家书店中，唯一我不曾拜访者。由于我阅读过几本麦克墨崔写的回忆录与散文、认识一些他的朋友，对于他与书（店）的奇特关系极感兴趣，因此专文介绍。

　　书中所介绍的一些地方或许并非传统认知的"书店"，例如第八章的"梅森堡书展"、第十章的礼品店"蒲公英"与第十四章大幅描述的"牦牛尾巴"，但就广泛的定义来说，不论是为期数天的各类书展或辟有书区的商家，凡是卖书之处皆是"书店"。在英文里，"书店"除了"bookshop"，"bookstore"，"book shop"，"book store"以外，还可简单以"books"为代表，有些书店（特别是独立书店）则喜欢自称"bookseller"，以彰显他们"卖书人"的角色。

　　本书提到的"古董书店"（antiquarian bookshop，有时简称"古书店"），多半店中卖的是绝版书和值得收藏的书，这些书不一定都是老书，而可能是近期才设计、印刷、装帧精美或限量出版的书，由于"老"、"新"、"旧"都是相对词，五百年前的书固然大家都认定是老书,但三十年前出版者,算是老或新或旧?因而有些书店会强调他们买卖"优质书与稀罕书"(fine & rare books),中文或许可通称"珍本书",但一本书如何才算优质、稀罕或珍贵,也极难定义。至于二手书店(second-hand bookshop)或旧书店(used books)则是一般买卖廉价书的店,书价多半比原价低许多。然而不少书店往往又高档与低档书并列,甚至是新书、旧书兼卖,因此本书的"古董书店"、"古书店"与"古旧书店"常可相互替代,但前者多半专指以高价书为主力的书店。

书店风景不断变迁,所有篇章皆附有续访札记(update)或简短注记(note),有些篇章与篇章间往往又有所牵连,因此本书出现了许多相互参照(cross-reference)之处,显示书与人、书与书、人与人之间多层次的奇妙关系与趣味。书中另一特色,是对图说的重视,许多图说等同一个独立边栏,一则图说往往两三百字,有些甚至六百多字。以第十七章为例,主文约四千五百字,但图说总字数却达五千五百字。一张不起眼的照片,若有好的故事,透过文字也能吸引人,这也是我从西方优质目录中所学习到的。

本书的纹饰取自艾力克·纪尔为金鸡出版社所设计的《坎特伯雷故事集》,这些设计巧妙地将淘气、灵气、流气、邪气融合成一气。书中所用的英文印刷字体也是由他所设计,内文与篇章开头的字体名为 Perpetua,图说为 Gill Sans,每篇文章与续访札记刊头的英文花体大写字母,原型来自一本书中的手绘彩色装饰字首,为1490年呈献给一位梵蒂冈主教的一本早期印刷书。至于中文的内文字,使用的是汉仪书宋二简,图说为汉仪中等线简。所有的设计、包装与所谓的"创意",其实都是一种表象,其目的无非是为了让故事更引人,勾起读者对书、对阅读、对生命的热爱与赞叹。就让我们现在一起走进传奇故事里……

CHAPTER

1

Henry Sotheran Limited

两百五十年历史

莎乐伦书店

对于怀旧浪漫的爱书人而言,英国老店"莎乐伦"是极少数不被潮流创新所毁坏的美好事物之一,她更是此时此刻我的最爱。因为书、因为店、更因为人,我在此得到了智识、喜乐和友情。

  十多年不曾造访伦敦,这个城市在我记忆中已模模糊糊,然而每每一想到她,内心却总是炽热的。伦敦有太多我感兴趣的书人与书地,单单在我的笔记本上就列了一长串的名单。2009年7月中重返此地一个月,我怀着饥渴的心情,尽情地在一些书店、图书馆、博物馆中穿梭,没有一天我不是充满着狂喜与感动。Oh God!这个城市根本就是爱书人的大型游乐场!期间我最常驻留之处首推传奇的"莎乐伦书店"(Henry Sotheran Limited, Fine and Rare Antiquarian Books and Prints,正式名称为"亨利·莎乐伦有限公司——优质稀罕古书与印刷品商店",一般通称"莎乐伦书店"),和以此为中心的周边文化景点。"莎乐伦书店"是一家以贩售西洋古书和绝版印刷品为主的老店,位于短短的萨克维尔街(Sackville Street)上,从店门口往南走几步路,就到了繁华的皮卡迪里大道和圆环,闹中取静的环

"莎乐伦书店"临萨克维尔街的长排橱窗成了最佳展示间。

皮卡迪里圆环是英国闹区著名的地标，"莎乐伦书店"就在这附近。从书店请专人制作的手绘地图，可以更清楚知道她的位置。

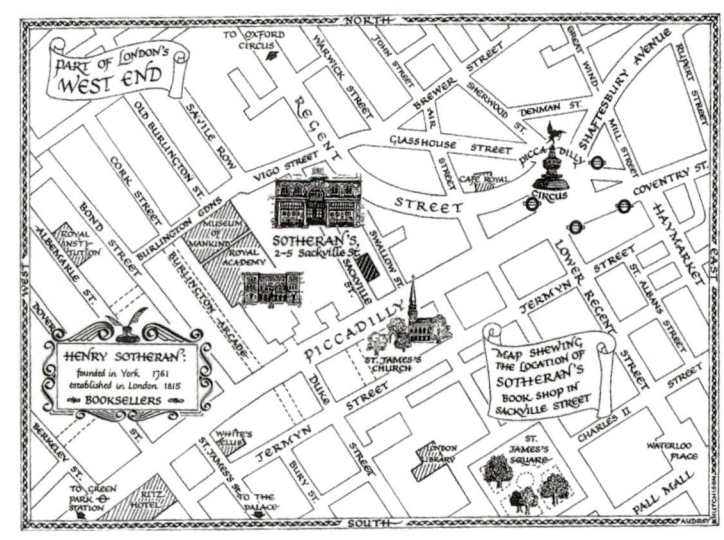

境与典雅的古书店非常相衬，这家店的门牌号码是"2至5号"，由2、3、4、5号四家店面贯穿一起，因此长长的临街橱窗（约四十英尺长）成了极佳的展示间，里面不时更换一些夺人目光的书籍、版画或海报，连时尚设计师Marc Jacobs 和 Paul Smith 都因为经过时被橱窗内的绝版服装摄影集吸引而进来买书；已故摇滚天王迈克尔·杰克逊约二十年前也曾逛到此买了张印有军服的图片。

早在上世纪九〇年代中期，我就已经拜访过"莎乐伦书店"，只不过当时年纪轻、历练少，对西洋书的历史与

有两百五十年历史的"莎乐伦书店",以贩卖西洋古书和老印刷品为主。

收藏没有太多认知,因此停留短暂,也不懂得如何欣赏。再次进入这家店,只觉得美不胜收,我以贪婪又灼热的眼光打量着立柱上悬挂的 T. S. 艾略特与狄更斯的照片和亲笔信函、中世纪的手抄羊皮书页、莎士比亚戏剧的别致海报、艾力克·纪尔(Eric Gill)的黑白版画与藏书票、书架上与玻璃柜中有更多装订印刷皆美、作者题献签名的书籍……触目所及的对象,样样都让我心花怒放。

国王钦定的书商

无可否认的,"莎乐伦"的悠久历史与店内的收藏同样让我倾心。1761 年亨利·莎乐伦(Henry Sotheran)和朋友约翰·托德(John Todd)在约克市(York)开了一家书店。1773 年两人各用自己的名号继续营业,1815 年亨利·莎乐伦的侄子汤姆士·莎乐伦(Thomas Sotheran)到伦敦开店,汤姆士的儿子与孙子(都取名亨利·莎乐伦)先后接掌书店,从此成了欧美的重量级书商,版图在十九世纪甚至一度扩展到巴黎与法兰克福,而今则是英国——甚至可能是全世界——现存最老的一家古书店。此店的辉煌历

（右上）十九世纪英国知名作家狄更斯的亲手信函与照片。

（左上）"莎乐伦"虽然最早是由亨利·莎乐伦在约克创立，但日后在伦敦开店并奠立名气者，却是他的侄子汤姆士·莎乐伦，书店因此把后者视为真正的创办人并挂着他的画像。

（左下）1881 年 10 月 22 日"莎乐伦"正式成了威尔士王子亚伯特·爱德华的指定书商，书店内现在还保存了当时的任命证书。*Courtesy of Sotheran's*

史大概得用上下两册巨著才能描述详尽。

近两百五十年来，一些名人经常在"莎乐伦"出入，书店曾经手牛顿、狄更斯、丘吉尔、凯恩斯（John Maynard Keynes）等人的藏书与手稿，收购十九世纪鸟类学家与出版家约翰·古尔德（John Gould）所有作品的版权，此外也代理许多知名图书馆取得重要藏书。十九世纪末，1881 年"莎乐伦"成了威尔士王子亚伯特·爱德华的指定书商，1901 年维多利亚女皇去世，亚伯特继任王位，成为爱德华七世，"莎乐伦"也跟着成了为国王钦定的书商，直到今天，许多英国皇室成员还是常透过"莎乐伦"买礼物书馈赠亲友。

除了卖书，"莎乐伦"早先也曾涉足出版与装订。二十世纪初流行的一种书籍装帧方式，是把彩绘在小片象牙上的袖珍水彩画（多半是圆形或方形的人像）罩上防护的透明玻璃，一起镶嵌进封面饰有金色压纹的厚重摩洛哥皮，这种被称为"考斯威装帧"（Cosway binding）的技法，虽是依前一个世纪著名的英国袖珍人像画家理查德·考斯威（Richard Cosway）命名，但却是由当时"莎乐伦书店"的经理约翰·哈里逊·石浩斯（John Harrison Stonehouse）所发想，经他设计构图后，再委请装帧工作坊 Rivière & Son 执行。仿考斯威的袖珍画几乎都出自柯丽小姐（C.B. Currie）之手，她生前与"莎乐伦"

压书器和长木梯是西洋古书店中实用且具装饰性的对象,在"莎乐伦"当然也会看得到。

所合作、编号的九百多本书,不喜欢的人嫌太匠气、太无趣,喜欢的人争着要,现在每本至少都是数千英镑起跳。

与泰坦尼克号俱沉的华丽之书

另一则流传更广的装帧故事也与"莎乐伦书店"经理石浩斯有关。1909年,石浩斯被书籍装帧名家弗朗西斯·圣高斯基(Francis Sangorski)的热诚感动,为了助他打造一本世界最华丽之书的梦想,同意让他放手去装帧爱德华·费兹杰罗(Edward FitzGerald)翻译、Elihu Vedder插画、波斯诗人莪默·伽亚谟写的四行诗《鲁拜集》

（*Rubáiyát of Omar Khayyám*）。圣高斯基与他的团队花了两年时间设计制作，共用了五千片裁切的皮革、一百平方英尺 24K 纯度的金箔、一千零五十颗不同种类与色泽的宝石装饰。封面有着三只孔雀的《鲁拜集》贵气十足，"莎乐伦"将此书标价一千英镑，当时来自纽约的犹太裔美籍大书商盖博利亚·韦尔斯（Gabriel Wells）正好在伦敦，出价八百英镑，"莎乐伦"不从，最后决定卖给另一个出价八百五十英镑的纽约客，没想到书运到纽约，海关要依最早的估价一千英镑课百分之二十五的税，结果买家拒付，"莎乐伦"只好回头找韦尔斯，允许他用当初的议价买下此书，回到纽约的韦尔斯盘算他得付上高额税金，这下只愿出六百五十英镑，"莎乐伦"不答应，所以这本《鲁拜集》只好返回英国。为了求得一个好价钱，这书被送到伦敦苏富比公司拍卖，韦尔斯实在不愿放弃这本书，所以请了代理人去竞标，底价是六百二十五英镑，若是需

陈列柜中两本装订华丽的古书，是十八世纪初期的德文圣经。

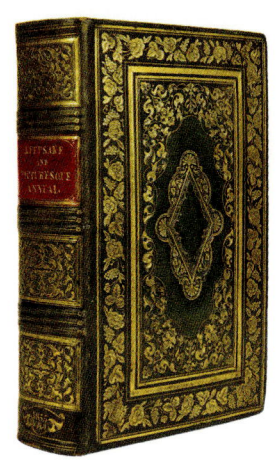 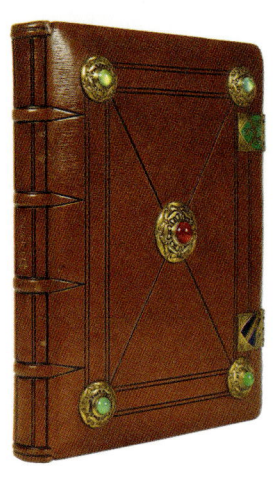 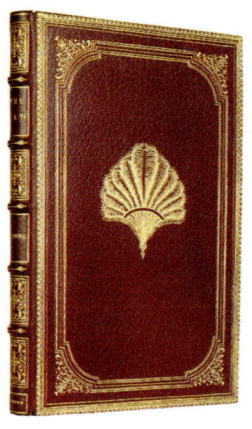 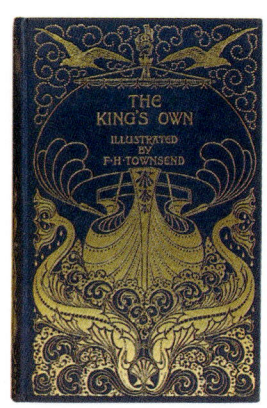

要,还可往上加码,谁知他竟以四百零五英镑超低价得标。几经折腾后,这本书被送上 1912 年 4 月 10 日首航的泰坦尼克号,几天后,泰坦尼克撞上冰山,结果书与船俱沉到海底。圣高斯基的难过可想而知,离奇的是,他在同年夏天因在海边救人而溺毙。"莎乐伦"订制的这本《鲁拜集》虽然自此消失,却因这些戏剧化的情节而名垂千古。此书装帧完毕后,曾留下黑白影像,经由高科技与详细档案记录的辅助,本世纪初被转成了彩色画面,让人们能更真切地感受它的华丽与富贵气息。

金融世家经营古书店

值得一提的是,1928 年第四代经营书店的亨利·莎乐伦,在太太病逝几个月后不幸车祸身亡,由于两人没有子嗣,所以书店前途未卜,这时韦尔斯又出现了,由于他是书店的老主顾,为了拯救书店,他以三万英镑买下书店,并成立了一个有限公司募集资金,希望股东都是英国人,最好连他的股份都买下,以维持书店鲜明的英国风味。只可惜认股情况并未如韦尔斯的期待,他还是最大的股东。

1946 年韦尔斯去世后,第二大股东安东尼·德·罗斯柴德(Anthony de Rothschild,国际金融世家罗斯柴德家族的一员)买下他的所有股份,最终成为"莎乐伦"的幕后老板。对于西方上流人士而言,拥有一间傲人的藏书

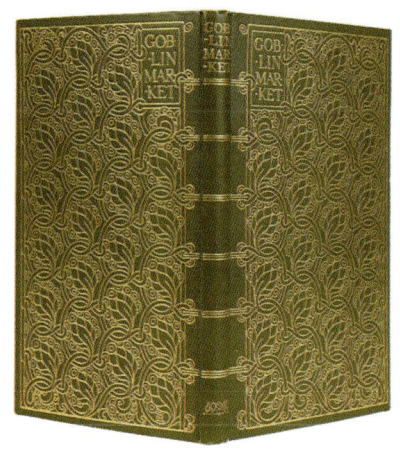

这几本书是十九世纪英国书籍装帧之美的范例,有些封面材质采用染色的摩洛哥皮或布料,上面压上黑色或金色纹路,有些甚至还镶上宝石与金属扣。书的外在美与内在美同样可以让人着迷不已。*Courtesy of Sotheran's*

（上）这本由"莎乐伦书店"委请圣高斯基装帧的《鲁拜集》，皮革封面上三只开屏的孔雀与环绕的葡萄藤缀满了宝石，华贵气息逼人，但最后却在1912年与首航的"泰坦尼克号"沉入海底。这个彩色画面是出自黑白老照片、详细旧档案与新科技合作的结果。Courtesy of Shepherds, Sangorski & Sutcliffe and Zaehnsdorf

（下）摩洛哥皮封面镶嵌了绘在象牙上的袖珍水彩人像是"考斯威装帧"（Cosway binding）的典型风格，图中这册考斯威装帧，内含一张证书，上面注明编号为951，并有装帧技法发想者约翰·哈里逊·石浩斯（John Harrison Stonehouse）与人像画家柯丽小姐（C.B. Currie）的亲笔签名。装帧之书《水孩儿》（The Water-Babies）是十九世纪英国作家查尔斯·金斯利（Charles Kingsley）的著作。Courtesy of David Brass Rare Books

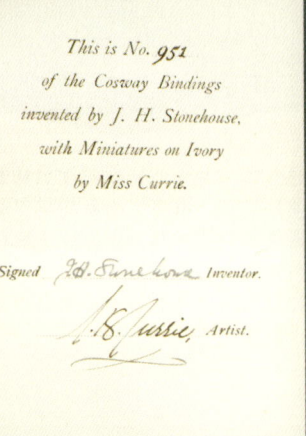

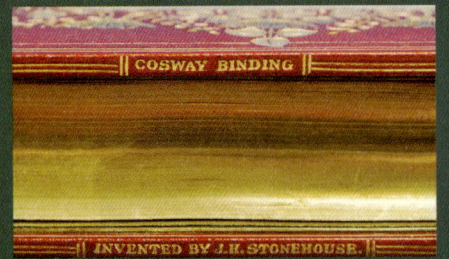

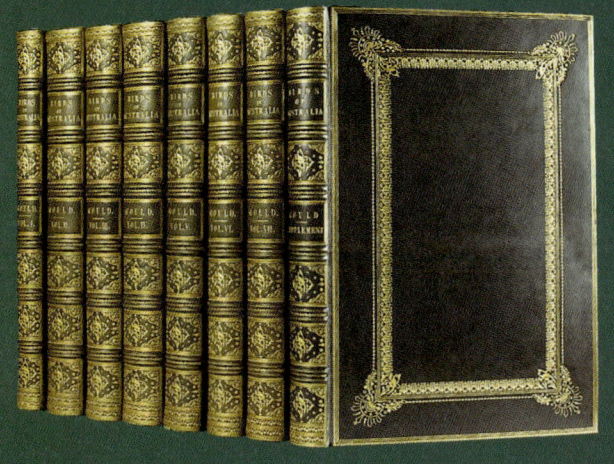

《澳洲鸟类》（*The Birds of Australia*）是十九世纪英国鸟类学家兼出版家约翰·古尔德（John Gould）撰写与出版的重要作品，此套书（七大册加一册增补附录）前后耗时三十年，工程浩大，书的尺寸也很大，每册约54公分×36公分，内附近七百张石版印刷、手工上色的各种澳洲鸟类图，其中有三百多种鸟是先前未有记录、首次经古尔德公开介绍者。《澳洲鸟类》不仅是自然科学的一大里程碑，也是一套极富审美价值的艺术品与收藏品。"莎乐伦书店"除了买下古尔德所有未上色的石版印刷图外，也曾经手过好几套完整的初版《澳洲鸟类》，最近一套是图中所见以绿色摩洛哥皮装订者，标价为三十万英镑。*Courtesy of Sotheran's*

无论是店外悬挂的椭圆形时钟、店内摆置的雕像，或是十九世纪紫檀木柜中的三巨册圣经，都让"莎乐伦书店"显得气质非凡。

室是身份与品位的表征，进而拥有一家尊贵的古书店也就不足为奇了。罗斯柴德家族目前仍拥有"莎乐伦"，虽然店面租金高昂、经营益发困难，但因这是已故罗斯柴德生前最爱的书店，他的儿子依弗林爵士（Sir Evelyn de Rothschild）为了延续对父亲的爱，因此继续投资，并让子女接棒。基本上罗斯柴德家族相当低调，极少插手干预业务，书店的网站并未陈述他们和书店的关系，他们自己也不大肆宣传。对我来说，如此作风才是真正的"低调奢华"。

虽有显赫的背景，"莎乐伦"却不倨傲，很多卖高档书的古书店不愿（或不屑）卖一些廉价书，并不欢迎一般旨在观赏、不在消费的顾客上门，许多还要先打电话预约，更多时候你得按门铃、回答对讲机验明正身后才能上门，层层关卡让经济能力有限的爱书人感到很挫败。但是无论你有钱没钱，随时都能推开"莎乐伦"的大门长驱直入，在店中轻松浏览，一点都不会有压力。此外，"莎乐伦"的书价多半在数百、数千英镑以上，但也有不少标价在二十英镑以下的绝版书，而且他们在书店中央的台面上，总是陈售一些近期出版、以图像为主的书，价格就是一般订价。至于他们出版的彩色目录，更是让我爱不释手，主题独特、图文并茂，一本才卖三到五英镑，是最佳的礼物与参考书，尽管回程的行李箱已经很满，我还是硬塞进了许多本。

"莎乐伦书店"内的书商也很让人赏心悦目,男士们文质彬彬,深色西装配上领带、袖扣,就像我们印象中典型的英国绅士模样,看惯了身着休闲服的美国书商后,"莎乐伦"的老派风格反而让我耳目一新。我最先接触的是安竺·麦克基群(Andrew McGeachin),他自剑桥大学艺术史硕士班毕业后,在一些不同行业短暂待过,但从1992年受雇于"莎乐伦"后,就不曾离开过古书业,并且在1997年担任书店的经理迄今。十七年的古书经验不算短,但是安竺立刻表示他在店中还算资浅,其他同事如负责童书与绘本区的Rosie Hodge和建筑艺术书区的Jonathan Clark都在业界超过二十年,文学区的约翰·史博瑞格(John Sprague)更是从1977年就进了"莎乐伦",三十二年的资历无人能比。身为管理者,有如此多高手环绕,安竺认为这是极大的乐趣与奢侈,他的任务就是沟通协调并确保书店能拥有一贯的品质与亲和力。

为了配合目录主题"追求快感"(In Pursuit of Pleasure)而陈售与汽车及飞机相关的绝版海报、版画与书籍,"莎乐伦书店"2009年夏天曾大手笔找了诸多古董车在店外街上展示。*Photo by Javier Molina, courtesy of Sotheran's*

（左）"莎乐伦"永远为我准备一杯浓香的奶茶，这马克杯的园艺器具图案是 1939 年由名家 Eric Ravilious 替威基伍德陶瓷公司（Wedgwood）所设计。

（右）古书店的急救箱当然也很古老。

爱书人的幸福休息站

因为"莎乐伦书店"位于交通便利的闹区，我不时就晃到那里，去几次后，脸皮也变厚了。有时把书店当成休息站，四处逛累了就到此歇脚、存放过重的手提行李，几次因跌伤、擦伤，还借用了书店的急救箱。每回我上门，约翰总会先帮我泡一杯香浓的奶茶，再递给我一叠整理好的书店历史档案，其中包括了许多与名人的通信，例如书店写了热情洋溢的信给"阿拉伯的劳伦斯"（T. E. Lawrence），表示在报上看到他将自行出版书（指限量发行的《智慧七柱》）的报导，因此希望能批些来卖，劳伦斯十天后把信寄回，在原信后冷淡写了两行字婉拒，表示那些书仅保留给朋友，没打算公开贩售。

最令我兴奋的是，看到了 1884 年到 1906 年间，"莎乐伦"与美国金融家兼藏书家约翰·皮尔朋·摩根（John Pierpont Morgan）的交易记录，上面一笔笔漂亮的手写花体字登录摩根所购买的书目、日期与价格，其中还有一张 1896 年 6 月 16 日的发票，显示一部十五世纪羊皮印刷的珍贵古登堡圣经（售价两千七百五十英镑）与十七世纪《莎士比亚全集》对开本的前四版（一共八百英镑）都在那天成了摩根的珍藏，也成了摩根图书馆日后的镇馆之宝。

现今古登堡圣经与莎士比亚第一对开本这类稀有书

历史悠久又亲切的"莎乐伦书店"，让许多爱书人流连忘返。

已经不流通了，偶尔在拍卖场出现也要四五百万美元，但"莎乐伦"这个老字号还是经常出现珍品。例如十五世纪手工抄写与彩绘的祈祷书、达尔文的首版《物种起源》（On the Origin of Species）、列宁签署的文件、伊恩·弗莱明（Ian Fleming）第一本007邦德系列小说《皇家赌场》（Casino Royale）的首版题赠本，此书封面图案由弗莱明设计，收受者是他创作此书女主角的灵感来源。我觉得最有意思的是一本来自康沃尔郡圣艾芙斯镇上高卓威灯塔（Godrevy Lighthouse, St Ives, Cornwall）的访客签名簿，簿上显示女作家维吉妮亚·吴尔芙（Virginia Woolf）年幼时两次到此游玩的记录，第一次是1892年她十岁时以稚嫩的笔迹在簿上亲签的名 A.V. Stephen（"A. V."是 Adeline Virginia 的缩写，Stephen 是吴尔芙未婚前的姓氏），两年后再次留名则是由她的父亲代签。她日后的名著《灯塔行》（To the Lighthouse）所描写的灯塔正是以高卓威灯塔为蓝图。

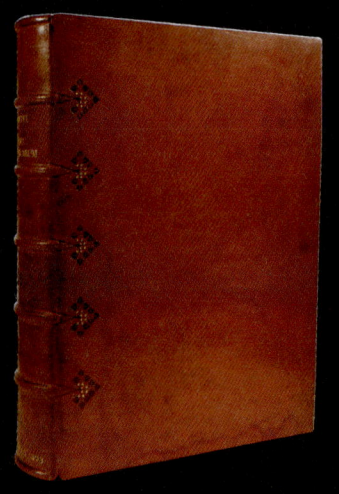

这本 1493 年出版的拉丁文《编年史书》（ Liber Chronicarum ），是西方早期最著名的活版印刷品之一，在英语系世界通称为《纽伦堡编年史》（ Nuremberg Chronicle ），因为书是在德国纽伦堡制作、印行。此书以圣经为架构来讲述人类史，并包括一些西方主要城市的发展史，内附一千八百多个木刻插画，有些被认为可能出自年轻时期的艺术大师杜勒（ Albrecht Dürer ）。图中这册书的拥有者最早可溯及 1699 年一位欧洲男爵，二十世纪初传到一位富裕的犹太实业家 Paul Hirsch 手中，1937 年 Hirsch 请英国一流的工作坊（ Douglas Cockerell & Son ）重新装帧成图中所见的典雅样貌。"莎乐伦"于 2009 年卖出这本定价近五万英镑的书。*Courtesy of Sotheran's*

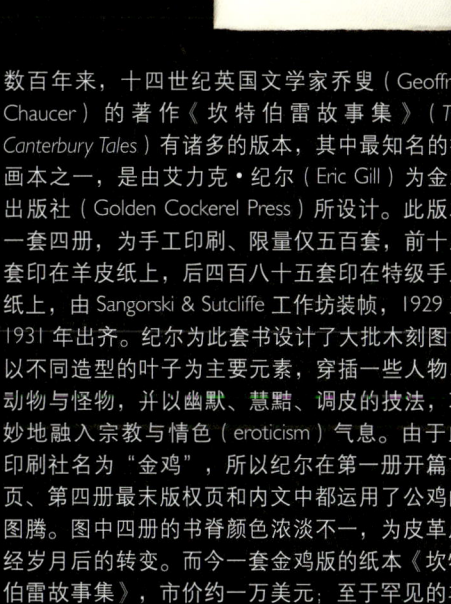

数百年来，十四世纪英国文学家乔叟（Geoffrey Chaucer）的著作《坎特伯雷故事集》（*The Canterbury Tales*）有诸多的版本，其中最知名的插画本之一，是由艾力克·纪尔（Eric Gill）为金鸡出版社（Golden Cockerel Press）所设计。此版本一套四册，为手工印刷、限量仅五百套，前十五套印在羊皮纸上，后四百八十五套印在特级手工纸上，由 Sangorski & Sutcliffe 工作坊装帧，1929 至 1931 年出齐。纪尔为此套书设计了大批木刻图，以不同造型的叶子为主要元素，穿插一些人物、动物与怪物，并以幽默、慧黠、调皮的技法，巧妙地融入宗教与情色（eroticism）气息。由于此印刷社名为"金鸡"，所以纪尔在第一册开篇首页、第四册最末版权页和内文中都运用了公鸡的图腾。图中四册的书脊颜色浓淡不一，为皮革历经岁月后的转变。而今一套金鸡版的纸本《坎特伯雷故事集》，市价约一万美元；至于罕见的羊皮本，大概可索价十倍以上。*Courtesy of Sotheran's*

"莎乐伦"有多元化的书种，例如右图为欧伯立·比尔兹立（Aubrey Beardsley）为阿瑟王传奇故事所作的黑白插画本；右下为第一本007邦德系列小说《皇家赌场》（Casino Royale）1953年的首版，此书封面图案是由作者伊恩·弗莱明（Ian Fleming）亲自设计；中间那本是阿加莎·克里斯蒂（Agatha Christie）1965年出（初）版的侦探小说《柏翠门旅馆》（At Bertram's Hotel）。除了印刷品，店内也会有一些漂亮的西式书法，例如左下是某书法家在羊皮纸上抄写诗人托马斯·葛雷（Thomas Gray）所作的《乡村教堂墓园挽歌》（Elegy Written in a Country Churchyard）。Courtesy of Sotheran's

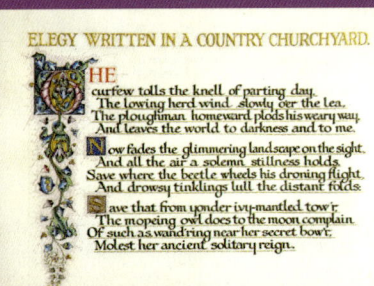
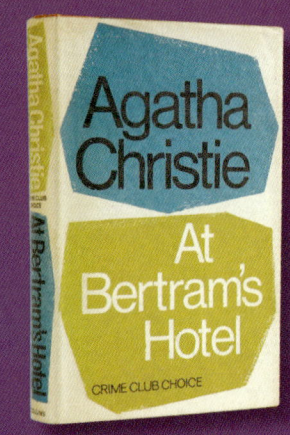
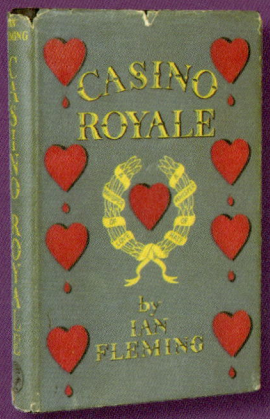
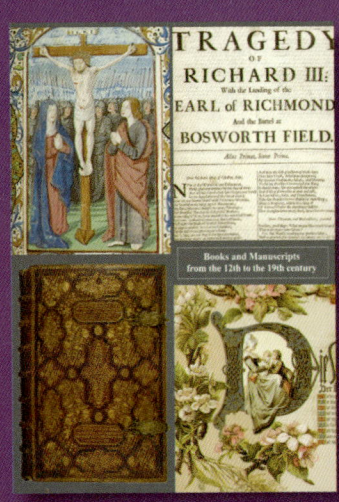

1859 年首版的绿皮书《物种起源论》（On the Origin of Species）与 1902 年首版的红皮书《幽灵犬》（The Hound of the Baskervilles，福尔摩斯系列之一）都是藏书家的最爱，前者标价近九万英镑，后者身价也可达五千英镑。"莎乐伦"同时也卖童书与绘本，例如 Walter Crane 十九世纪末为童书《林中之鹿》（The Hind in the Wood）所作的绘本，或是 1937 年英国版的米老鼠漫画。当然，书店也卖藏书票，图中两款为艾力克·纪尔（Eric Gill）所设计，上款是他为妻子 Mary Gill 所做。Courtesy of Sotheran's

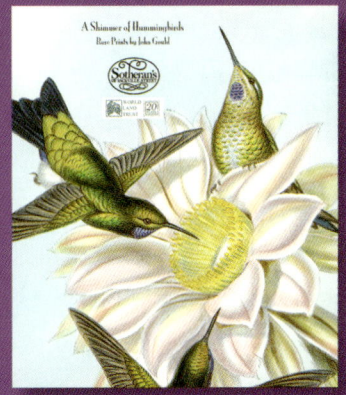

"莎乐伦"几乎每隔一两个月就会推出精美目录，从封面上的主题可看出他们经营的类别颇多元，包括中世纪手抄本、当代初版文学、童书绘本，以及与建筑、自然、旅游、探险等相关的书籍与文件，甚至还有老海报、版画等印刷品。若没有财力购买店中一些高档书，不妨带几本单价三英镑到五英镑不等的廉价目录，翻阅里面精美的图片和详尽的文字描述，绝对会让你爱不释手，有物超所值之感。Courtesy of Sotheran's

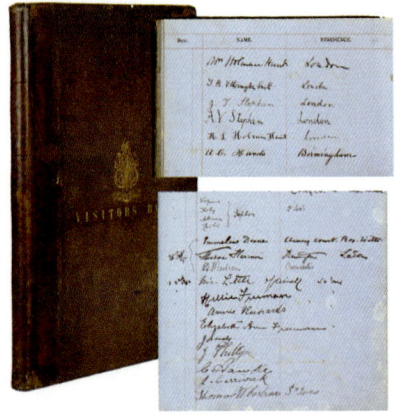

英国女文豪维吉妮亚·吴尔芙（Virginia Woolf）多数的作品都是出自由她与先生所创的"霍加斯出版社"（The Hogarth Press），而封面风格独特的插画，则是由她的姐姐凡妮莎·贝尔（Vanessa Bell）所设计。图中所见为其作品的第一版，由右至左分别为非小说文集《自己的房间》（A Room of One's Own, 1929）、《三枚金币》（Three Guineas, 1938）、小说《年代》（The Years, 1937）与《灯塔行》（To the Lighthouse, 1927）。《灯塔行》是她最著名的小说之一，其中描写的灯塔是以她幼时造访的高卓威灯塔为蓝图，下图所示为她当时留下稚嫩签名的访客签名簿，如今已成了书迷们渴望的收藏品，只不过价格高达十四万五千英镑！ Courtesy of Sotheran's

伦敦旅途的左右护法

约翰对我表示，卖昂贵的书并不会让他特别开心，他反而喜欢卖一些廉价书给刚起步的收藏者，因为这宛如在播种，开启他们进入未来快乐的收藏生涯，他希望自己成为这些人美好回忆的一部分，即使来者不买书，他也很乐意分享对书的热爱。他的不势利也反映了"莎乐伦"的待客哲学，有此书店，爱书人真是太幸福了！

书店另一位让我受益匪浅的书商是旅游与探险书区的负责人马克·詹姆士（Mark James），马克虽然两年前才到"莎乐伦"，但是他之前在世界级的佳士得与苏富比两大拍卖公司工作了十四年，见过无数精彩的书与文件，并为它们写了引人的目录。例如《魔戒》作者托尔金（J.R.R. Tolkien）给挚友的信件与首版签名书、英国前首相丘吉尔六十多年间写给初恋情人的四十封信（其中一封成交价七万七千多英镑，打破丘吉尔信件拍卖的最高纪录）、奥斯卡·王尔德（Oscar Wilde）给同性恋人 Robert Ross 的签名书与信件等。听马克谈一些拍卖的轶闻趣事是莫大的享受，闲聊中发现我竟然曾接触他所经手的拍卖物件，真是太巧合了！擅长写目录的马克表示，拍卖公司从不存货，书籍很快就得全数出清，因此不少有价值的书往往被忽略，目录中的说明可能只有寥寥几行字。在"莎乐伦"工作让马克能有充裕的时间去追踪一本本古书的来历，并透过文字让它们变得活色生香。

约翰与马克成了我在伦敦旅程中的左右护法、人文

美国名著小说《白鲸》（Moby Dick）的作者麦尔维尔（Herman Melville，1819~1891）1849年曾住在伦敦这栋建筑。英国是个重视历史的国家，凡是名人故居，一律都会在外墙挂着一个蓝色或褐色的瓷牌，上面简列此人的生卒年和身份，以及何时居住于此。

导游，在书店里他们总是为我解答与书相关的问题。几次三人出游，他们一路上为我介绍经过的文化景点，这是诗人威廉·布莱克（William Blake）受洗的教堂、那是马克思曾居住的地方、这个雕像是纪念第一位把希腊文与希伯来文新约圣经翻译成英文的威廉·汀戴尔（William Tyndale）、那条街曾经住过来自美国的本杰明·富兰克林（Benjamin Franklin）与小说《白鲸》（Moby Dick）的作者麦尔维尔（Herman Melville）。

有一晚我央求两人与我共访1667年就存在的"老柴郡乳酪酒馆"（Ye Olde Cheshire Cheese），只因这是伦敦最有古味的酒馆之一、只因我在"莎乐伦书店"的陈列柜中恰巧看到一本百年前介绍此酒馆的的传记、只因我喜欢的约翰生博士（Dr. Samuel Johnson）的故居就在酒馆拐角处。约翰与马克以前都不曾到过这酒馆，熟悉文学掌故的他们，望着挂在酒馆中的约翰生博士画像摇头表示，没有任何可靠文献直接记载约翰生博士到过这家酒馆，日后约翰生博士故居的馆长也向我证实了两位男士的说法。但这酒馆离约翰生博士家这么近，我宁愿相信他两百五十年前在编纂第一本英文字典的过程中，得空休息时，拖着臃肿的身躯、头戴那顶歪斜的假发，摇摇晃晃走进这里找乐子、喝杯酒。书迷有时就和影迷一样，两者都可以很

伦敦处处都是文化景点，这个雕像是纪念第一位把希腊文与希伯来文新约圣经翻译成现代英文的威廉·汀戴尔（William Tyndale，1494~1536）。

"老柴郡乳酪酒馆"（Ye Olde Cheshire Cheese）是伦敦最有古味的酒馆之一，酒馆外灯上的字样显示其历史可追溯至1667年。从酒馆中出来右转拐个弯，就可看到约翰生博士的故居，外墙上有个棕色的圆匾，上面注明他的生卒年（1709~1784）。约翰生博士曾于1748到1759年在此居住，并在期间编纂了英国的第一部大字典。对西洋文学感兴趣者，到伦敦鲜有不到此处观光的。

偏执、自行编织对偶像的幻想。只是这酒馆名为老柴郡乳酪，现今菜单上却不见柴郡乳酪，店员一问三不知，确实有些煞风景。不过在约翰生博士诞生三百周年之际，和两位书友一道在他住家旁畅快地喝啤酒、聊书话，谁又在乎cheese？

不被潮流创新所毁坏

告别伦敦前，我们三剑客聚餐的地点选在纪念侦探小说家亚瑟·柯南·道尔的福尔摩斯酒馆（Sherlock Holmes Public House & Restaurant），此店的前身（The Northumberland Arms）曾在小说《幽灵犬》（The Hound of the Baskervilles）中出现。酒馆内墙上布满与福尔摩斯系列小说相关的图像与影视照片，二楼餐厅旁有个房间是仿照福尔摩斯工作室所布置，用餐者透过大片玻璃墙可以清楚看到内景。我们都明了这又是一个商业包装出来的景点，但对爱书人来说，这不失为一个互道珍重的好地方。

逛过几千家书店，我这个书店滥情者，很怕别人问我最喜欢哪一家书店。一些我所钟爱的书店都各有风貌与特色，要我从中择其一，真是强人所难。但今年夏天重访伦敦后，我不得不承认"莎乐伦书店"是我此时此刻的最爱。

因为书、因为店,更因为人,我在这里得到了智识、喜乐和可贵的友情。诗人萨松(Siegfried Sassoon)在1931年给当时的经理石浩斯的一封信中写着:"我认为皮卡迪里43号是伦敦极少数不被潮流创新所毁坏的事物之一。"皮卡迪里43号是"莎乐伦"1910年到1936年时的地址,对于怀旧浪漫的爱书人而言,萨松所说的这句话依然适用于搬迁到隔邻萨克维尔街2至5号的"莎乐伦书店"。

(初稿发表于2009年10月12、13日)

2009年我到伦敦最大的收获之一,就是拜访"莎乐伦书店"并且结识了两位书人约翰(左)与马克(右)。在我离别前,他们俩特别选了"福尔摩斯酒馆"为我饯别。

NOTE

自从2009年夏天与"莎乐伦"告别后,我们三剑客还是经常联系,特别是每回碰到有关书的疑难杂症,我的第一个反应就是向约翰、马克求救。有时是为了要问清某本书、某位作家或某书商的掌故,有时是为了替文章配几张图,甚至像这篇的几十张,如此长期的"骚扰",他们却总是热心相助、有求必应,让我觉得这家曾为国王服务的老店,宛如是我的御用书商,只能说自己 very, very lucky!2011年5月31日,"莎乐伦"在书店中与诸多宾客欢庆开业二百五十周年,我特别从旧金山赶去祝贺。在2017年2月的加州国际古书展,我碰到了从英国来参观的"莎乐伦"经理安竺,他对我说了好消息与坏消息,好消息是书店刚刚和房东续约,坏消息是伦敦的租金飞涨,他们不得不当起二房东,下半年起把一楼一半的店面出租,缩小书店原有的宽敞门面,这也是让书店留在老地方的权宜之计。过去几年,马克与约翰先后离开"莎乐伦",人事变迁本恒常,但一家书店能在寸土寸金的伦敦市中心屹立如此之久,诚属不易!

INFORMATION

莎乐伦书店
Henry Sotheran Limited
2-5 Sackville Street
London W1S 3DP, England
TEL 44-207-439-6151
www.sotherans.co.uk

CHAPTER

2

BOOKSELLERS AT 49 GEARY STREET

绅 士 淑 女 聚 一 堂

盖瑞街 49 号古书商

同行其实未必相忌，几家专卖高档书的古书店就刻意聚集在美国旧金山盖瑞街 49 号二楼，以便吸引更多爱书人来访，店主人之间也保持良好的互动。

美国书店业这些年来的重大发展之一，就是以"邦斯与诺伯"（Barnes & Noble）及"博得"（Borders）为首的巨型超级连锁书店不断扩张，两大体系一方面彼此竞争激烈、互别苗头，另一方面也由于它们的折扣战造成一些小型独立书店的极大困境，并进而爆发了独立书店集体控诉超级连锁书店向出版社取得不平等优惠待遇的法律事件。类似这种冲突对立的情况，发生在以贩卖新书为主的书店间颇能被理解，因为大家的主力商品多半相似，新出版的畅销书到处都见得到，就看哪家店有本事用最快、最便宜的方式卖给读者了。如此剑拔弩张的现象，在以贩卖绝版古书、珍本书为主的古旧书业中却极少见，经营古董书及珍本书（antiquarian & rare books）者，多半具文人气，喜欢讲究老派士绅的谦冲风范，同业间往往保持相当良好的互动关系，也难怪西方会称古书业是一种"绅士的行业"（gentleman's business），几位旧金山的古董及珍本书商，显然将如此好传统发展到了极致。

盖瑞街 49 号（49 Geary Street）是位于旧金山市中心联合广场（Union Square）附近的一栋大楼，此栋五层楼的建筑聚集了十几家艺廊，是当地著名的艺术大厦。然而二楼里，却聚集了五家古董书店，爱书人到了这里可真是一大乐事，不仅可以一家家浏览，节省下很多时间，同时还可以与学有专精的店主面对面交谈。这五位书商彼此都熟识，

盖瑞街 49 号的建筑，里面聚集了不少艺廊和书商。

（上）"砖舍书店"内景。

（下）"砖舍书店"于1915年在美国东岸康涅狄格州的新港成立，此黑白照片摄于书店创立第二年。*Courtesy of Brick Row Book Shop*

如果在一家店看不到想找的书，店主都会热心地推荐客人到别家店去瞧瞧，同行相忌这条规则在此一点也不适用。

"砖舍书店"（The Brick Row Book Shop）算是其中面积最大的一间店，历史也最为悠久，这家书店原本是由一群美国东岸康涅狄格州新港（New Haven）的耶鲁人士在1915年时所创立的，早先的顾客群以耶鲁大学的师生为主，尔后也在新泽西州的普林斯顿及纽约市两处开了分店，但是在1930年代美国经济大萧条时期，三家店整合成了一家店，仅在纽约市经营。1950年代首任总裁布来恩·贺可（Bryne Hackett）去世后，"砖舍书店"便转手给同事法兰克林·基廉（Franklin Gilliam），将近十七年的时间，基廉将书店设立于德州家乡的奥斯汀市（Austin），直到1971年才将店迁移到旧金山，现任的店主约翰·克莱顿（John Crichton）则在1983年自基廉手中买下这家知名的老店，书店的书种还是维持以十八、十九世纪的英美文学为主的高水平书种，虽然说历经了数位店主，但是一些书架都还是早期所留下的，另外有些书的扉页还留着贺可早年用铅笔所订下的原始价格。

克莱顿先生大学原本念的是新闻系，1975年由堪萨斯大学毕业后，搬到加州的柏克莱，因常去逛住家附近的"意外惊喜书店"（Serendipity Books，有关此书店介绍，请参考本书第四章），而与店主人彼德·豪尔（Peter Howard）相熟，也对古书业产生兴趣，并进而在1980年成为彼德·豪尔的店员。在"意外惊喜"工作三年后，因缘际会下买了"砖舍书店"，三十岁就成了老店的传承者。

其他四家书店则都是由现任的店主首创，并且也都以他们自己的名字命名，这种以人名为店名的方式，在古董书商间是非常普遍的，这个现象也显示了此类型书店讲求的是个人风格与品位。

与"砖舍书店"比邻而居的是由约翰·温铎所经营的另一家古董书店（John Windle Antiquarian Bookseller），温铎先生的母亲是英国人，他年轻时曾在伦敦极富盛名的"伯纳·夸瑞奇古书店"（Bernard Quaritch Ltd.）当过四年店员，之后迁居美国，又在旧金山另一家受人敬重的"约翰·浩尔古书店"（John Howell Books，现已不存在）工作四年，1974年则自行开业，他现在说话几乎已不太有英国口音。温铎的店看似颇小（六十多平方米），摆设出来的书种也不是特别多，但件件精品，我第一次去他店中，就看到全套十三册的《黄皮书》（The Yellow Book，十九世纪末著名的英国文艺季刊），许多封面与内页图案是我欣赏的艺术家欧伯立·比尔兹立（Aubrey Beardsley）所绘。1920年代末由徐志摩、闻一多、叶公超等人所办的《新月》月刊据说就是参考此份杂志。

以平均单价而论，温铎先生的书应该是这几家店中最昂贵者，这从他每期发行的豪华目录中就能看出，例如一套两册1755年印制、由约翰生博士（Samuel Johnson）所撰的英文字典，售价高达一万两千五百美元，但这在他的店里仅属中价位。他偏爱印刷及装帧精美的古书、彩绘手

约翰·克莱顿（John Crichton）先生1983年买下全美知名的"砖舍书店"。

"砖舍书店"的招牌下所压的一本书，名为《我们的人克莱顿》（Our Man Crichton），巧妙呼应了店主人的姓氏。
Courtesy of Brick Row Books, photo by Zoë Zeitlin

"约翰·温铎古书店"虽然面积看似小,但名气可大得很,是古书业中的精品店。温铎先生绝对称得上英美古书业重量级的人物,他经手的书常常是世上罕见的极品。

抄本、与书相关的原画与版画,一些店里的古书年代可远溯至十五世纪,动辄数十万美元。他的营业额曾有大部分来自日本书商与富商的贡献,但这些年日本经济不景气,他已很久没接到日本的订单,相反的,日本人还想把书卖回给他,真是此一时、彼一时。

温铎先生算得上英美古书业重量级书商之一,他同时被公认是威廉·布莱克(William Blake,1757~1827)的权威,长期钻研、买卖布莱克的作品。布莱克是才气纵横的英国诗人、作家、画家、版画家、印刷师,他的诗与画散发强烈神秘风格,影响了诸多中外艺术家。华文世界

所熟知的诗句:"一沙一世界,一花一天堂,手心握无限,刹那即永恒。"原文就是出自布莱克的诗作 Auguries of Innocence 的头一段 "To see a world in a grain of sand,/ And a heaven in a wild flower,/Hold infinity in the palm of your hand,/ And eternity in an hour." 李叔同、徐志摩、宗白华等人都曾有不同版本的翻译。

在温铎斜对门的是"杰福瑞·汤姆斯古书店"(Jeffrey Thomas Fine and Rare Books),店主汤姆斯先生毕业于加州大学柏克莱分校,拥有英国文学博士学位的他在自立门户前也曾任职于约翰·浩尔古书店。汤姆斯先生是最早(1983年)在此楼层开古书店者,他店中约有八千多本书,价格并不会太高,以数十元到数百美元的价位居多,种类则相当多元,但是较偏向旅行游记、美国历史(特别是美国西部史)方面。汤姆斯自己虽然是个书商,但却还是很喜欢四处逛书店,连跳蚤市场都不放过,每当和法国裔的太太回欧洲旅行时,也是不忘搜寻书籍,他个人觉得买书其实要比卖书有趣得多。曾任全美古董书商协会会长的汤姆斯先生,虽然走过众多书店,但却对旧金山湾区的

温铎先生在大西洋两岸以买卖中世纪彩绘手抄本著称,因此不定时就会以此为主题发行目录。上图为十五世纪(约1460年)以人工抄写、彩绘的拉丁文祈祷书,产自比利时布鲁日工艺匠之手,每页都是独特的艺术品,有些字母甚至以泥金装饰,难怪标价高达十八万七千五百美元。Courtesy of John Windle Antiquarian Bookseller

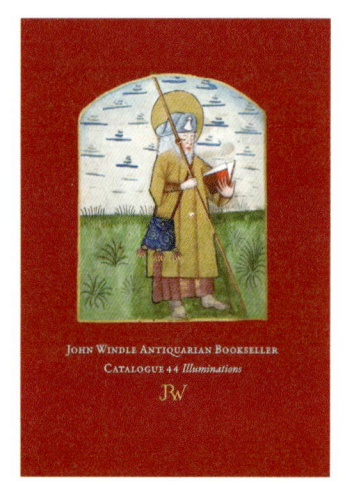

盖瑞街49号古书商 | 039

这本美丽的祈祷书产于十九世纪末法国里昂，虽然年代并不久远，但却是世上罕见的极品，据称这是唯一经由织布机完整织出附有插图的布书，全部由银灰和黑色的丝线所织成，机器是采用法国人 Joseph Marie Jacquard 所发明的提花织布机系统，以打孔卡来控制编织的图案与流程。这个打孔卡的技术日后也被运用

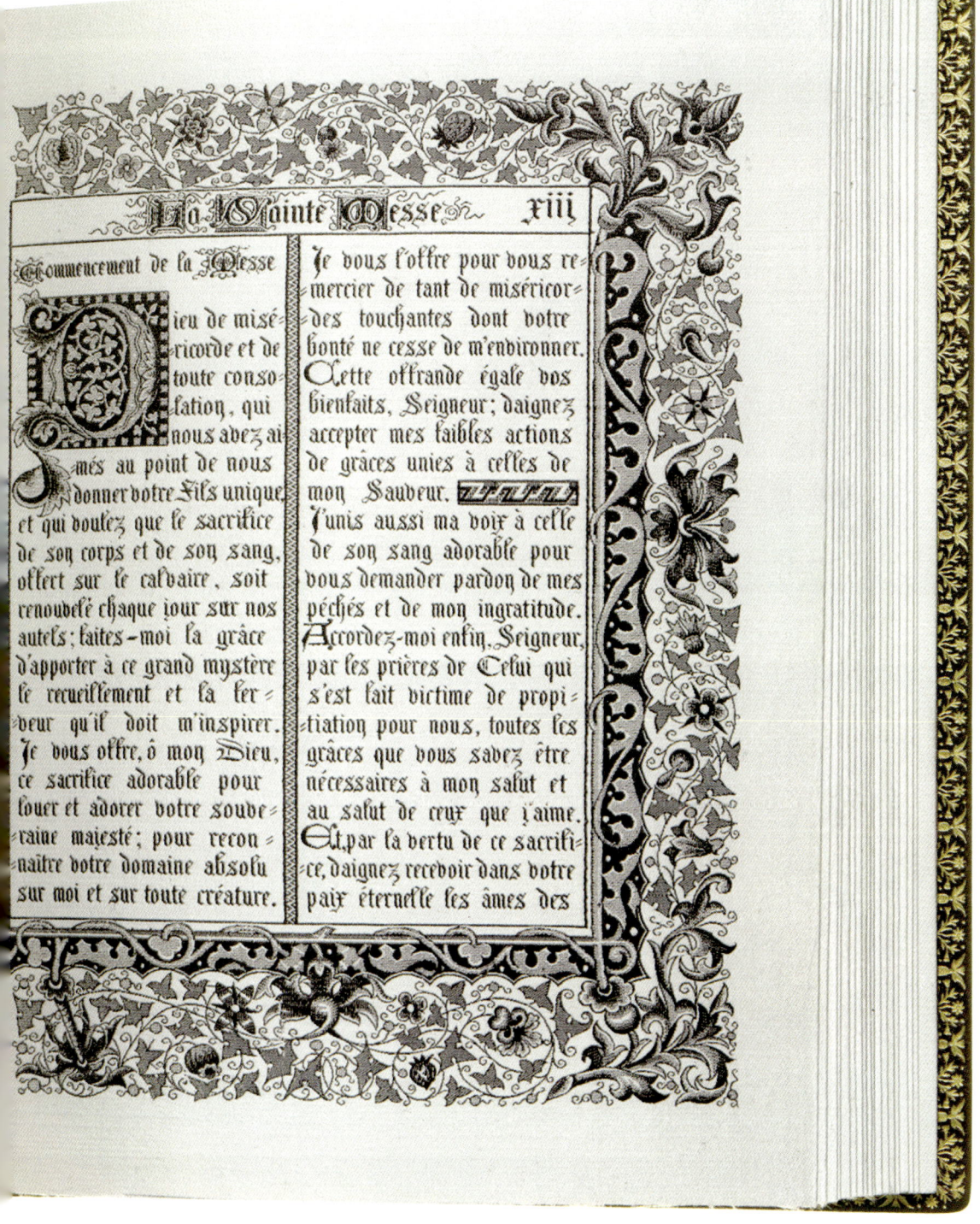

于计算器程序的编写,影响了未来的电脑发展。这本提花织布机所产的祈祷书估计用了十万张打孔卡、前后历经五十次的测试、耗时两年才完成,价格自然不便宜,在温锋先生的书店中标价为五万美元。*Courtesy of John Windle Antiquarian Bookseller*

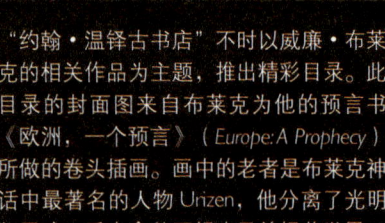

"约翰·温锋古书店"不时以威廉·布莱克的相关作品为主题,推出精彩目录。此目录的封面图来自布莱克为他的预言书《欧洲,一个预言》(Europe: A Prophecy)所做的卷头插画。画中的老者是布莱克神话中最著名的人物 Urizen,他分离了光明与黑暗,手中拿着圆规丈量并规范世界。

威廉·布莱克为意大利诗人但丁(Dante Alighieri)的著名诗篇《神曲》(Divine Comedy,意大利文为 Divina Commedia)所创作的七张版画之一,这也是布莱克生前最后创作的系列版画,虽是未完成之作,但却备受藏家的喜爱,全套七张版画的市价可高达八万美元以上。此张图约 27.5 公分 × 35.5 公分,题名为《色欲之圈:保罗与法兰契斯卡》(The Circle of the Lustful: Paolo and Francesca),描绘的是但丁在第二层地狱所见的景象,被卷在飓风中受罚的男男女女都是因纵欲之故。Courtesy of John Windle Antiquarian Bookseller

（左）威廉·布莱克在这幅名为《乔叟的坎特伯雷朝圣者》（Chaucer's Canterbury Pilgrims）的铜版画中，描绘了乔叟著名《坎特伯雷故事集》中到坎特伯雷大教堂的一批朝圣者。这张版画约 95 公分 × 35 公分，下方还有文字——把其中朝圣者的身份标示出来。然而由于布莱克的画相当细腻地捕捉了每个朝圣者的特征，你若是读过《坎特伯雷故事集》，很容易就能从中指认出书中人物，例如中间胖胖的客栈老板、手上拿着酒杯的巴斯之妻（Wife of Bath）、女尼、最右方的骑士等。

（下）布莱克不仅为别的文学家如乔叟、但丁、弥尔顿（John Milton）等的作品制作了许多优异的插画，自己也出版了不少诗歌集。左下图就是他最受欢迎的诗篇集《天真与经验之歌》（Songs of Innocence and of Experience）的书名页，中间那张图则是他最晚完成又最长的预言诗书《耶路撒冷》（Jerusalem: The Emanation of the Giant Albion）中的插画之一；至于右图名之为《路兽与海怪》（Behemoth and Leviathan），则是他为旧约圣经《约伯记》（The Book of Job）所作的插画。Courtesy of John Windle Antiquarian Bookseller

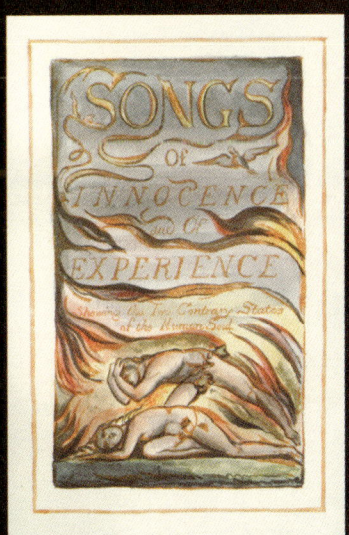

此为 1827 年布莱克去世前为他的好友乔治·康博蓝（George Cumberland）所设计的卡片（用作名片或藏书票），这也是他最后完成的一张版画。这张卡片的尺寸正如左图所示，约 8.1 公分 × 3.4 公分，千万别小看它，一本康博蓝儿子的书，就因为贴了这张卡片，身价将近三万美元。Courtesy of John Windle Antiquarian Bookseller

杰福瑞·汤姆斯先生眉飞色舞地向来客展示他新近买到的好书。

古董书店极为自豪,他说喜爱古书及珍本书的人即使不出湾区,只要在附近书店逛逛,肯定就会有所斩获。

最晚加入这五人帮的是汤姆斯·葛华舍,他的书店(Thomas A. Goldwasser Rare Books)原本在盖瑞街486号一楼有个小而雅致的门面,1997年夏天在此楼层开了第二家较宽敞的店,我正巧赶上他开幕。葛华舍先生经营的书种偏向欧美当代首版文学及艺术类的书、绘本,另外并有不少专门限量出版、设计特殊的书,这类书籍多半由工艺家特别亲手打造而成,因此书籍本身就是艺术品,葛华舍先生本人明显地对于艺术有莫大的兴趣,他同时也搜购一些画在店中陈售,不少画还是出自作家的手笔。

这么多家书店聚集在同一个屋顶下,难道不会引发任何的紧张关系吗?克莱顿先生表示,他们五家书店强调的重点各不相同,所陈售的书种也极少有重复者,因此,明争暗斗的情形根本就不会出现,相反的,他们还刻意聚集在一起,以便吸引更多爱书人。

走笔至此,一定有人会问:"那么,第五家书店呢?"老实说,我到目前为止,都还不曾拜访最后这家以贩卖绝版侦探小说为主的"罗勃·戴格珍本书店"(Robert Dagg Rare Books),我经过这家店几回,但大门总是紧闭,后来才探知要拜访这家店得先打电话与主人预约时间才行。由于对古董书或珍本书感兴趣者多半属于金字塔顶

汤姆斯·葛华舍先生非常乐于在他温馨可人的书店中,向爱书人展示许多限量出版、设计特殊的手工书。这类书籍多半由工艺家特别亲手打造而成,因此书籍本身就是艺术品。

层的人,而非只读一般流行畅销书的普罗大众,所以此类书商的营业时间并不会、也无需像综合型书店般如此长,不少书商甚至只接受电话预约,"罗勃·戴格珍本书店"便是属于后者,下一回我一定会找个机会登门拜访,否则,就如拼图拼到最后却缺了一小块般,总有一种不完全的感觉。

(初稿发表于 1999 年 2 月 4 日)

UPDATE
续访札记

葛华舍先生撤掉盖瑞街49号二楼的店面后，依然在同一条街486号的一楼拥有间非常精巧的书店，直到2009年他搬迁到市场街一栋大厦的五楼内为止。

　　十多年来，盖瑞街49号二楼的几家古书店有不少改变。"罗勃·戴格珍本书店"首先迁移出建筑，最初搬到联合街上，现在则是落户在教会区（the Mission District）的第二十一街。葛华舍先生把书店搬回他原本在同一条街的486号，2009年又搬迁到第三街与市场街交口的一栋办公大厦内，与盖瑞街49号相隔只有一个街区。2003年杰福瑞·汤姆斯在此开店二十周年，他决定过较悠闲的生活，因而退租并在自己家中继续经营古书，同时也参加一些大小古书展，在古书业依然活跃。为了节省不断升高的租金，克莱顿先生从原本极为宽敞的办公室，搬入汤姆斯先生之前的空间。克莱顿先生是古书业中

生代内热心又积极的成员，因而在 2004 年被推选为美国古书商协会的会长，任期两年。

盖瑞街 49 号现存的古书商除了"砖舍书店"的约翰·克莱顿与约翰·温铎外，2006 年温铎先生的书店斜对面多了一家"童书艺廊"（Children's Book Gallery），店中除了以绝版童书和绘本为主外，还有不少插画家的原作，经营此店的正是温铎先生的妻子克莉丝·乐克（Chris Loker）。"童书艺廊"的空间不大，但在克莉丝的巧手布置下，摆设极为优雅。这栋楼的古书氛围也由原本清一色的男性阳刚味，融入了一丝女性婉约的气息。

克莉丝自斯坦福大学商学院研究所毕业后，在不少知名企业体工作达二十五年，其中包括国际知名品牌 Levi Strauss & Co（以制作 Levi's 牛仔裤闻名）、美国银行、环球影城等，最后由嘉信理财（Charles Schwab & Co）人力资源部副总裁职务退休。她 2001 年时来到盖瑞街

"砖舍书店" 2004 年搬到斜对门后，虽然面积变小了些，但气氛依然优雅。十九世纪散文家、诗人、演讲家爱默生（Ralph Waldo Emerson）的大理石浮雕像，更让书店增色不少。Courtesy of Brick Row Books

（上）"童书艺廊"专门卖值得收藏的绝版童书，克莉丝·乐克（Chris Loker）是此店的主人。她让原本男性主导的古书业少了些阳刚。Courtesy of Children's Book Gallery

（下）教导孩童认识英文字母的立体书（pop-up，或译为"跳弹书"），不仅能引发孩童的兴趣，大人也同样被吸引，一些绝版的立体书更成了收藏品。这本1933年伦敦出版的立体书，现在价值近七百美元。Courtesy of Children's Book Gallery

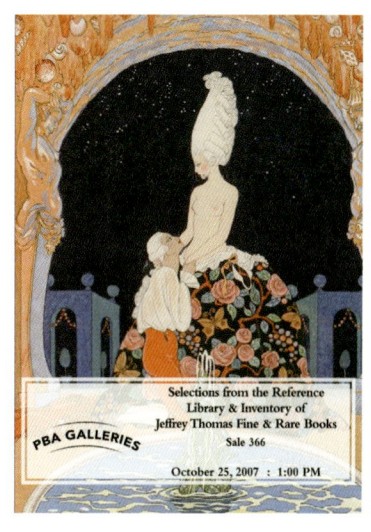
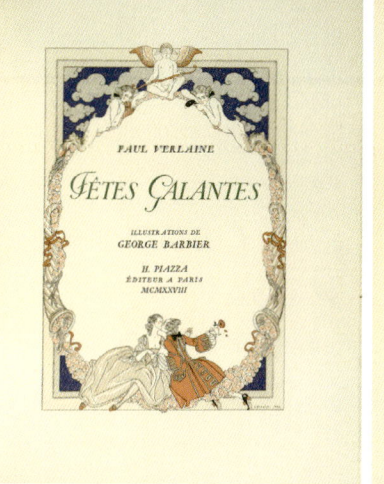

49号买书当礼物，因而与温铎先生相识相恋，并于2004年结婚。克莉丝在婚后才积极涉入古书业，买卖绝版童书数年后，开始创作童书。她的例子足以明证，现代女性不仅年轻时可以在职场表现杰出，步入晚年后，也能开发出无限潜力。

比较感伤的是，受众人喜爱的汤姆斯先生在2007年初夏因病去世，享年仅六十八。另外，最后值得一提的是，此栋建筑内的几家艺廊，也辟有专区贩卖艺术类的书籍与画册，有些还颇具规模，比起一般大型综合书店艺术书区的书种更为丰富精彩。喜爱艺术又喜爱书的游客到了旧金山，千万不能错过盖瑞街49号。

杰福瑞·汤姆斯先生去世后，他遗下的许多书都送到"太平洋书籍拍卖公司"。2007年10月25日那场拍卖目录显示，拍卖品就是来自他的私人参考书与书店库存。目录封面的图案来自Georges Barbier于1928年为十九世纪法国诗人魏尔伦（Paul Verlaine）的诗集《华丽派对》（Fêtes Galantes）所作的精美插画。Georges Barbier是二十世纪初法国知名的插画家，曾为名品店卡地亚（Cartier）设计珠宝，卡地亚的招牌黑豹图腾，就是他于1914年所创作。这些画面由左至右为拍卖目录、诗集中的书名页及内页图案。*Courtesy of PBA Galleries*

INFORMATION

约翰·温铎古书店
John Windle Antiquarian Bookseller

49 Geary Street, Suite 233
San Francisco, CA 94108, USA
TEL 1-415-986-5826
www.johnwindle.com

砖舍书店
The Brick Row Book Shop

49 Geary Street, Suite 230
San Francisco, CA 94108, USA
TEL 1-415-398-0414
www.brickrow.com

汤姆斯·葛华舍古书店
Thomas Goldwasser Rare Books

5 Third Street, Suite 530
San Francisco, CA 94103, USA
TEL 1-415-292-4698
www.goldwasserbooks.com

罗勃·戴格珍本书店
Robert Dagg Rare Books

3288, 21st Street, Suite 176
San Francisco, CA 94110, USA
TEL 1-415-821-2825

NOTE

克莉丝·乐克写了几本童书后，发现写作是她的最爱，于2016年结束"童书艺廊"，夫婿约翰·温铎承租此空间，改为"威廉·布莱克图书室"（William Blake Library），专卖以布莱克为主题的书，同年温铎又在同楼层开了"威廉·布莱克艺廊"（William Blake Gallery），成了世界第一家布莱克版画专卖店。

CHAPTER

3

KEPLER'S
爱书人的发电厂
BOOKS &
凯普乐书店
MAGAZINES

两代经营、拥有辉煌历史的"凯普乐书店",向来致力于为读者提供各类资讯,希冀在创造利润与回馈社会之余,并能保有一贯的正直。书店创立以来,一直是社区的中心。

就表面上看来"凯普乐书店"(Kepler's Books & Magazines,英文全名为"凯普乐书店与杂志店",但一般通称"凯普乐书店")似乎与一些美国的超级连锁书店没有太大的差别,宽敞的空间、明亮的光线、多元化的书种、舒适的座椅、不时举办的新书朗诵与签名会,但是对于美国书店史有研究的人都知道,"凯普乐"绝不是一家普通书店。

位于加州梅娄公园市(Menlo Park)的独立书店"凯普乐"曾经在1994年获得美国《出版者周刊》(Publishers Weekly)所选的全美年度最佳书店,同时也被旧金山湾区的市民评选为湾区南部最佳的书店,拥有如此的盛名,有许多理由,其中很重要的一项是它令人尊敬的特殊历史背景。

1955年,来自科罗拉多州丹佛市的罗伊·凯普乐(Roy Kepler)在梅娄公园市以自己的姓氏开了一家书店,为的是能将理想与工作结合在一起。他强调书店经营者应有社会良心,不该只是把书当一般商品来贩卖,而应藉着书来表达个人的价值观。为了提倡言论自由,因此不管是左派、右派或中间论点的书在"凯普乐"都有一席之地,反传统的新文学与新诗自然也包括在内。他特别以贩卖平装书为主,为的是希望更多的人有能力并快速地透过书籍接收到文学与政治的新思潮,当时美国一般书店陈售的精装本书籍,内容几乎都是中规中矩,少有触碰敏感或尖锐的议题。

加州梅娄公园市(Menlo Park)位于旧金山市以南约五十公里处,1863年铁路通到此,梅娄公园市的铁路站是加州现存营运最久者。

凯普乐书店 | 051

（左）"凯普乐书店"书店的创办人罗伊·凯普乐（1920~1994），此照片摄于1981年，他六十一岁时。*Courtesy of Kepler's*

（右）"凯普乐书店"1962年时的旧址。从这张黑白影像中可以看出那时书店已经兼卖咖啡了，这在当时的加州是相当先进的做法。根据克拉克对我说，父亲在1940年代曾到法国留学，看到了林立的咖啡馆，因而有此点子。*Courtesy of Kepler's*

具体实践信念的书店

  1960至1970年代，美国历经冷战、麦卡锡时代、越战等紧张期，"凯普乐书店"这时也成为一个社会、政治议题交流的场所，崇敬印度圣雄甘地的罗伊更是身体力行地投入反暴力的社会运动中，以期达到倡导和平、鼓吹人权及反战的目的，他曾数度拒绝缴纳全额的税款，以抗议美国政府将人民纳税的钱大量运用在军武计划上；他在1960年美国以原子弹轰炸长崎十五周年时，曾到加州大学辐射中心抗议原子弹的使用并当场分发反核战争的文宣；1967年响应美国民间发起的反征兵、反越战活动，他与曾在书店工作的著名民谣歌手琼·贝兹（Joan Baez）及其余数十人到奥克兰的征兵中心抗议，罗伊因这些抗争行动数度被捕，书店也曾受到反对者的恐吓与破坏。

  罗伊年轻时就是一个和平主义者并笃信圣经中的一些教义，特别是十诫中的"汝不应杀人"。1941年，当美国卷进第二次世界大战时，罗伊及他的哥哥都被征召从军，他们因道德信仰的因素向法庭提出免除服兵役的请求，结果他的哥哥被判刑并关入监狱中，法官因不愿见到一个家庭中两个孩子都在监狱中服刑，于是指派罗伊到美国各处的服务营劳动，包括到医院中照顾有精神疾病的人、扑灭森林大火、种植树木及为难民服务等。大战结束

克拉克·凯普乐子承父业，从1982年起就接手管理父亲所创立的书店。

后，罗伊进入科罗拉多大学，主修历史，并曾到巴黎大学研习法国大革命的恐怖行动，"凯普乐书店"的成立与社会参与，无疑是他更进一步地在生活中将长久以来的信念具体实践。

1980年代初期罗伊被诊断出患有帕金森症，他希望儿子克拉克（Clark Kepler）能接管书店，克拉克虽然在父亲的要求下于书店任采购一职，但是却无意扛下掌门人这个重担。罗伊在1982年的一次会议中打算把书店卖给有兴趣接手的买主，克拉克在这最后关头，暗问自己到底该不该让这个家庭事业就此画上休止符，最后他还是决定克绍箕裘，那一年，他只有二十四岁。

第二代经营者接手

年轻的克拉克接手老牌的"凯普乐"自然不是一帆风顺，在父亲的时代，一切都较松散，工作范畴也没有清楚的界定，书店的经营经常是多头马车，特别是店中有许多老臣已经习惯了随兴的作风，但是新时代的书店要存活，必得有效率和纪律，才能面临外在的多元竞争，特别是新兴超级连锁书店的强势威胁。克拉克因而有一段阵痛期整顿书店，最后一些只愿我行我素的店员也只好自行离去，但是依然有不少老人认同克拉克并留下来继续襄助他，一直到今天，你若是到书店，还是可以看到好些位六十岁以

"凯普乐书店"门口外的立体木制人型广告牌，上面贴着当月的活动预告。

凯普乐书店 | 053

"凯普乐书店"迁到新址后,并未再设咖啡区,但旁边就有家"波宏咖啡店",咖啡店旁是雪茄店兼餐厅。这些店家的结合,为彼此带来人气与生意。

上的店员。

　　1989年克拉克在父亲的支持下,更将书店迁移到斜对街新盖的摩登建筑,一切电脑化,空间也比以往大出一倍(共一千平方米),内部的陈设充满现代感,一家时髦的"波宏咖啡店"(Café Borrone)又开在旁边,外面的露天雅座总是坐满了有型有款的红男绿女,隔壁的一个古老红砖建筑则是一家雪茄店和一家餐厅,由同一个老板经营,内部装潢仿造英国的绅士俱乐部,对街圣塔克鲁兹道(Santa Cruz Avenue)上更是开了许多精致的小店,斜对面还有两家专门放映艺术电影及外国影片的老式电影院。周遭的氛围将"凯普乐"衬托得雅痞味十足。

　　不少老顾客认为新的"凯普乐"少了以往罗伊时代的怀旧气氛,也缺乏鲜明的政治立场,然而却也不得不承认书店中所陈列的十二万册精挑细选的书、近千种杂志与来自数十个国家的报纸,比以往更为丰富。大学时研习环

境伦理，平日喜爱网球、园艺胜于游行抗争的克拉克，坦承自己不像父亲般热衷政治，但是他依然遵循着父亲开书店时的基本原则，那就是致力于提供社区各类资讯，并尽力帮助读者与店员，希冀在创造利润与回馈社会之余，同时能保有一贯的正直。

绝不妥协的个性

罗伊在1994年元旦去世，同年5月"凯普乐"获选为年度最佳书店，紧接着美国书商协会代表会员向法院控诉美国六家大型出版社给予"博得"（Borders Books）及"邦斯与诺伯"（Barnes & Noble Booksellers）两大全国性连锁书店不平等的特惠折扣，以致独立书店无法在公平竞争的环境下生存，这个案件在1998年落幕，出版社共拿出两千五百万美元和解，书商协会一员的"凯普乐"将分得的近六万美元和解金额花在扩充书种上，同时继续联合其他二十五家独立书店控告"博得"及"邦斯与

"凯普乐书店"创立以来一直是小区的中心，并曾被选为全美最佳的书店。

"凯普乐书店"的内部装潢并不花俏,但由于选书得宜,且又是旧金山湾区南方最重要的独立书店,因此吸引许多上门的顾客,出版社也喜欢安排作家到此店办活动。虽是一家卖新书的综合型书店,但"凯普乐"很注重诗集,除了每月会重点介绍一位诗人的作品,每逢四月全美诗月(National Poetry Month),书店必然会特辟专区庆祝。此外店中还有专区贩卖来自数十个国家的报纸,这是一般书店罕见的服务。

诺伯"向出版社及经销商要求并接受非法的最惠待遇,这个案子目前还在进行当中。

对于这两起引发全球书业瞩目的反托拉斯事件,克拉克公开地表示金钱并不是重点,独立书店要求的是一个公平、健康的生态,同时这些控诉的深层意义在于确保美国能有多样化的书店及读物,而非由几个大型的书店与出版社以不平等的垄断方式来决定美国读者的品位与选择。说话极为温和的克拉克显然有着父亲不妥协的个性,他另外也呼吁民众能支持其他对社区有贡献的独立书店,顾客若在书店中找不到需要的书,"凯普乐"的店员会推荐他们邻近的书店,例如就在隔街的一家专卖优质二手书与黑胶唱片的"威斯色斯"(Wessex Used Books &

这一个篇章(与之后好几个篇章)的内文图片质量普遍不佳,主要是拍摄于上个世纪末,那时数位照相机并不普遍,我还是用一般的照相机拍摄,自己技术本就差,也没用三角架,只要光线不够充足或晃动,图片很容易就模糊。若是当时有数位照相机,相信这两个(以及其他)场景可以拍出颇美的画面。左图是书店内景,摆着许多书的宣传海报;右图是受欢迎的童书区,家长们喜欢带着孩子到此看书、买书、听故事。我当然也可以现在带着照相机去重拍,但毕竟时间不同,摆设也不同了。我一直到2004年才买了第一台的数位照相机。

Records),也难怪当我和其他书店的主人聊天时,他们总是很推崇"凯普乐"。

由原本不情不愿经营书店,到现在带领着七十位员工全心的投入,克拉克在一次访谈中对我提到,他觉得自己已经无法想象去从事其他的行业,这个家族企业已经成为他的生命重心,克拉克的母亲曾经谈到自己的儿子虽然称得上含着银汤匙出世,不过他却有能力把它变为金汤匙,我在拜访过书店后,对这个说法一点也不怀疑。

"凯普乐书店"以贩卖新书为主,隔街有家店"威斯色斯"(Wessex Used Books & Records)则专卖二手书与黑胶唱片。两家书店正好互补,顾客在一家店找不到书,往往就会被指引到另一家店。

发出耀眼光芒的发电厂

我与"凯普乐"初次的邂逅,算得上是一次难以忘怀的经验。那是1996年8月10日,那天午后,我开着车在梅娄公园市周边闲逛,并准备稍晚造访久闻多年的"凯普乐书店",但是车上的收音机不断传出停电的讯息,原来当天美国西岸发生历年来罕见的大停电,范围之广由北部的波特兰往南延伸至圣地亚哥,灾情共波及八州、四百多万用户,当我行驶在主干道上时,一路上只见红绿灯失灵、招牌不亮,许多店家都停止营业,正想着书店之行得被迫取消时,却见前方灯火通明,趋近一看,竟然是"凯普乐书店",想必是有自备的发电机,顿时间我彷如在黑暗中见到一颗明星,心里一阵狂喜,立刻就停车奔向灯火处。

自此以后,我每到北加州一定不忘到此看书、买书,在这里你可能看到诺姆·乔姆斯基(Noam Chomsky,著名的语言哲学家及政治异议论者)的书摆在平台上,也可能看到其他家书店的宣传单,还可能目睹书店因以《来自卡罗来纳的私生女》(Bastard out of Carolina)一书感动众人的旧金山女作家朵拉丝·爱丽森(Dorothy Allison)的来访演说,而将整个空间让出来供读者聆听并暂停营业,这些现象是绝不可能出现在一般以赚钱为主要目标的连锁书店。

鼓吹书店文化不遗余力的美国作家克里斯多福·莫立（Christopher Morley）曾说过："我心目中的书店应该像是一座发电厂，放射出真与美的光芒。"当我想到这句话时，脑中总会浮起"凯普乐"，想到它辉煌的历史、想到它半世纪以来固守的原则，在拜访这个书店数十次后，它给我的感觉依然像是第一次初遇时，在黑暗中发出耀眼光芒的发电厂。

（初稿发表于1999年6月2日）

INFORMATION

凯普乐书店
Kepler's Books
1010 El Camino Real
Menlo Park, CA 94025, USA
TEL 1-650-324-4321
www.keplers.com

NOTE

"凯普乐书店"在2005年8月31日无预警地宣布结束营业，这个消息立刻震惊全美国，经过四十天后，书店又神奇地复活，这个戏剧化又感人的过程，都记录在本书第十六章内。

2005年"凯普乐书店"创立五十周年，店外挂着印有知名作家影像的旗帜庆祝。

CHAPTER

4

SERENDIPITY
不 知 该 惊 还 是 喜

BOOKS
意外惊喜书店

无论就质或量而言,"意外惊喜书店"的确有着惊人的藏书,但自命不凡的店主却有着阴晴不定的个性。造访这家书店到底会是惊吓或惊喜,纯看个人的运气了。

在国外逛书店的十几年生涯中,我发现书店与书店的主人就像书一样,有些平淡无奇,看完不久后就从记忆中褪色、消失,有些则是特色鲜明,令人印象深刻、久久难以忘怀,北加州柏克莱(Berkeley)的"意外惊喜书店"(Serendipity Books)及其店主人彼德·豪尔(Peter B. Howard)就是属于后者。

我绝不是在无意间发现这间"意外惊喜书店",之所以会登门拜访,是因为它在大西洋两岸的英文古旧书业界颇具名气,不少书商也向我提起这家书店的藏书很值得一看,因此,我在1996年夏天初次拜访了这家店,刚刚踏入店里就觉得仿佛置身在一片书海中,六百多平方米的地方除了四处林立的书架外,地上堆积着一堆堆的书,走路得要非常留神,否则一不小心就会碰撞到书,空气中则散发着一股古书店特有的气味,那是习于逛古书店的人所熟悉的,我的直觉告诉我,这一趟猎书的旅程是绝不会空手而归。

事实证明,我的直觉没有错,单在店里的一个书区,我就已耗了两个多小时,最后买了几本书,其中有一本二十世纪初美国藏书家爱德华·牛顿(A. Edward Newton)最著名的作品《集书的乐趣》(*The Amenities of Book-Collecting*),这本书在当年颇为风行,再版了好几次,因此现在虽已绝版,但是在古董书的市场中并不难见到,不过我留意了许久,却总是没看到哪一本有书衣(dust jacket,直译为"防尘护套")环绕书身,我在"意

位于美国加州柏克莱大学道(University Avenue)上的"意外惊喜书店"。

"意外惊喜书店"所在的建筑，曾经是一个啤酒厂，现在店外还挂着一个啤酒桶，只不过上面写的字不是 BEER，而是 BOOKS。店外的招牌"BOOKS IN ALL AREAS"告诉人们店中有各类书籍。

外惊喜"发现的这册书虽然不是1918年的首版印刷，而是1924年的第五版，但是非常难得的是，它有着罕见的书衣，封面是以牛顿的藏书票为主，整个构图相当典雅，即使书衣有些破损，却有一种岁月痕迹留下的美，我看到后立刻就心动。

另外一本是1873年在伦敦出（初）版的《书商的历史》（A History of Booksellers），这本书因年代久远且前任书主保存不善，装订变得松散，封面也快与书的主体分家，然而主题却是我所感兴趣的，而且书中附了不少极细致的版画图案，因此定价四十五美元虽然偏高了些，我还是把它买下。

我第一次到"意外惊喜"买了这本1873年在伦敦出（初）版的《书商的历史》（A History of Booksellers），此书因年代久远且前任书主保存不善，装订变得松散，封面也快与书的主体分家，过了几年，书的封面终究还是脱落了。但因主题是我所感兴趣者，且书中附了不少极细致的版画图案，所以我还是珍藏着它。

在书店停留的几个小时中，我注意到一位约莫六十岁的男子坐在摇椅上忙着在书上批价，他头戴圆盘高呢帽，在室内显得极为突出，一些店员不时喊着他的名字"彼德"，并向他请示一些问题，非常明显的，他就是店主人彼德·豪尔。看他在工作，我并没有过去攀谈，另一方面也是因为自己正乐着在书堆中搜寻，实在不想分心做别的事。

第二年再访"意外惊喜"，我已事先打电话与彼德约好了时间访谈。再见他时，头上依然是一顶帽子，只不过是高帽变成扁帽，后来他才告诉我，帽子已是他的一部分，一年三百六十五天他都带着帽子，极少有人看到他脱帽后的模样，理由其实很简单，他老兄秃头，很不愿意别

人见他童山濯濯的样貌。彼德是个不拖泥带水的人，我到了后，他立刻丢给我几页有关他个人及书店的资料，要我先阅读后再谈，他显然没有什么耐心回答基本问题。资料中居然还有一份由会计师对书店提出的最新财务报表，这是我前所未有的经验，很少有书商会愿意把自己的财务状况一五一十的告知外人。

从数据中显示，他在宾州的黑维佛学院（Haverford College）中双主修英国文学与圣经文学，1960年至1968年间在加州大学柏克莱分校继续研习英国与美国文学，并先后取得硕士文凭与博士候选人的资格，他同时也在这期间担任学校中的讲师。

1963年他才二十五岁时，就因自身扎实的文学背景且拥有不少藏书而挂起"意外惊喜"的名号，经营古董书的买卖，但是规模很小，资本额最初不到五百美元，主要是在自己家中运作，到1970年代才扩大营业，1976年他的资本额达三十万美金，他在1986年以五十万美金买下书店的所在地，营业额在1991年高达两百三十万美金。他并曾担任美国古董书商协会的诸多要职，且在1992年到1994年间被会员公选为会长，他的店培养出许多优秀的店员，不少人在此工作多年后，自立门户开了书店、出版社，彼德很是引以为傲，例如在旧金山盖瑞街

（左）书店主人彼德·豪尔置身在他的古书王国中。

（右）彼德·豪尔的友人伊恩·杰克森（Ian Jackson）写了一本小册子，名为《意外惊喜之钥——如何向彼德·豪尔买书》（The Key to Serendipity: How to Buy Books from Peter B. Howard），伊恩以幽默的方式企图帮助一般人如何与彼德·豪尔和他的书打交道。

意外惊喜书店 | 063

一般人大概很讶异,这家看起来一团乱、完全没有章法的书店,竟然会是大西洋两岸最著名的古书店之一。出名的理由,当然还是在于书店主人的特异性格与其专业能力。

49号经营古书的约翰·克莱顿(John Crichton)、汤姆斯·葛华舍(Thomas A. Goldwasser)等人(有关盖瑞街49号古书商,请参考本书第二章)。

看着他这些洋洋洒洒的伟大经历,我最大的疑问是他如何由一个文学研究生而摇身一变成书商,并且最终放弃了学院路线,当我询问彼德时,他的答案非常有趣,他说这一切最主要是来自一股追求金钱的动力。他年轻时曾经沉迷于赌博,总希望能赢得大钱,当然下场不怎么好,后来他在一次书籍买卖的交易中,轻易赚了一千美元,一时间他突然顿悟,靠着专业卖书他可以赚更多的钱,自此就专心在这一行,当被问到为什么他能在这一行如此的成功时,他非常自负的说因为自己够聪明,查看他的背景也的确很难否定他,学院派的训练使得他拥有极佳的文学知识,再加上他学过中古英文、德文、拉丁文,因此能处理多种语言的书籍。

彼德更夸称他自1963年以来,就经常为大学图书馆与私人藏书做古书鉴定与估价的工作,在他数百次的

书、书、书,书店的地上、桌上、架上到处都充斥着书。

经验中,从未有任何人或单位敢对他的报告结果提出丝毫的不满、质疑或挑战。他的专业与自信吸引了不少知名的藏书家成为他的顾客,这点他并没有亲口告诉我,不过我在一本描写书业轶事的书中,倒是留意到了。

买书与卖书同样令彼德感到兴奋,他的猎书足迹远至法国、意大利、捷克等地。不过在同业间广为流传的一则有关彼德·豪尔的故事,是他在1960年代曾经到洛杉矶一家新成立的二手书店以二十七美元的超低价买下十四本威廉·福克纳(William Faulkner)的首版小说,为他日后至少赚进了数十倍至百倍的利润,彼德对这一点到现在还是津津乐道。

"意外惊喜"藏书三十万册,种类极多,不过以文学类为最大宗,从十七世纪到当代以降,价位由数万美元到数十美元不等。彼德最为专精的领域应该算是英美的现代初版文学(modern first edition literature),它们多半依作者字母壮观地排列在节省空间的新式滑轮移动书架上,这个配备是我在先进图书馆才看得到的,据说这是全

意外惊喜书店 | 065

书店虽卖老书,但是却有着节省空间的现代化新式滑轮转动书架。

世界唯一有此配备的书店。另外让我惊讶的是,在书店不起眼的一角,居然放置了不少来自台湾的海盗版英文书,它们都是在十几二十年前智慧财产权尚未受保护时所印制的,也许是因为心虚,我并没有追问彼德那些书从何而来、用途又为何。后来自己的知识较丰,才了解原来有些"走火入魔"的藏书人,会想尽办法搜集一本书在世上的所有第一版,例如美国版、英国版、德国版,包括台湾当年盗印的第一版也在内,英文里称这种人为"completist"。唉,藏书者的心态与癖好真是千奇百怪。

我临走时还是不忘买书,其中一本是由著名的编辑约翰·温特里奇(John T. Winterich)所写的《二十三本书及它们背后的故事》(Twenty-Three Books and the Stories Behind Them),于1939年出版,里面针对二十三本名著的背景多所着墨,除了内容有意思外,另一个吸引我的地方是书中夹了一封作者在1947年时自纽约州写给前任书籍拥有者的信件,这封纸张发黄的信和贴着五分钱邮票的信封一起完好地被保存下来,打字体的内容附上作者的亲笔签名及浮突的钢印地址,收信人是加州大学柏克莱分校的英语系教授,从字里行间可以看出两人是多年老友。我喜欢买这类说得出掌故的老书,它让我在捧着书时觉得曾经有同好与我一样握有、欣赏过这本书,那是一种只能意

"意外惊喜书店"中这个区间放的都是台湾早期的盗版英文书,这些书既非正版,质量大都很差,你大概很难相信,世上居然有人会对它们感兴趣。

会难以言传的奇妙感觉。

一般爱书人到了"意外惊喜"的确是会有意外的惊喜,即使是同业的书商也经常到这里来参观彼德的收藏,就在我采访他的同时,纽约著名的"高谈书集"(Gotham Book Mart)主人安卓斯·布朗(Andreas Brown)正在书店一角浏览,也难怪彼德在言谈间总是一副自命不凡的模样,有时甚至还带有几分狂妄的味道,如果我提的问题不中他意,他立刻显得不耐烦,我以前所碰到的书商泰半是谦和有礼,很少有像彼德这么自大,在访谈中我颇有几度踢到铁板的感觉,对于他的店我自然是佩服,至于他的态度,坦白说,真是不敢恭维。

1999年2月底,旧金山一家书店的主人邀请我参加一个小型聚餐,是旧金山湾区几位书商每月固定举行的同业聚会,当我到场时,赫然发现戴着帽子的彼德也在座。几位平均年龄过六十岁的书商在席间为了某个书籍拍卖会值不值得参加、某本杂志够不够专业、某位作家是否虚有其名而七嘴八舌,彼德总是与大家持不同的看法,又喜欢纠正别人,最后他与来自书商世家的巴尼(Bernard M. Rosenthal,书业昵称 Barney,其家族几代都是经营古书买卖)为了某件事而争辩起来,向来温文儒雅、年已近八十的巴尼,在彼德强烈的措辞下,也被撩拨得颇为激动。

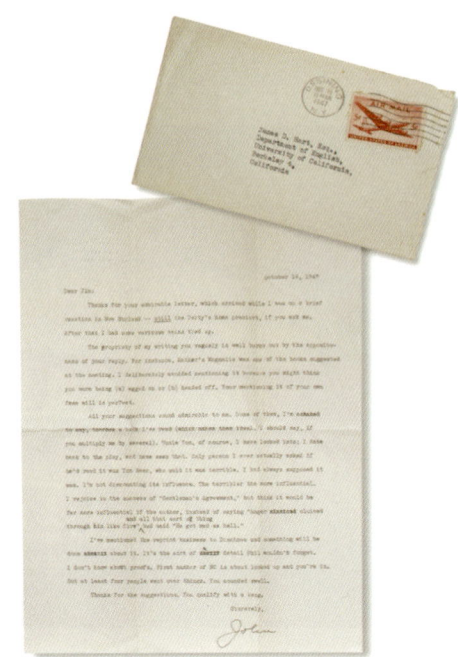

在《二十三本书及它们背后的故事》（Twenty-Three Books and the Stories Behind Them）里，作者约翰·温特里奇（John T. Winterich）介绍了《金银岛》（Treasure Island）、《小妇人》（Little Women）、《瓦尔登湖》（Walden，台湾又译为《湖滨散记》）、《傲慢与偏见》（Pride and Prejudice）、《简爱》（Jane Eyre）、《失乐园》（Paradise Lost）等二十三本西洋名著的内容与背景。我买到的这本书，里面还附了作者1947年10月14日由纽约州写给加州友人的一封信。

餐会结束后，巴尼对彼德说："我真不知道爱丽森怎么能忍受你！"爱丽森是彼德的太太，巴尼对我解释后，两位大男人又戏剧性地拥抱在一块，并且与其他书商相约下一个月再见。彼德也许是个不容易相处的人，但是一个月才见一回，应该还不致于让人抓狂，而且整个聚会若是少了像他这样的角色，岂不是要乏味多了？也难怪这个聚会已持续了十年。

我有幸参与其会，一方面非常享受这些行家们率真的对话，尤其谈的内容又都是与书相关；另一方面也了解原来彼德的个性就是如此的火爆，他对认识多年的朋友都是这样子，想想他在访谈中对我这个不相识的后生晚辈，大概已算客气了，曾经在我心中残留的一丝不愉快也因此烟消云散。对于有心拜访"意外惊喜书店"的读者，我建议你见到这位戴帽子的男士时，若是在言谈间与他有所冲突，请了解此君生性好辩，千万别心生挫败感，另外，彼德是旧金山巨人队的球迷，长期买季票观赏棒球赛，因此切勿选在巨人队输球那天去，免得碰上心情恶劣的他给你脸色看。到这家书店，到底会是惊吓或是惊喜，那就纯看你的运气了。

（初稿发表于1999年7月）

UPDATE 续访札记

每逢奇数年2月,全美古书展都会在柏克莱邻近的旧金山举办,在会期的前几天,原本极为凌乱的"意外惊喜书店"会突然变得异常清爽。因为彼德·豪尔总是会在这段期间以老大哥姿态大开流水席,从早到晚有厨师到书店外烩,宴请由世界各地来参加书展的书商们。据说要把偌大书店清理得整齐,往往得花上好几星期的人力。

为了见识彼德宴请书商的流水席到底是什么样子,顺便也拍些照片,我在2001年2月旧金山古书展前几天到了"意外惊喜",事先并已打电话取得书店经理Nancy的拍照许可。书店那天整齐得让我几乎认不出来,原本摆满杂乱书堆的走道全变得畅通无阻,店内铺有雪白桌巾的长桌上摆着装饰盆栽,侍者端着一道道美食往长桌上摆,我则是拿着照相机不断取景,谁知过了不久,彼德怒气冲天当众对我吼着:"你是专业人士,应该知道没有得到允许不能拍照。"我回说是经理Nancy同意让我拍的,他

每两年总会有那么几天,原本走道总是挤满书的"意外惊喜",突然会变得如此清爽。

还是凶狠地伸手要我把底片交给他,我当然不从,自此再没踏入他的书店一步。

但每回古书展他总会设摊,几次我到他的摊位浏览,他对我的态度总是很差,久而久之,我也懒得与他打照面。谁知2007年底,我担任第一届香港国际古书展的公关顾问,彼德是其中参展书商之一。书展那天,我领着几位书友逛到他的摊位,我看到其中一本小书挺有趣,随口问他多少钱,他居然说是非卖品,摆明了是不想卖给我,看来我彻彻底底成了他的拒绝往来户。

2010年初书业间传出彼德罹患胰脏癌,将不久于人世,他所建立近半世纪的书店也面临前途未卜的命运。柏克莱的报纸在5月时正式发布了这个讯息,记者采访他时,他以惯有的不屑态度表示,"没甚么好说的,凡人皆死,我们都会死,生意也会结束。"

无论彼德是否讨人喜欢,但他确实是书业一号人物。一位与他并未有特别交往的热心书商史岱芬·葛兹(Stephen Gertz)于是邀集了十来位书商、藏书家,写下他们与彼德交往的故事,先后在他的博客(www.booktryst.com)刊登,然后结集成书 A Wake for the Still Alive:Peter B. Howard,希望在彼德死前就表达他们的敬意。这册纪念集订价二十美元,只印两百本,我虽然对彼德没啥好感,但还是向史岱芬订购了两本。同年10月某日,我悄悄地重返"意外惊喜书店",幸好彼德那天在家休养,我无需面临和他打照面的尴尬。近十年后再访,这凌乱庞大的书店和我记忆中的印象并未有太多改变,我默默地把书店逛了又逛,知道再也不会有下一回。

最后一次看到彼德,是在2011年2月中的旧金山古书展,他整个人瘦成皮包骨,手拄着拐杖,在一些书商朋友的帮助下,打起精神设摊。听说书展前几天,他照例在书店办了宴请古书商的流水席,这当然也是最后一次了。望着这位顽强又孱弱的老人,我所有的不快已然消失。同年3月31日,一代书店狂人兼棒球迷彼德·豪尔,在电视机前观赏巨人队与道奇队对决时,与世长辞,"意外惊喜书店"也在半年后结束营业。

这本五十四页的小书 A Wake for the Still Alive: Peter B. Howard 是由书商史岱芬·葛兹编辑,其中收录了十多位书人写的文章,回忆他们与彼德·豪尔的交往经过。Courtesy of Stephen Gertz

(左页)这些影像是2001年2月12日我在"意外惊喜书店"用幻灯片所拍摄的,那天也是店主彼德·豪尔大宴全球古书商的日子,从早到晚有厨师到书店外烩,桌上不断送上一道道佳肴、甜点,来客川流不息。如此的景象,原本每两年出现一次,但因店主去世,再也无法重现了。更多有关"意外惊喜书店"的后续报导,请参考《四季访书》第十章。

CHAPTER

5

BOOKSELLERS AT 2141 MISSION STREET

发挥书业同胞爱

教会街 2141 号书店楼

 教会街 2141 号这栋楼聚集了几家各有专精主题的书店,书商们又特别平易近人,以致我喜欢在不同书店间穿梭,并把此地当成我的联络中心兼休息室兼游乐场。

对于一般外地来的旅客而言,旧金山市中心西南方的教会区(the Mission District)是一个陌生的名词,事实上,就算是许多居住在旧金山湾区的当地人,对于这个地区也不熟悉,它既不是像联合广场(Union Square)位于最精华的市中心,也不像夜生活热热闹闹的北滩(North Beach),或是同性恋色彩鲜明的卡斯特罗街(Castro Street)。这里既没有现代的摩天大厦,也欠缺优雅的花园别墅,更别提金门大桥、唐人街和渔人码头这类通俗的著名地标,即便是它的地形,在以多丘著名的旧金山市中,也呈现少见的平坦。

地理景观单调、被人视为边缘地带的教会区,其实是旧金山市最早起源的地方,位于第十六街的德娄洛斯教会(Mission Dolores)便是这个城市现存最古老的建筑物,由西班牙传教士在 1776 年时建立,质朴厚实的砖泥结构,即使是 1906 年的旧金山大地震与随之而起的大火也没有摧毁它,粉白色的外观显得颇有精神,信徒们依然在此进出作弥撒。由于西班牙的背景,所以这个小区的居民以拉丁语系的移民为主,又由于房屋普遍老旧、房价低廉,所以跟着吸引了众多异族移民,像是犹太人、阿拉伯人、爱尔兰人,甚至中国人到此居住或做起小生意,一家意大利咖啡馆的两旁可能是中国人的杂货行及墨西哥的脆饼店,对街则可能是一家专为同性恋而设的犹太教堂,虽然一如许多大城市的角落,夜晚陋巷中可能偶尔会响起几声枪声,原则上,大伙儿是相安无事,这个小区反映了加州居民的多元化成分,

其貌不扬、被视为边缘地带的教会区,其实是旧金山市最早开发的地区。

位于教会区的德娄洛斯教会是旧金山市现存最古老的建筑物,由西班牙传教士在 1776 年时建立,教会区之名也是因此而起。

(右页)从 1970 年代开始,艺术家开始在旧金山教会区的建筑物墙上作画,因而发展出上百幅的巨型公共壁画,成为全市最密集之处。原本看起来有些灰扑扑的教会区,在色彩鲜明的壁画妆点下,显得极为亮丽。

如此开放、廉价的氛围,很自然地又吸引了许多刚起步的艺术家聚集,也因此发展出一百多幅的巨型公共壁画,成为全市最密集之处,这个乍看不怎么起眼的小区,在周遭异文化的交织下,成了一幅极鲜明的拼贴。

状似平凡的教会区,其实是暗藏玄机,就等人去挖掘,对于我这个凡事都要和书牵扯在一起的书虫,其间的教会街 2141 号(2141 Mission Street)最引起我的注意,这栋三层楼高的建筑,一楼门面是油漆行与驾驶学校,后方则是中国人经营的制衣厂,但是在顶楼的窗户外,却高挂着斗大的字"BOOKS",原来楼上分布了五家各有专精主题的古董与二手书店。

教会街 2141 号楼下入口玻璃门上印出的店家门牌号号，显示了此栋建筑不仅有中国人经营的制衣厂，还聚集了好几家书店，是 sweatshops 和 bookshops 共存之处。英文字"sweatshop"泛指工时长、工资低、工作环境差，以劳力为主的商店或工厂；bookshops（书店）虽给人的印象是以脑力为主，但多数辛苦经营的小书店，其实何尝不也是 sweatshops！

三楼的"波雷力恩书店"（Bolerium Books）是开山祖师，最早进驻此地，书店的书籍以激进主义及社会主义的左派议题为大宗，举凡劳工发展史、第三世界与弱势族群的社会、政治运动史都在其中，这当然包括了无政府主义、女性主义与同性恋等主题的书，另外像是西班牙内战、亚洲、拉丁美洲及黑人等少数族裔研究的书刊也是重点，除了两万多本书外，店中还有一堆与主题相关的海报、照片、徽章、宣传小手册、地下刊物等，这些当初不受人重视的玩意，今天都成为研究社会运动史的珍贵资料。

"波雷力恩"的创办人约翰·德伦（John Durham）早年曾经营社会主义工党（Socialist Workers Party）的书店，他在 1981 年二十八岁时成立了"波雷力恩"，并于 1985 年把店搬到此处，合伙人麦克·平可斯（Michael Pincus）年轻时也是个热衷政治的活跃分子，于 1990 年入股，两个人凑在一起嘻笑怒骂，像是长不大的男孩，但是他们却把这家书店经营得有声有色，许多国内外的大学图书馆与研究单位都向他们大批购书。德伦与平可斯先前大概都没想到会当起小商人，变成以前他们经常痛批的资本家，不过两人并不担心劳资冲突的事件在店里上演。书店给付员工的薪资自然不高，但他们提供了一项令人艳羡的福利，就是每隔一个星期三固定请一位按摩师桃乐丝（Dorothy Schwartzberg）到书店为员工们"马杀鸡"（massage），另外，他们还很聪明地给予仅有的几名员工副总裁的头衔，如此一来，大家名义上都属于管理阶级，所以员工们也无法组成工会来抗争，这一招真是高

"波雷力恩"是最早进驻教会街 2141 号楼层的书店，此店的书籍以激进主义、社会主义、同性恋、少数族群等非主流的类别为大宗。

穿红衣的约翰·德伦与穿黑衣的麦克·平可斯是"波雷力恩书店"的合伙人。

明！约翰与麦克两人显然对马克思的《资本论》有极深的心得。

在"波雷力恩"搬到这里五年后，两家古董书店也占据了同楼层其余空间，一家是"麦尔·包斯维尔"（Meyer Boswell Books），另一家是"离奇故事"（Tall Stories）。

初看"麦尔·包斯维尔书店"的店名，以为这是书店创始人的名字，直到和店主人乔·拉垂尔（Joe Luttrell）熟识后，才知道"麦尔"与"包斯维尔"分别是他前妻与母亲的姓氏，取这个店名为的是向两位他挚爱的女性表示敬意，拉垂尔大学念的是法律，毕业后当了好些年的律师，1979年转业成为书商。

这家书店是美国第一家以法律书籍为单一主题的专门店，1994年也成为美国第一家把书目送上因特网交易的古董书店。店中一万册与欧美律法相关的书籍中，最古老的是一册十四世纪时的手抄本法律规章，只有5英寸×7英寸大小，是当时律师上法庭时，随身携带于口袋中的参考书；另有一册稀罕的书，是第一本英国法案的摘要，印制时间为1490年，是西方印刷术发展早期的产物。

"麦尔·包斯维尔"的顾客自然是以律师、法官、法学教授等具备法律专才的人士为主，一般人多半不会想到翻阅这里的书，但是店主拉垂尔却提到一些历史性的

从"波雷力恩书店"的目录封面，就可看出此店贩卖的书种以研究非主流与弱势族群为主题，例如劳工发展史、同性恋、亚裔美国人、非裔美国人等类别的书刊。

这些集锦图很能显示"波雷力恩书店"的风格。老板与员工都不是正经八百、道貌岸然的书商,他们没有阶级观念,像一群长不大的男孩,店主并安排专人每两星期到书店替大伙儿"马杀鸡"。店内除了书多,还有令人目不暇接的玩具,我日后也成了受惠者。至于他们的洗手间,则拼贴、摆放了一堆互不相干的对象,例如毛主席的织锦像、耶稣受难图、旧飞盘、漫画剪报、马克杯等一些看起来很搞笑的组合。

法律书其实蛮有趣的,它们根本就是人类智识发展的文明史,特别是阅读以往法庭审案的记录时,人们很容易就能走进当时的情境,临场感顿生。虽然书店中的古书即便对于律师们都不具实质的应用价值,但是拉垂尔却表示它们有极高的历史价值,能让人们了解法律如何地演进,以及被运用,另外,买者之所以会想拥有这类书,最重要的,还是觉得这些古书本身就是美的对象,一如艺术品般值得珍藏。

另一家书店"离奇故事"(Tall Stories)是以合作社模式经营,店面是由一位女士唐娜·瑞肯(Donna Rankin)承租下,然后再同时分租给一些书商,一排排书架上的书其实分属不同的主人,每个人的领域各不相同,悬疑小说、科幻故事、传记、历史书、现代文学占最多,原则上是以二十世纪的首版精装书为主,不过一些早期的平装本漫画书为例外。这家店的承租商虽然数目时有消长,但是一般维持在十家左右,每天有不同书商轮流在店中当店员,他们既有地方陈售自己的宝贝,又无须整天死守着店面,这些人里不乏卧虎藏龙之辈,约翰·贝乐(John Ballard)就是一例,他个人的专长是历史与悬疑小说,在1991年加入前,曾在旧金山市立图书馆及几所大学图书馆工作,从图书馆员变为书商,一生都是与书打交道。

1998年夏天,三位原本在"离奇故事"承租的书商,自行组成一个小团体,在这栋建筑的二楼另起炉灶,开了"瓦哈拉书店"(Valhalla Books),三位主人的背景相当有意思。高瘦、架着副深度近视眼镜的艾伦·米克瑞特(Allan Milkerit),看来像个搞文学的人,然而

"离奇故事"是一家以合作社模式经营的书店,店面是由一位女士承租后,再分租给一些书商,书架上的书其实分属不同的主人,每天由不同书商轮流在店中当店员。

这三位男士是"瓦哈拉书店"的合伙人,最右边那位是理查德·麦克劳福林,理查德正职是一位警察,业余是书商;中间那位是乔·马奇翁尼,乔大学念的是哲学,成为书商前,曾当过机场巴士司机、餐厅厨师;至于躲在书后的仁兄是艾伦·米克瑞特,此君不爱拍照,想一窥他的庐山真面目,请耐心等着看本书第十七章。

他原本却是个计算机程序设计师,乔·马奇翁尼(Joe Marchione)大学时念的是哲学,毕业后曾经当过机场巴士司机,还在餐厅中做了十年的厨师,两人现在都专注在书店这一行,另一位合伙人理查德·麦克劳福林(Richard McLaughlin)是一位现任警察,只要是休假日,他一定在店中出现,几个看起来南辕北辙的家伙,因为书而串联在一块。

"瓦哈拉"的书籍类型与"离奇故事"颇像,但是却比较精细,同时书店中也有十九世纪的文学书及装订考究的限量珍本书,另外,还有些作家的照片及画像,我在这里竟然发现一张画得栩栩如生的杰克·伦敦(Jack London)的素描,麦克劳福林看我望得出神,告诉我那是他请一位画家朋友麦克·李梅(Michael LeMay)根据杰克·伦敦的照片所绘制的,最让我心跳加速的是,素描的左下方压了一张杰克·伦敦的原版藏书票,图案是一只炯炯有神的狼,熟悉文学的人都知道,杰克·伦敦最有名的几本著作,都是以狼为主角,他也常昵称自己为狼,而今这张素描及藏书票已经移转到我台湾的书房中,成为我追忆"瓦哈拉书店"的媒介。

我在"瓦哈拉书店"发现这张杰克·伦敦的素描,素描的左下方压了一张作家杰克·伦敦的木刻版藏书票,如今它们都已成了我的收藏。

"伊凡·史东佳特书店"(Ivan Stormgart Books)是"瓦哈拉"的邻居,1999年初才搬进来,陈售的书籍以"性"为主题,包含各类绝版的情色文学、画册及相关历史书,我几次都无缘拜访这家书店,最初是书店刚搬来,在装潢阶段,接着又因

080 | Booksellers at 2141 Mission Street

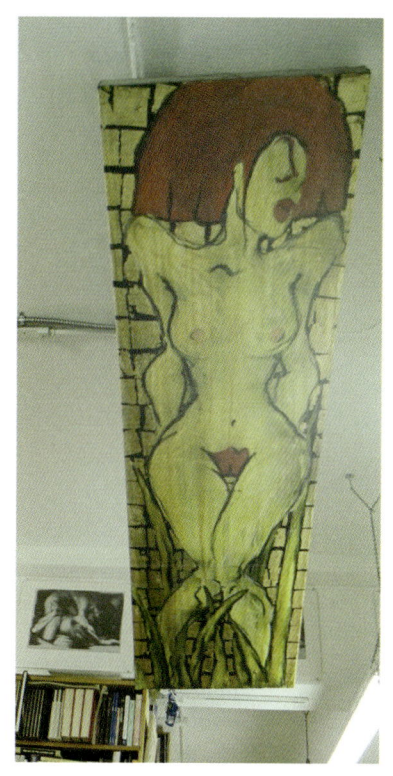

店主人去澳洲旅行,整个店关闭,不过据其他书商表示,也许是书店的主题特殊,而且店主人史东佳特似乎对书有洁癖,所以这家书店原则上以邮购为主,并不欢迎一般人没事上门浏览,为了遏阻这些人,店主人要求来访者得先交四百美元的押金,离去时再取回。这么家要求奇特的书店,确实是勾起了我的好奇心。后来我请托众书商们引荐,史东佳特终于让我免交押金上门拜访。生长于丹麦的史东佳特对于"性"有着开放又严肃的看法,还在旧金山"高级性学研究所"(The Institute for Advanced Study of Human Sexuality)管理档案并修习博士学位。史东佳特的店里除了书与杂志,还有诸多的艺术品与海报,仿如一个小型的博物馆。教会街2141号内,各类书店聚集的情形,适切地彰显出教会区多元的特质,"麦尔·包斯维尔书店"的主人拉垂尔的一句话:"我喜欢这种同袍爱的感觉!"("I like the feel of camaraderie")大概最能表达这些书商们的共通想法,而这种融洽的气氛,也使得我这个外来的访客,在各家店穿梭之际,完全感受不到压力,有的只是到一股纯然的自在。

(初稿发表于2000年1月23日)

书商伊凡·史东佳特来自对性爱观念开放的丹麦,他还是得到学位的正牌性学博士。他的书店除了卖以"性"为主题的书籍(包含绝版的情色文学、画册及相关历史书等),也卖一些照片、艺术品。书店天花板上悬挂的裸女油画,与他经营的主题正好相呼应。

UPDATE 续访札记

当我还在台湾工作时，每到寒暑假走访旧金山，最常逗留在此栋建筑，主要是这里的书商特别平易近人，又愿意与我分享他们对书的知识与热情，许多时候我把这些书商的店当成我的"秘密基地"（联络中心兼休息室兼游乐场）。自从几年前迁居到这个城市后，我更是经常在此出入。原本神秘的"伊凡·史东佳特书店"对我也不再神秘，这家店虽然老是关着门，一般来客得先电话预约，但我只要敲敲门就能进去逛逛。只不过史东佳特后来碰到了爱的伴侣而迁移到西雅图，两人在网上继续经营此业，但他每隔几个月还是会回到旧金山，担任一家老杂志店的顾问。

"波雷力恩书店"原本的合伙人之一麦克·平可斯因为年纪大而退休，把公司股权卖给了约翰·德伦，但书店却多了一位生力军艾德山（Alexander Akin），此君是哈佛大学东亚语言与文明系的博士，专攻宋元明清史与日本文学，除了母语英文，还通晓中文、日文与韩文，让我佩服不已。艾德山在写论文期间就到"波雷力恩书店"打工，2009年毕业后全职服务，2013年并成了合伙人。会读

十多年来，教会街2141号的301室先后有好几家书店进驻，而今是"拉丁书店"，以卖拉丁美洲与加勒比海地区的书为主。我不懂西班牙语，若非店狗Mondo讨人喜爱，我大概极少会踏入"拉丁书店"。

082 | Booksellers at 2141 Mission Street

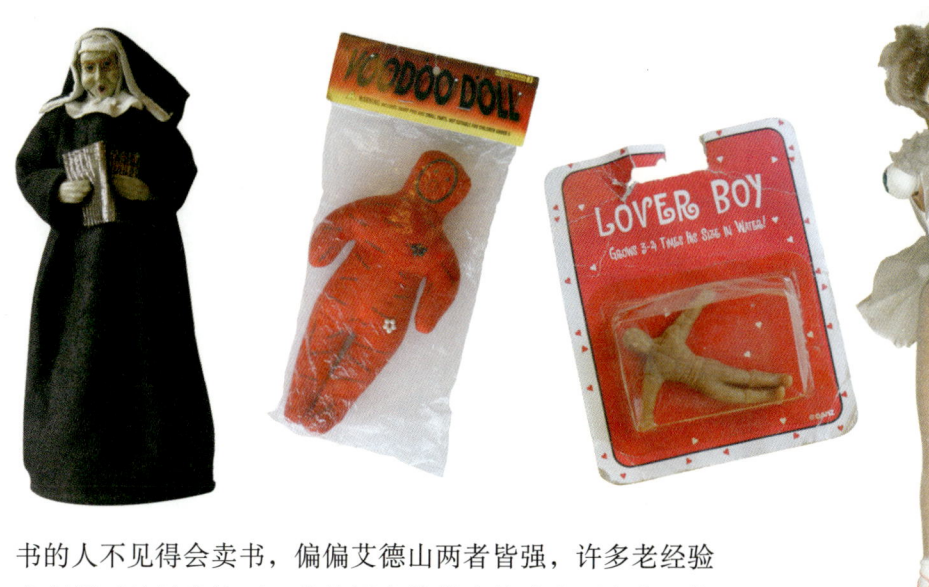

书的人不见得会卖书，偏偏艾德山两者皆强，许多老经验书商都对他极为认可，他的语言特长也的确在西方占了优势，他甚至还常到大陆的孔夫子旧书网买书来转卖呢！

"麦尔·包斯维尔书店"在稳定中持续经营，下一个篇章将对后者独立介绍。以合作社模式经营的"离奇故事"于2000年左右结束营业后，一位在此店承租的书商马克·波斯特（Mark Post）独立接收了此店面几年，以卖历史书籍为主，马克于2003年退租。

"瓦哈拉书店"的三位合伙人之一理查德·麦克劳福林自警察局退休后，迁居到华盛顿州波特兰附近，平常在网上卖书。另一位合伙人艾伦2004年又另起炉灶，在原本"离奇故事"的301室以自己的名号卖书，直到2007年止（详情于第十七章专文介绍）。

艾伦之后，进驻301室的仍是一家书店，以贩卖来自拉丁美洲与加勒比海地区的书为主，店名就叫"拉丁书店"（Libros Latinos）。店主亚方索·维西尔（Alfonso Vijil）两岁时自尼加拉瓜移民到美国，他在加州大学柏克莱分校经济系念书时，就进了学校图书馆的古籍特藏部打工，因而熟悉书业，并开始贩卖中美洲的书，亚方索靠着卖书的收入完成了大学与研究所。

话说"瓦哈拉书店"，最终就只剩乔·马奇翁尼一人独立经营了。这些年来，"瓦哈拉"是我经常流连之处，乔的店提供免费咖啡与音乐，还有一台能上网的二手计算机，同楼的一些书商不时到他的书店喝杯咖啡、聊聊天。

"波雷力恩书店"每隔一阵子就会赏我一些店内的玩具，图中就是几个我从他们那里收到的礼物。其一是唱诗歌的修女，她那滑稽的表情，让我联想起《修女也疯狂》那部喜剧。其二是可以施法的巫毒娃娃，上面有黑白两种大头针。其三是一个会旋转、会唱西班牙歌的芭比娃娃，只不过这娃娃的手被"波雷力恩"的男孩们给拔掉了，塞了两个保丽龙小球在洞上，他们调侃表示，因为书店是"armless"（英文可表示"没有手臂"或"没有武器"）。还有一个名之为"情人男孩"（Lover Boy）的玩具，根据包装盒后面的指示，把此男朋友放在水中七十二小时，他就会膨胀成原来的四倍，但是一旦离开水以后，他又会回复原状，我到目前为止还未测试过。

"瓦哈拉"是我最常造访的书店之一,店内不仅有沙发和能上网的电脑,店主乔・马奇翁尼还提供免费的咖啡。

为了要感谢乔・马奇翁尼所提供的良好网上售书服务,一位远在波兰的顾客特别寄给他一把琥珀把柄的拆信刀,以表达深深的谢意。

我虽然甚少享用那总让我失眠的香浓黑咖啡,但书店里的舒适沙发却让我赖着不走,我常坐在那里和乔聊书,我不少文章的灵感都源于与他的对谈。

外貌看起来颇粗犷的乔,灰黑夹杂的浓密半长卷发绑在脑后,总是一身陈旧的衬衫与牛仔裤,外貌看起来不修边幅,其实心细得很。他没有独立网站,但在eBay Store列了不少书贩卖,有适当的书,也会拿去拍卖,他网页中出现的图片与解说特别清晰详尽。以他书籍的品相而论,书价总是很公道,他甚至欢迎来者使用店中的计算机上网比价,以确认他的书价相对低廉。

乔每次打包寄书总是异常认真,无论是十元或五百元的精装书,他都先裹一层纸或透明塑料套包装,再裹一层塑料气泡膜,用胶带固定后放进一个硬的纸盒,盒中的空间则填满一种由玉米纤维制作、看似保丽龙但能分解的环保泡泡粒,以提供缓冲保护,免得书籍在运送中受挤压而毁损;如果是平装本的书,他还会在包装前先以硬纸板固定。我看他对待书就像呵护小婴儿般,可以想象顾客收到包裹时,是多么开心啊!

爱书、藏书的人,最忌讳书的品相不佳,记得我在台湾邮购书的经验多半不愉快,许多卖方把书就塞进一个大纸袋或塑料袋中,等书寄达后,总是这里折、那里损,看了心都淌血。在美国收到邮寄书,百分之九十总是欣喜,每次一层层打开包裹,就彷如拆圣诞礼物般愉悦。我在英美旅行时买书,即便行李中还有些空间,还是选择多付些邮资让书商们帮我寄书,一方面觉得书让他们邮寄比挤在我的行李箱安全得多,再方面我喜欢回家后收到包裹的感觉、喜欢与书商还保持着联系,而且我也很好奇每个书商打包的方式有何不同。西方许多书商对我说,他们入行第一件事就是学习如何打包寄书。很多时候,细节反而是最紧要之事,不是吗?

> **NOTE**
>
> "瓦哈拉书店"于2015年结束营业,原来的店主乔·马奇翁尼之后受雇于"波雷力恩书店",由老板变成员工,但还是在同一栋建筑物工作。有关"瓦拉哈"的最后岁月,请参考《四季访书》第十章。

现今独立经营"瓦哈拉书店"的乔·马奇翁尼经常抽空到大小书展买书。

INFORMATION

波雷力恩书店
Bolerium Books

2141 Mission Street, Suite 300
San Francisco, CA 94110, USA
TEL 1-415-863-6353
www.bolerium.com

拉丁书店
Libros Latinos

2141 Mission Street, Suite 301
San Francisco, CA 94110, USA
TEL 1-415-503-1800
www.libroslatinos.com

伊凡的网上书店
Alta-Glamour

P.O. Box 4632
Seattle, WA 98194, USA
TEL 1-206-328-7282
www.alta-glamour.com

CHAPTER

6

MEYER
专卖绝版法律书
BOSWELL
麦尔·包斯维尔书店
BOOKS

大学念法律、曾任律师多年的乔·拉垂尔这么说:"我不需要两栋房子、三辆车;我更不希望自己到了六十岁,才后悔怎么没在三十来岁时尝试开这么一家书店。"

"麦尔·包斯维尔书店"(Meyer Boswell Books)是美国第一家以贩卖法律书籍为单一主题的古董书店,店中最古老的书可以溯及十四世纪时的手抄本。当我踏入这家位于旧金山教会区的书店时,立刻被它那开阔的空间强烈地吸引,至于四周由地板延伸到天花板近五米高的十二层木质书架上摆的精装本书籍,更是赏心悦目至极。书店内一万册与欧美律法相关的书籍,对于专业不在此的我来说,自然颇为陌生,不过这个障碍并无损我与店主人乔·拉垂尔(Joe Luttrell)建立起友好的忘年之交。

记得第一次在店中拍完几卷照片后,高大、披着一头金色及肩卷发的拉垂尔,俯身对忙着整理散落一地照相器材的我真诚地说道:"你一定非常热爱你所做的事情。"我仰起头,不假思索地脱口而出:"是啊!就像你喜欢经营这家书店一样嘛!"两个人的脸上同时泛起会心的微笑。的确,能做自己所爱的事是幸福的,然而这个过程中却需要一点运气,还需要一份肯冒险的傻气,在先前的访谈中,我们发现两人除了都喜爱阅读外,还有许多共通点,例如彼此都是理想主义的信徒,对繁文缛节的办公室政治没有

"麦尔·包斯维尔书店"位于教会街2141号302室。

（左）书店门牌下的拉丁文谚语"IN LIBRIS LIBERTAS"翻译成英文为"IN BOOKS（THERE IS）FREEDOM"，表示"书中有自由"之意。

（右）这册十四世纪生产的手抄本法律规章，尺寸不大，是当时律师上法庭时，随身携带于口袋中的参考书。

书店除了卖书，也卖与法律相关的物件。图中所见为美国著名人权律师克莱伦斯·丹诺的画像。《丹诺自传》的中文版在台湾一直是长销书。

兴趣；我们都在三十几岁时就已放弃依附企业体的念头，当起自负盈亏的个体户。他卖的书与我写的文章在各自领域中都是属于非主流派，另外，我们都极为敬佩十九世纪末、二十世纪初的美国人权律师克莱伦斯·丹诺（Clarence Darrow），也同样对死刑抱持着怀疑的态度。

拉垂尔大学念的是法律，毕业后当了好些年的律师，1979年，他在旧金山一家专办反托拉斯案的律师事务所工作了五年，当时年仅三十八岁的他已晋升为合伙人之一，却因为厌倦了法庭内外充斥着冲突、愤怒的紧张气氛而离职。由于他一直爱读书、又长期留心古书买卖，因此转行当书商，经营起美国第一家专卖法律书的古董书店。"麦尔"与"包斯维尔"分别是他前妻与母亲的姓氏，将两者并成店名，为的是向两位支持他的女性表示敬意。

放弃稳定的收入与受人艳羡的工作，拉垂尔的内心难道没有太多的挣扎吗？我望着眼前这位谈吐温和之士，实在很难将他与咄咄逼人的律师形象联想在一块。拉垂尔一派悠闲地说着："我不需要两栋房子、三辆车；我更不希望自己到了六十岁，才后悔怎么没在三十来岁时尝试开这么一家书店。"

只要看过他的车,大概都不会怀疑他矫情,他那辆 1971 年产的达森五一〇型(Datsun 510)的手排档车,应该是我见过最老旧的一辆车,橘色的烤漆已斑驳不堪,车内的安全带不管扣上或解开都得使出吃奶的劲,车子启动后,噪音大得很,拉垂尔两三年前才刚在车上安装了一套颇佳的音响,价格肯定比车子还要贵,看来他还不打算让三十年的老车退休,话说如此,古董书商配上那辆古董车,还真是帅极了!

对身外财不甚讲究的拉垂尔,有着一颗怜悯的心。有回搭他的便车,只见他摇下车窗,拿钱给在路边行乞的游民,"我们都有可能成为这些人,"他严肃地对我说。综观他的经历,他似乎有着关怀弱势族群的倾向。1966 年,年轻的拉垂尔自美国东部密歇根大学的法学院毕业,因为向往当时西岸吹起的嬉皮自由风而迁移到旧金山湾区,先在斯坦福大学教授"法律写作与研究"一年,尔后两年则参与"和平工作团"(The Peace Corps,美国派往低度开发国家的技术人员所组成之团体),到西非国家喀麦隆,教导那里的孩子数学、英文等课程。

1969 年他返回湾区,于柏克莱的"国立住宅与经济

许多美国知名大学的图书馆都会有古书与手稿特藏区,并不时举办特展,有时甚至会以法律为主题。例如左图海报就是来自哈佛大学图书馆 1987 年一场名为"处女与女巫"(The Virgin & the Witch)的展览,展出十八世纪英国审判一位离奇失踪一个月的女佣伊莉莎白·坎宁(Elizabeth Canning)的相关资料;右图海报则是宣传耶鲁大学图书馆 2003 年的特展"少年法:儿童文学中的法律"(Juvenile Jurisprudence: Law in Children's Literature),其展出内容是几世纪以来曾教导与娱乐孩童的法律相关书籍和文件。这些海报都成了"麦尔·包斯维尔书店"的装饰品。

（左）这辆 1971 年的老爷车，正好与主人拉垂尔的古书商身份相称。

（右）"麦尔·包斯维尔书店"专卖绝版的法律书。从律师转业为书商的乔·拉垂尔，除了经营一家古书店，不时也会参加古书展。

发展法律项目组"任职律师，这个单位隶属联邦政府，旨在提供小区内低收入的民众及团体有关住宅与经济发展的法律服务。两年后，他又移居到乔治亚州一个几乎是黑人的偏僻小镇，在那里担任小区经济发展部的律师，当时美国南方的乔治亚州依然是黑人遭白种人歧视及蒙受不平待遇的境况，由于拉垂尔的热心及友善，当地的黑人常找他打官司，其中一桩不平案例是两位就读中学的黑人女孩，只因为在学校对白人老师口出不逊，就被老师一状告上法庭，地方法院竟因这件小事而打算将两位女孩定罪，并送她们进感化院。

拉垂尔在离开乔治亚州前受托辩护此案，他后来虽然定居于旧金山，但还是持续办理这个案子，并且一直不

梅尔文·贝莱（Melvin Belli，1907~1996）是美国一位桀骜不驯、作风大胆的红牌律师，以擅于在法庭上辩护著称。贝莱所代理的客户包含拳王阿里、女星莎莎嘉宝、滚石乐团等名人。贝莱的私生活也多彩多姿，例如结了六次婚、把他的爱狗列名在电话簿中等等。据称贝莱在法庭上共赢得六亿美元的赔偿金额，但最后却宣告破产。贝莱去世后，他的沙发、画像、照片、剪报等都遭到拍卖，拉垂尔买下了不少物件，并且用在古书展中陈售。根据真实故事改编的电影 Zodiac（台湾译为《索命黄道带》）中，那位被杀手要求上电视节目与他电话对谈的白发律师就是贝莱。他在自传 Melvin Belli: My Life on Trial 中也提到了这些花絮。

曾收费，他几乎每三个月就修书给法庭，表明他将上诉的决心，如此历经数年后，法官不胜其扰，只好撤销此案，两位女孩终免于受刑，"想一想那两个孩子若是进了感化院，她们不仅学业受挫、心理受创，此后的人生只怕是坎坷不已！"有一回拉垂尔和我一起在旧金山棒球场观赏巨人队（Giants）与红雀队（Cardinals）的精彩比赛时，提到这件往事，虽然事隔二十多年了，球场内外的热闹与欢呼声，依旧无法掩饰他话语中透露出的悲悯之情。

在美国，有关律师的笑话一箩筐，许多是嘲笑他们像吸血鬼一样，为了赚钱不择手段，或是他们阴险狡诈的一面，拉垂尔当然不否认这个行业有不少害群之马，但是他以为能拥有法学的知识并有能力去打抱不平，绝对是一件令人振奋的事。

虽然已长时期不执业，拉垂尔却还是一直保有律师的执照，"说不定哪天混不下去了，还得被迫重操旧业，"他这么开玩笑地说，然而他不久前才和店面的房东重新续约，约期长达十年，我想他这张执照被使用的机率大概是

麦尔·包斯维尔书店 | 091

（右）不必管主题与内容，单单是看着书架上那些摩洛哥皮革装订的书，我的心情就非常愉快。

（下）书除了可以用来阅读、收藏，其实还有很多功能。这本1931年出版的《加州一般法》（General Laws of California），虽然过度老旧，但因其厚重的分量，被书店主人拿来当门挡。这不禁让我想起美国导演希区柯克说过的笑话："平装本书非常有趣，但我认为它们永远无法取代精装本书，因为平装本书是很差的门挡。"

微乎其微了；另外，对他这个经常购买季票的棒球迷来说，当个律师肯定很难在下午时分偷闲到棒球场看旧金山的巨人队与其他球队捉对厮杀，不过作为拥有一点五位员工（一位全职、一位兼职）的古董书店老板，这不过是轻而易举之事，如果员工请假，大不了把店门一关，横竖闹不出什么攸关人命的大事，最糟也不过错失几位顾客，我实在想不出有哪个行业比经营古董书这一行更痛快的了！

（初稿发表于 2000 年 10 月 31 日）

UPDATE 续访札记

美国明尼苏达州大学法律图书馆（The University of Minnesota Law Library）现今收藏了已故人权律师克莱伦斯·丹诺留存的最多信件。最大的一批购于2004年，是丹诺给儿子的信件文物，其中包含数百封丹诺写给家人与友人的亲密信件，另外还有上百封名人写给丹诺的信，例如盲聋作家海伦·凯勒、美国总统富兰克林·罗斯福、诺贝尔奖文学奖得主辛克莱·路易斯（Sinclair Lewis）、建筑师法兰克·洛伊·莱特（Frank Lloyd Wright）等。

此法律图书馆又于2008年买了丹诺写给第二任妻子的近两百封情书。这两笔交易都是由拉垂尔经手中介，它们也成了他书业生涯中的亮点。拉垂尔依然开着那辆破旧老车、依然在老地方（教会街2141号302室）开古书店、依然不错过他热爱的棒球赛。

人权律师克莱伦斯·丹诺一生最有名的案例，莫过于1925年，丹诺代表"美国公民自由联盟"替田纳西州一位因教学生演化论而被起诉的的中学教员约翰·史寇博思（John T. Scopes）辩护而名噪一时。此案被称为"猴子审判"（Scopes Monkey trial）。这张海报是"美国公民自由联盟"在此案五十周年（1975）所发行，图中影像为丹诺（左）与保守派、强烈反对进化论的政治家威廉·坚宁司·布莱恩（William Jennings Bryan）在法庭上的合影。

INFORMATION

麦尔·包斯维尔书店 Meyer Boswell Books

2141 Mission Street, Suite 302 San Francisco, CA 94110, USA

TEL 1-415-255-6400　www.meyerbos.com

CHAPTER

7

Bookshops
缤纷灿烂又好玩
ON
瓦伦西亚书街
VALENCIA STREET

一条有书店的街是美丽的，瓦伦西亚街上几家风格迥异的书店，交织成一幅鲜明的拼贴。如果说一条街能展现一个地方的性格，那么瓦伦西亚街应该是当之无愧。

美国旧金山市的瓦伦西亚街（Valencia Street）位于文化多元、各色人种聚集的教会区（the Mission District），这条只贯穿十来个路口的短短街道，若从街头走到街尾，大约只需二十多分钟的脚程，但是一路上却充满了数十家风格独特的本土味与异国风餐厅、咖啡厅、高档二手旧货店、饰品店，够让人留连一整天，最让我这只书虫惊讶的，莫过于其间夹杂了六家独立书店，全盛时期甚至还高达十家呢！

这六家书店各具特色，单单是店名就让人印象深刻。历史最悠久的当属成立于1971年的"摩登时代书店"（Modern Times Bookstore），二手书与新书兼卖。这家以卓别林的电影片名为店名的书店，早先是由一些新左派的热衷者以合作社方式经营，专卖左倾思想的出版品，而今店内书种除了激进的政治议题书籍外，还包含大量社会、历史、经济、媒体、性别、文化评论等深度人文学科类别的书刊，以及大型连锁书店忽视的小型独立出版社的一些前卫出版品。店里经常可以碰到社会、政治意识浓厚的作者在此慷慨激昂地发表他们的作品，店外不时可见到群众聚集抗议时政。

另一家要介绍的二手书专卖店名之为"遗弃的星球"（The Abandoned Planet Bookstore），1993年由史考特·哈律森（Scott Harrison）创立，

位于旧金山市区的瓦伦西亚街，是一条色彩斑斓的小书街。

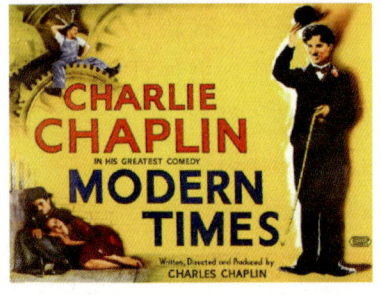

"摩登时代书店"的店名来自卓别林1936年的电影 Modern Times。下图为电影的老海报。Courtesy of Sotheran's

书种以优质的现代纯文学及社会科学类为主，乔伊斯、普鲁斯特、契诃夫、马奎斯、昆德拉在此皆有一席之地，一些思想家如达尔文、荣格、乔姆斯基也能找到立足点，书价大概都是原价的一半，门外活动折价柜上的特价书往往有令人惊喜的发现。店主史考特似乎颇浪漫，这家书店永远插着一盆新鲜玫瑰花，有时连白天都在收银台旁点上蜡烛，满墙的拼贴图片加上摆置的旧沙发、钢琴与打字机，为书店添加了几许文艺气息，这里连店猫之一都取名为卡夫卡（Kafka）。史考特在1995年请了住在同街一位不得志诗人画家杰克·密奇林（Jack Micheline）将书店后方一个小房间的所有墙面全变成了色彩明艳的壁画，上面涂满密奇林的画与抄写的诗句，这个诗画间颇让史考特引以为傲。

"狗耳书店"（Dog Eared Books）并非是以犬科为主题的书店，"dog-eared"一词在英文中指的则是状似狗耳朵之书页折角，顾名思义，此店是以二手书与出版社的清仓特价书（remainder）为大宗。有趣的是，也不知是巧合还是因为店名与狗相关，此店将部分盈余捐赠给泰国普吉岛的流浪狗与流浪猫团体。这间内部极具波西米亚风格的书店除了卖书外，另外还兼贩卖与出租二手录音带、CD，店中也总是播放着悦耳的音乐。我永远

"遗弃的星球"以优质的现代纯文学及社会科学类书种为主，店外玻璃橱窗外的折价柜上，往往有令人惊喜的发现。书店内有架老钢琴，供来客弹奏，书架上方的拼贴图片是店主史考特的杰作。书店后方有一个小房间，所有的墙面都是色彩鲜艳的壁画，手绘的活泼图案与诗句，是由诗人兼画家杰克·密奇林所绘。

我和编辑讨论了N次是否要用上图,只因它在我先前的著作《书天堂》(2005年版)出现过,我们不想再重复。但那时只用在章名页当装饰,没有任何说明,以致图中这只猫儿变得身份不详,想了很久,最后还是决定再用。在此介绍,它是"遗弃的星球"的店猫之一,名为"卡夫卡"(Kafka),没错,就是以作家卡夫卡来命名。另一只白毛店猫名唤"汉克"(Hank),取自作家Charles Bukowski的别名。电影Factotum(台湾译为《打杂诗人》)就是改编自此作家的同名著作。

记得多年前第一次拜访书店时,在法国香颂女王琵雅芙(Edith Piaf)荡气回肠地唱着《玫瑰人生》(*La vie en rose*)的伴随下,以七美元买下了当代法国摄影大师布拉塞(Brassaï)所撰写及摄影的《亨利·米勒——巴黎时光》(*Henry Miller:The Paris Years*)的全新英译本(原价为二十四美元)。布拉塞与米勒相识于1930年代的巴黎,而琵雅芙也活跃于同时代,如此的巧合让我永志难忘,逛书店最幸福之事莫过于此了!书价便宜并非重点,购书对我而言有时不仅是一种需要,它更是一种经验,一种视觉、听觉、触觉、嗅觉、智力与想象力统合后产生的浪漫行为,最终将成为一则无法磨灭的记忆。

"书之屋"(La Casa del Libro)是家西班牙文书刊的专卖店,存在于拉丁语系移民聚集的教会区似乎是再恰当不过了。创始人娜瑞莎·莫伦(Nerissa Moran)早年曾在这区一家已逝去的书店工作,许多顾客经常上门找寻西班牙文书籍,于是她开始针对顾客的需求订货,尔后她服务的书店结束营业,她干脆自行创业,成了西班牙文

书刊的经销商,并在 1994 年于瓦伦西亚街开了这个直接与社区民众接触的窗口。这家小巧的书店有着女主人的巧思,橱窗永远布置得吸引路人目光,内部深绿色的地板与粉橘色的墙面颇具墨西哥风。

"边境书店"(Borderlands Books)对于喜欢《侏罗纪公园》、《哈利波特》或是《魔戒》的读者应该是个乐土,这家店专门以奇想、科幻与恐怖类书刊为主题,由于这类型的书籍在文学类中向来不被视为核心,所处地位彷如在边陲,因此书店的主人艾伦·毕慈(Alan Beatts)以"边境"一词为书店命名。虽然这些书不是文学主流,但却是极受欢迎的通俗文学。毕慈从小在具古典学与文学高教育水平双亲的熏陶下而喜好阅读,他最大的嗜好是沉浸在幻想小说的世界中,另外他有个梦想就是长大成为一个执法人员,这和他父母的期望有相当大的落差,只是他大学毕业后还是如愿进了警察局,当了两年的警察后,转任为私人企业的高级保镖并领导过不少保全人员,据他描述,警察与保镖生涯固然紧张,但事实上大概只有百分之十的时间会有状况需要采取激烈的行动,百分之九十的时间多半是在漫长的等待中度过,因此他在这十年生涯中反而有更多时间阅读,虽说这一行待遇极佳,但是超高的压力最终还是让他离开这一行,经过一段时间的思考,他决定在 1997 年开起书店当书商,并以自己最熟知、最感兴趣的幻想类书籍为主题,毕慈那教书的父亲自然会对儿子弃武从文的转变开心,只可惜他当时已去世。

一般人大概很难将毕慈和刻板印象中身材壮硕、孔武有力型的警察或保镖联想在一起,高瘦、斯文、扎条马

以贩卖低廉书为大宗的"狗耳书店",不仅招牌上有狗的图案,书店内墙上也挂着一幅狗的油画。

"边境书店"专门贩卖奇想、科幻与恐怖类书刊,但店内优雅的气氛却一点也不恐怖。

尾的他,毋宁更符合书商的形象。然而他又有一般个性书商所欠缺的积极、效率与干练,"边境书店"最早原是开在城中另一处租金较高、空间较小的店面,毕慈于2001年将书店搬到这条他一直就想进驻的书店街,现今店面的空间要比旧处大一倍以上,租金却一样,最重要的是他和房东签下了十年长期租约,不会因为短期内租金高涨而得搬家。书店在他的管理下井井有条,新旧书兼卖,许多顾客并将阅读完毕的书又卖回店中,开店以来最让毕慈津津乐道的趣事是不少书在此进出两三回,最高纪录是他曾经手一本 Robert A. Heinlein 的作品《陌生地的陌生人》(*Stranger in a Strange Land*)高达五次之多,问他怎么知道是同一本书,他笑说书扉上一直保留有他用铅笔标的价。有一回歹徒上门抢劫,饱受惊吓的店员在保命的原则下自然是乖乖将收款机内的钱交出,毕慈很遗憾当时自己不在店中,否则以他的背景与身手,肯定会想法把抢匪制伏,堪称安慰的是,收款机内现款不多,此外,小偷显然不是雅贼,不知道真正有价值的其实是在收银台后方柜中的珍本藏书。

最后值得花较多篇幅特别介绍的一家店是自称为"性图书馆"(The Sexuality Library)的"震动棒"(Good Vibrations),中文译名中的"棒"一字,我指的是形容词"好棒"之意,读者若要解读为名词"棒子",也没什

（左）曾任警察与保镖的"边境书店"主人艾伦·毕慈与他那长相奇异的无毛猫（Sphynx，斯芬克斯猫）。

（右）"边境书店"既然卖恐怖书籍，因此自然少不了封面出现 CREEPY、EERIE 为书名（两个英文字皆表示令人毛骨悚然之意）的恐怖漫画。

么问题，因为这家店最重要的商品之一确实包括了震动按摩器（棒）（vibrators）。"震动棒"其实是一家以"性"为主题的商店，店中除了贩卖与性相关的各类书籍与杂志外，还包括令人叹为观止的各类性玩具与影片。

1977年底时，拥有亚洲研究与公共卫生双硕士的性学专家与教育家琼妮·布兰克（Joani Blank）有鉴于一般人（男性与女性、同性恋、异性恋、双性恋与变性者）对性的相关讯息极为缺乏且又不易找到优质的性玩具，因此秉着人人生而应有认识并享受性的权利的原则，成立了"震动棒"，希望创造一个干净明亮的场所，经由受过专业训练的工作人员，来解说店中所提供的书籍、玩具与录影带，藉由这项商业行为来达成教育大众的目的。如此高的诉求，是时下一般让人产生猥琐暧昧感的成人商店或情趣商店所无法与之相提并论的。

在二十一世纪科技高度发达的今日，人类可以登陆外太空、潜入深海，对于外在世界进行无穷尽地探知，但是由于长久以来对性的禁忌，使得我们对自己最私密的身体以及亲密爱人的身体却所知有限，性知识贫乏的情况中外皆然。在台湾受到热烈欢迎的美国影集《欲望城市》（*Sex and the City*），剧中所描绘出美国都会男女对性侃侃而谈、洋洋自得的现象，其实并非普遍存在于美国一般大众的日常生活中。即使是饰演剧中那位莎曼莎（角色最开放

瓦伦西亚书街 | 101

"震动棒"贩卖与性相关的各类书刊外,还包括各类性玩具与影片。

者)的金·凯特崔尔(Kim Cattrall),也公开坦承数年前在遇到第三任丈夫马克·列文森(Mark Levinson)之前,她对性知识其实颇为懵懂,性经验更是令她觉得沮丧与挫败,她同时也发现周遭的女性朋友和她有同样负面经验者比比皆是,于是她决定将自己与列文森两人一路摸索后的美好经验整理成书,出版了《满足:女性高潮之艺术》(Satisfaction: The Art of the Female Orgasm)。

"震动棒"店中自然贩售不少像是《满足》这类讲述如何产生快感的书籍,有些书还真是别出心裁,例如《男同性恋给异性恋女子的性建议》(Sex Tips for Straight Women from a Gay Man),还有一些情色小说、画册、录影带以及针对儿童与父母撰写的性启蒙书籍,此外他们也自行出版书籍,例如《震动棒性指南》(The Good Vibrations Guide to Sex)、《震动棒G点指南》(The Good Vibrations Guide to the G-Spot)都成了店中的畅销书。然而书籍的利润毕竟微薄,真正的财源命脉来自于店中形

形色色的性玩具及性辅助器，单单以陈列的一百五十多个震动按摩器来说，就细分为各种材质、尺寸、速度、造型、电动、手动甚至遥控等种类，其销售占了总营业额的百分之三十八，自开店以来，他们已卖出高达十二万个。在此购物就像到一般电器行选购商品般正常，如果不知道一些玩具该怎么玩、不清楚书籍或影片的性质，无须扭扭捏捏，只要将疑问提出，训练有素的店员都会详尽解说，并告知产品的优劣点，店中同时也常态性地请专家来开设一些教育课程。

"震动棒"的理念显然受到许多人的支持，因而从开始时不到二十平方米的店面扩张而成如今近二百平方米大的宽敞空间，并且在1994年于柏克莱开了第一家分店，2002年又于旧金山市的波克街（Polk Street）开了第二家分店，其经营的成功为"Sex Sells！"这句话做了另一个让人激赏的脚注。

一条有书店的街是美丽的，瓦伦西亚街上这六家风格迥异的书店不仅交织成一幅极鲜明的拼贴，更反映出这个区域、这个城市的多元化，如果说一条街能展现一个地方的性格，那么瓦伦西亚街应该是当之无愧，旧金山市的开放与前卫在此展露无遗。

（初稿发表于2003年1月30日）

自称为"性图书馆"的"震动棒"，提供以"性"为主题的商品与知识。"震动棒"的店员不仅具备专业知识，还带有趣味性。

UPDATE 续访札记

教会区的房租原本相当低廉,这也是为何不少的独立书店先后进驻瓦伦西亚街,因而使得这区逐渐变得颇有文化,吸引了不少中产阶级与雅痞人士,时髦的餐厅与商店也陆续跟着出现。在此区貌似欣欣向荣之际,却也让房租节节攀爬,以致毛利甚低的书店业更难经营。西班牙文书刊专卖店"书之屋"大约在2007年左右结束营业。2009年底,我常逛的"遗弃的星球"也因房东要收回店面,店主史考特无法负担这区昂贵的租金而结束在此街十六年的营业。2011年夏天,"摩登时代书店"迁移到教会区房租较低廉的第二十四街上,让四十年的历史得以延续。

同一时期,"边境"则在书店旁开了家咖啡店,以期增加营收。店主毕慈一反潮流,他的咖啡店既不提供无线上网,也不放音乐,他希望顾客不要只是埋头在计算机前工作,而是能享受他提供的舒适空间,甚至能与周遭的来客交谈。

"边境书店"的姊妹店"边境咖啡店"提供咖啡、茶、糕点、轻食,但既不放音乐,也没有无线上网的服务,橱窗上清楚标示着"NO WI-FI"。

　　如果你有机会到瓦伦西亚街，一定不要错过826号，这个地方虽然不是书店，但却与书有很大的关联。2002年时，作家戴夫·艾格斯（Dave Eggers，台湾出版其作品 *A Heartbreaking Work of Staggering Genius* 之中译本《怪才的荒诞与忧伤》）在此创办了一个非营利组织，免费指导六到十八岁的小孩写作与出版，以及协助学校的老师让学生能对写作感兴趣，组织的名称就叫"瓦伦西亚街826号写作与辅导中心"（826 Valencia Writing & Tutoring Center）。此中心有三分之二的地方是用来教学、办活动，但入口处却布置成一个超现实的海盗店，卖眼罩、披风、指南针、望远镜、标本等等有趣的物件，以吸引孩童。另外，因为艾格斯是文学出版社 McSweeney's 的社长，此出版社的书与期刊自然在此也有一席之地。

由于房东不再续租，"遗弃的星球"在2009年底结束营业，成了被遗弃的书店。店主史考特还不清楚自己下一步会做什么。

瓦伦西亚书街 | 105

"瓦伦西亚街826号"是一个地址,也是一个非营利性组织的名称与所在。此处除了提供辅导小孩写作与出版的免费服务,也贩卖一些书、杂志与有趣的物品。建筑物前方的壁画,是由美国著名的漫画家 Chris Ware 所设计。

这条街上另两个非营利性组织"救世军旧货店"(Salvation Army Thrift Store)与"社区旧货店"(Community Thrift Store)也卖书。两者都是贩卖由善心人捐献的二手衣物、家具、书等,所得盈余作为慈善之用。这里的物品极为廉价,一本原价数十美元的精装书在此只卖数美元,例如一本2001年版第五十八刷的精装本《麦田捕手》(*The Catcher in the Rye*),原价二十五美元,在此标价仅一美元。一些我认识的二手书商经常到这两处的书区走动,看看是否能买到值得转卖的书。我自己倒是经常把读完不想留的书捐给社区旧货店,因为我可以把收益捐到指定的单位,也算是行善一桩吧!

= INFORMATION =

边境书店
Borderland Books

866 Valencia Street
San Francisco, CA 94110, USA
TEL 1-415-824-8203
www.borderlands-books.com

摩登时代书店
Modern Times Books

2919 24th Street
San Francisco, CA 94110, USA
TEL 1-415-282-9246
www.moderntimesbookstore.com

救世军旧货店
Salvation Army Thrift Store

1501 Valencia Street
San Francisco, CA 94110, USA
TEL 1-415-643-8040
www.salvationarmy.org

狗耳书店
Dog Eared Books

900 Valencia Street
San Francisco, CA 94110, USA
TEL 1-415-282-1901
www.dogearedbooks.com

震动棒
Good Vibrations

603 Valencia Street
San Francisco, CA 94110, USA
TEL 1-415-522-5460
www.goodvibes.com

社区旧货店
Community Thrift Store

623 Valencia Street
San Francisco, CA 94110, USA
TEL 1-415-861-4910
www.communitythriftsf.org

瓦伦西亚街826号
写作与辅导中心
826 Valencia Writing & Tutoring Center

826 Valencia Street
San Francisco, CA 94110, USA
TEL 1-415-642-5905
www.826valencia.org

（上）瓦伦西亚街上的"社区旧货店"是一个卖二手货的非营利性组织，其中的书区颇具规模。

（下）"救世军旧货店"是另一个非营利性组织，所卖的二手书，精装本一律每册三美元、平装本则低到一美元。

CHAPTER

8

FORT
乐 善 好 施 又 环 保
MASON
梅森堡大书展
BOOK SALE

每年九月的"梅森堡书展",是由一个非营利性的组织所主办。这个号称美西地区最大的书展,贩卖的书皆来自善心人士的捐献,所得盈余则投入经费有限的公共图书馆。

很多人以为像我这么一个对书有特殊情结的人,买书时肯定毫无节制,就像剧集《欲望城市》中那位有恋鞋癖的女作家凯莉·布雷萧,在面对一双四百美元起跳的 Manolo Blahnik 高跟鞋时,不管荷包是否紧缩,自制力荡然无存、眼睛眨也不眨一下就刷卡打包。对于看上眼的书我确实会心动,只不过长年累月我从路边小书摊、超级连锁书城、精致古董书店到世界顶级图书馆一路逛下来,什么古灵精怪的奇书没看过、摸过,接触多了高档的收藏书,反而觉得欣赏不一定要拥有,毕竟天文数字的价格不是我们升斗小民所能负担,但这也不表示我因此就变得清心寡欲,什么书也不买,碰到一些感兴趣的书,我还是可能消费,在我的书架上添些战利品,更何况阅读是我生命中必要的养分,书籍自然也成了我日常采买的民生必需品。

在所有的购书经验中,我必须承认每年9月旧金山的"梅森堡书展"(Fort Mason Book Sale)是最让我期待的几件盛事之一,这个号称密西西比河以西最大的书展几乎每年都在美国的劳动节(9月的第一个星期一)后那周,于旧金山的历史地标"梅森堡"(Fort Mason)进行。

梅森堡是旧金山的历史地标,原来是一个军事基地,现今发展成一个多功能的人文与展览中心。

"梅森堡书展"已经连续好几年在五万平方英尺的"节庆馆"中举办。

密西西比河以西最大书展

梅森堡濒临旧金山湾口，介于渔人码头与金门大桥之间，此处曾为军事航运基地达两百年之久。1970年代后，这片占地十三亩的区域被改造成一个具多元化功能的文化中心，不仅提供场地作为四十余个非营利组织的据点，还包含了五个剧院、四个美术馆与博物馆，一些区内建筑出借为展览会馆。

到了梅森堡就算不买书也是一大享受，绝佳的景观配上旧金山9月初的好天气，已经够让人心旷神怡了，再加上不时在梅森堡中心进行的艺文活动，怎样也不会觉得无聊，只是对于爱书人来说，这些元素无论如何也比不上书展内的书来得更具诱惑力。

因为工作、因为兴趣，我参加过西方诸多形形色色的书展，多数书展以卖新书为主，由出版社或书店所发起，类似台湾每年在世贸举办的书展，前来买书的是希望买折

"梅森堡书展"号称是美国密西西比河以西最大的书展,每年至少都卖出十余万册书,所得收入用以嘉惠旧金山公共图书馆。

扣书回家阅读的一般读者。西方还有不少由古董书商所举办的古书展,其贩卖的书种以年代久远、具有历史的绝版书为主,一些珍本书的价格往往可以高达数十万美金,这类书展的买主多半是藏书家或书商,买书是为了收藏及再贩卖,书籍在此的功能非以阅读为主,而比较像是艺术品般作为欣赏之用。"梅森堡书展"却不属于前述这两种多数人所认知的典型书展,它的主办单位既不是出版社、也不是书商,而是一个非营利的组织,名为"旧金山公共图书馆之友暨基金会"(Friends & Foundation of the San Francisco Public Library,以下简称为"图书馆之友基金会"),这个独立于旧金山公共图书馆行政体制外的基金会是由一群喜爱阅读、笃信资讯应普及大众的热心人士所成立,他们长年透过不同方式为经费有限的公共图书馆募款,以强化其功能与服务,"梅森堡书展"正是其中最重

每个人在书展里聚精会神,都想从众多书册中,挑选出自己喜欢的好书。

要的一个募款活动。

美国有不少的图书馆书展(library sale),主要是由图书馆定期将馆中老旧或多余的书刊淘汰并廉价公开出售给大众,"梅森堡书展"虽是为了赞助图书馆而举办,但是它既非由图书馆主导,也不卖旧金山图书馆淘汰的书,它所卖的出版品全是来自社会大众的捐献,多数原是私人或机构的藏书,小部分是出版社的多余库存,这些每年高达五十万册的赠书,有赖"图书馆之友基金会"的三百多位义工轮流在梅森堡的一个名之为"捐献中心"(Donation Center)的工作室内分门别类整理,图书馆员不定期到捐献中心先挑一些图书馆所欠缺的读物以纳入馆藏,剩余的书则作为书展之用。以2003年为例,"梅森堡书展"在五万平方英尺(约四千六百平方米)的"节庆馆"(Festival Pavilion)盛大举行,馆中二十万册的书大多是书况极佳的二手书,精装、平装皆有,另外还有些黑胶唱片、录像带及录音带,这些出版品依主题而区分为四十类,以方便顾客挑选。如此大规模的展览是诸多人心力组合的成果。

想要快速地贩卖如此多的二手书,书价自然不宜太贵,一本原价二三十美元的精装本几乎不会卖超过五六美元,平装本的书更是低廉到一二美元,甚至是五角,然而在这片书海中却可能混杂着一些数十年或上百年前的绝版书,有些具收藏价值者,在古董书的市场有时可

（左）曾经开过书店的拜伦，如今已成为"梅森堡书展"的最重要推手。

（右）书展辟有一个专区 Best of Book Bay，卖一些较高价、吸引收藏家的首版书或珍本书。

卖到数百或数千美元不等，为了有效标价并使获利提高，"图书馆之友基金会"在1999年雇用了拜伦·史奔纳（Byron Spooner）为书籍运营长（Director of Book Operations），主控书籍销售的运作。

拜伦曾经是个书商，并在马林郡圣拉费尔市开了家二手书店达十五年之久，因此对旧书买卖极有经验，后因房租上涨等因素而结束书店营业，他有时虽会忆起那段自己开店的日子，但却不怎么留恋。他在一次闲谈中向我表示，开店时自己固然是老板，却也沦为自己的奴隶，十多年的书店生涯，他没真正休过一次长假，不曾享有完善的医疗保险，每天得想着怎么赚钱付房租、付店员薪水，压力大得让他常常喘不过气来，而今他拥有一般上班族稳定的收入和应有的福利，还能和太太每年休假旅行，最重要的一点是，他的工作还是和他喜爱的书本打交道，却无需苦苦寻觅旧书的来源，更不必有自负盈亏的业绩压力，不少经营艰辛的书商曾偷偷地向我表示，他们对拜伦这份好工作真是既羡慕又妒忌。拜伦的任务主要是平时督导义工标价，不时则在书堆中挑出可高价卖出的珍本书，并于书展时将这些高档书归在一个专区，以吸引有兴趣的藏家。自从拜伦上任以来，书展的收益较往年显著地成长，他首次负责的书展卖出十万零五千美元的书，较前一年的纪录要多出一万八千美元，2003年则高达十九万四千美元。

梅森堡大书展 | 113

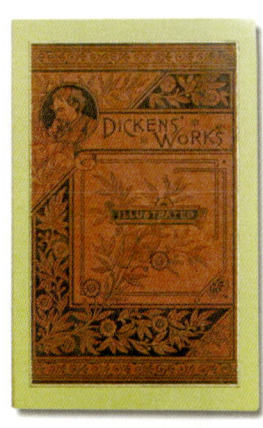

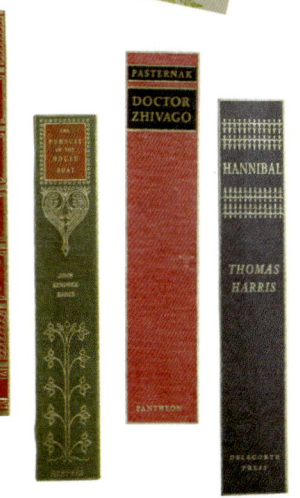

书展中也贩卖别致的卡片与书签，它们是来自一些废弃的书页与老旧精装本书的书脊，由义工 Rosemary Mans 所制作。

读者和书商的淘宝地

这个短短四天的二手书展，确实是以薄利多销吸引人潮，除了捡便宜的普通读者外，最特别的是有为数众多的二手书商穿梭其间，他们到此买书是为了转手将书再卖出，可见书价有多低了！我认识的当地二手书商几乎全都在此现身，彷如同业间的大聚会，这些书商多半在第一天书展正式开幕前几小时就已经守在门口排起长龙，每个人身旁摆着空纸箱或推车，等着书展门一开就冲入自己擅长的书区搜寻。虽说书展内的书籍已经过筛选，但毕竟数量过多，再加上义工及拜伦都可能看走眼，因此不时会传出令人兴奋的好消息，例如去年有位书商在书堆中找到第一版的《杀死一只仿声鸟》（*To Kill a Mockingbird*，台湾译为《梅岗城故事》，中国大陆译为《杀死一只知更鸟》），这本书在 1960 年出版，是美国女作家哈泼·李（Harper Lee）的第一本书，却为她赢得了普利策小说奖，后改编为电影，是少数书籍改编成电影成功的案例之一，影星格利高里·派克因此片获得奥斯卡最佳男主角奖，哈泼·李自此却不曾再出书，并过着隐秘的生活，由于哈泼·李的传奇性及电影的成功，使得此书的头版成了热门收藏品，那位幸运的书商只花了五美元的代价，但是却可以卖出至少两千美元，投资报酬率高达一比四百，可惜这本精装书缺了外面原有的一层防尘护套（dust jacket，台湾称之为书衣），否则价格还可以再三级跳。之前还有人在书展中

（左）展示梅森堡大书展二十万册书的台面，竟然是靠一些装水果的纸箱所搭出的。

（右）书展里把一些受到全国性读书俱乐部推荐的书集中在一起，容易造成聚焦效果，画面中所展示者是这几年改编成电影的畅销书《时时刻刻》（The Hours）与《冷山》（Cold Mountain）。

发现首版的《了不起的盖茨比》、《老人与海》等书，也难怪抢先进场对书商们会如此重要。

在书展觅得中文签名本

我当然无意和这群职业书商竞争西文书，反正我买书主要是为了个人的兴趣和研究，更何况以我对西文书的粗浅认识，再怎样也难以和他们匹敌。但是我的中文背景却也让我能发现一些书商们所忽视的宝贝，例如数年前我在套书区看到了立在一个红盒中的三册套书，是中英文版的《台湾农业经济论文集》，第一册是中文，其他两册是英文。对于一般西方人而言，书脊上所印的英文作者名 T. H. Lee 既不具特殊意义，有关台湾农业经济的主题也没啥吸引力，我当然知道这是李登辉的著作，但是我对农业经济缺乏兴趣，而且这套书在台湾也极普遍，因此当下并不觉得有何特别，心中只是纳闷，如此冷僻的砖头套书怎么会出现在此，随手抽出英文第一册，赫然发现书名页左上方有着李登辉的印章与英文题赠，时间为 1983 年 10 月 27 日，对象是亚特·阿格诺士先生（Art Agnos），李登辉并在上注明自己当时的身份是台湾省省主席，而阿格诺士当时为加州的众议员。更有意思的是，在同一书名页下方又出现了李登辉第二度的题赠，时间为 1989 年 5 月 1 日，此时李登辉以"中华民国总统"自居，题赠的对象依然是

这个红盒中的一套三册《台湾农业经济论文集》，第一册是中文，其他两册是英文，于1983年1月出版。书脊上所印的英文作者名 T. H. Lee 是李登辉，其中英文第一册的书名页，有着李登辉给的用印与1983年和1989年的两次英文题赠，对象是亚特·阿格诺士（Art Agnos），其上可看出李登辉的身份分别是台湾省省主席与"总统"，而阿格诺士则为众议员与旧金山市市长。从书中前言可得知，此书的编印是妻子曾文惠送给他的六十岁生日贺礼，由黄大洲负责筹划，时值李登辉丧子不久之际，想必此套书的完成对他有些许的慰藉。

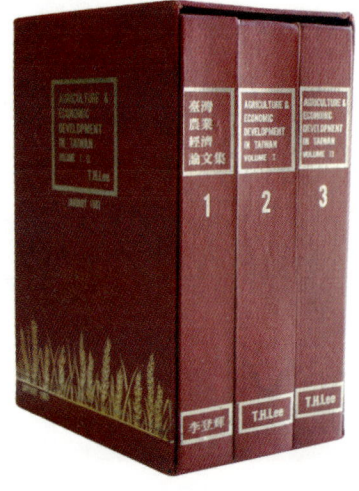 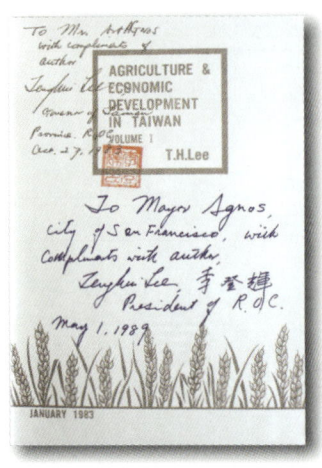

在海外书展买到《阿Q正传》的上册，扉页有插画者程十发的亲笔题赠与用印，确实让我有挖到宝的兴奋，但遍寻不着此书的下册，却又让我懊恼万分。

 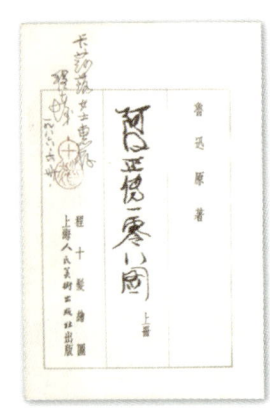

阿格诺士，而其头衔则已成旧金山的市长，两人在六年间同时在仕途上高升，使得这套书格外具有历史意义，而其显然是来自阿格诺士家族的捐赠，至于两次的题赠到底是发生于李氏与阿氏亲自晤面时或纯属越洋馈赠，则需进一步考证。

我在"梅森堡书展"的另一项斩获则是发现了一册大陆上海人民美术出版社所出版的《阿Q正传一零八图》连环画。不少画家曾替鲁迅的《阿Q正传》配图，最有名的插画家当属1930年代的丰子恺及此书的绘图者程十发，两人正好先后分别担任上海中国画院院长。程十发是当代著名的海派中国画大师，他于1960年代以传统中国写意画的方式传神地诠释这本名著小说，我在翻阅这本配着鲁迅原文的连环画时，觉得像是在欣赏一部动画般生

动,根据一则报导,名闻东瀛的台湾漫画家郑问在二十八岁面临创作瓶颈时,因看了这本连环画而眼界大开、启迪了他的画风。

我发现的这册平装本是采古式包背装及线装的混合法装帧,最让我欣喜的是书名页出现了原绘图者漂亮的手写中文笔迹"卡莎莎女士惠存,程十发,一九八六、六、卅",其间还盖有程氏优美的葫芦型印章,令人扼腕太息的是,这本书仅是上册,我遍寻书展中的艺术区、外国语文区,甚至无法归类的其他区,就是找不到下册,也不知道程大师是否只送了上册?而这卡莎莎女士又为何许人也?按资料显示,程大师在1982年曾出席旧金山所举办的"现代中国画展"开幕仪式,两人是否因此结缘?此外,这上册不附版权页,因此确切印行时间也不得而知,前言的结尾处印着1962年字样,只是这册书印刷颇为精致,而且书况又出奇地完好,几乎像是新书般,很难让人相信是四十年前出版的书,这会是晚期的重印本吗?有关我手上这册书的身世,大概只有程大师自己才清楚了!

便宜实惠也兼做善事

挖到珍奇宝贝,永远都是可遇不可求之事,但是"梅森堡书展"的独特迷人之处,就在于看门道的内行和凑热闹的外行在此都能产生心满意足之感,我几乎不曾看到有人由此空手而回的情形,特别是最后一天,所有前三天未卖出的书全部每本降到一美元,童书更是低到二十五分,

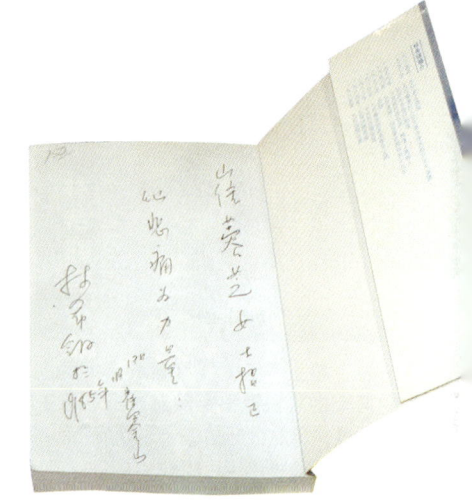

在书展中的外语区,常可看到一些中文书,例如台湾传记文学出版社印行的《民国大事日志》、早期文星书店出版的《文星丛刊》。书中有时还有作者的题赠,例如香港顺景书局出版的《林希翎自选集》,扉页显示林希翎1985年1月17日于旧金山将此书送给崔蓉芝,崔是"江南命案"死者的遗孀,时值命案发生后三个月,因此林会写着"化悲痛为力量"。

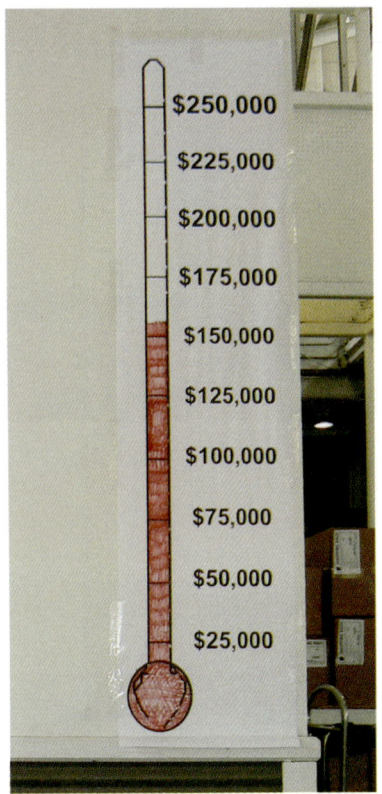

（左）墙上手绘的温度器显示书展上前两天的累积销售金额超过十五万美元，这一年的目标是二十五万美元。

（右）"梅森堡书展"不仅吸引大人来买书，连小孩都喜欢躲在书堆里看书。

有谁能拒绝如此的诱惑呢？这也是为什么我每次造访书展，总得拉着那有活动轮子的登机行李箱采购，以便能满载而归。

无法赶上每年9月份这个大型书展的书虫不必觉得懊恼，"图书馆之友基金会"每季都选定一个周末举办迷你书展，贩售约一万本书，每本书不超过一美元，此外并在梅森堡的 C 馆及旧金山市中心图书馆总馆一楼各设一家小书店，前者贩卖比较特别、值得收藏的书，后者则偏向一般人感兴趣的大众化读物，书价一样都很低廉。

"图书馆之友基金会"的二手书贩卖服务不仅使得书籍流通，达成物尽其用的目的，而且所得还能嘉惠图书馆，这让书籍的捐赠者与购买者都感觉自己参与了一项有意义的活动，也因此基金会从不愁"梅森堡书展"的书籍来源会短缺，书展的规模更是年年扩增，成了众书虫每年兴奋期待的盛会之一。

（初稿发表于 2003 年 12 月 2 日）

UPDATE 续访札记

　　有一段时间我自己也成了"旧金山图书馆之友"的义工,每星期一、三下午到他们在梅森堡的书籍捐献中心帮忙分类,在此不仅能认识爱书的义工们,看到自己感兴趣的书,还可以先下手占为己有。多数的义工已从职场退休,年纪不小的我,反而成了年轻一族,对于书的喜爱其实是不分年纪与国籍的。

　　为了有更大的空间容纳逐渐增多的书籍与义工,捐献中心2009年搬到了教会区崔特街(Treat Street)一个比原处大上四倍的仓库。每季的迷你书展则变成更频繁的每月书展,在每个月第二个星期六举办,地点也改在崔特街宽敞的捐献中心。此外,4月到10月间的每星期三上午十一点至下午三点,只要不下雨,"旧金山图书馆之友"也会在图书馆总馆的大门外摆摊卖书,每本书都不超过一美元。至于梅森堡C馆的小书店,也在几年前扩充成了大书店,并且于2010年开辟了咖啡区,吸引更多的人潮。

　　美国许多大小城市都有类似"旧金山图书馆之友"的

崔特街上的书籍捐献中心,每个月都会举办一次迷你书展,每本书都只卖一美元。

梅森堡大书展

"旧金山图书馆之友"的义工多半是从职场退休的爱书人,例如图中这位已经在此奉献二十年的老先生 Bob Shultz,但也有一些像我这样的"年轻人"混杂其间。我去捐献中心帮忙时,在他们的外语书区常看到中文书,例如《镜花缘》、台湾远景出版社出版的林语堂名著《京华烟云》、《生活的艺术》等。这些书最终会在书展出现,或是在梅森堡常设的书店里展售。

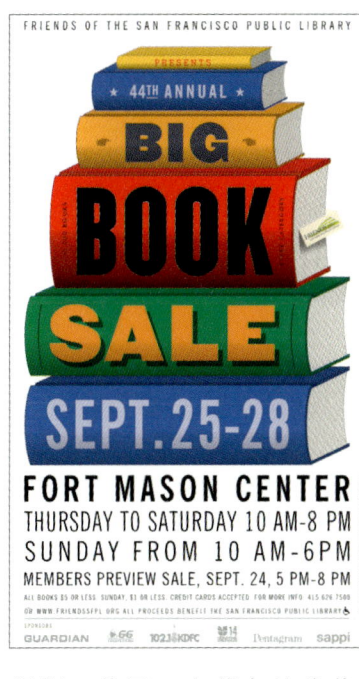  

组织，英国一个著名的非营利性组织 Oxfam（中文译为"乐施会"），就是以贩卖大众捐献的旧货，来支持世界上的弱势团体。Oxfam 创立于 1942 年，目前在英国约有七百三十家店，以卖二手衣、杂物为主，其中一百多家则是书籍专卖店，Oxfam Bookshops 据称为欧洲最大的二手书店。这些非营利性组织所办的书展、开的书店，其实可以视为一种慈善书展（charity book sale）、慈善书店（charity bookshop）。想想如果有一天，世上只有电子书，如此的义行将不可能出现、人们摩肩接踵争相淘书的景象也将不再。

"梅森堡书展"2008、2009、2010 连续三年的海报。海报标题仅写着"BIG BOOK SALE"（大书展），表示书展真的很大。

INFORMATION

梅森堡书店
Building C, # 165, Fort Mason Center
San Francisco, CA 94123, USA
TEL 1-415-771-1076

旧金山公共图书馆附属书店
30 Grove Street
San Francisco, CA 94102, USA
TEL 1-415-557-4238

书籍捐献中心
1630 17th Street
San Francisco, CA 94107, USA
TEL 1-415-522-8600

旧金山图书馆之友基金会
Friends & Foundation of
the San Francisco Public Library
www.friendssfpl.org

NOTE

"旧金山图书馆之友基金会"的书籍捐献中心，于 2016 年由崔特街搬到附近第十七街上一处更大的空间，每个月第二个星期六的迷你书展持续于此进行。

CHAPTER

9

BOOKSHOPS
既 多 元 又 反 传 统
IN
柏 克 莱 书 店 剪 影
BERKELEY

一个区域的书店景观往往是反映当地人文素质的最佳指标。北加州的柏克莱拥有诸多不同类型、历史精彩的特色书店，充分显示出这个城市的丰富多元样貌。

　　记得1980年代中期，我在美国纽约州州立大学水牛城分校念研究所时选了一门语言系的课，开课的是一位刚刚由加州大学柏克莱分校（以下简称柏克莱加大）获得博士学位的年轻女助理教授。刚刚担任教职的她，顶着一头卷发，说起话来中气十足，浑身充满干劲的模样宛如加州暖烘烘的阳光。一个学期后，她病恹恹地对我表示，非得离开水牛城，回到北加州不可，我心里正揣测着她大概是受不了东北方的天寒地冻，谁知她却接着表示，离开的理由是："因为水牛城没有书店。"当时听她那么说，我颇为困惑，水牛城怎么会没有书店呢？再怎么说，购物中心、大街上也有几家综合型的书店。若干年后，我到了北加州旧金山湾区的柏克莱，终于能了解那位女教授的意思。

由柏克莱加大校园中的重要地标塞乐拱门朝南行，立刻进入柏克莱的大动脉——电报街。

柏克莱书店剪影 | 123

柏克莱加大的史鲍尔广场从1960年代到现在，经常有抗议、示威的群众聚集。

狂飙年代的圣地

由柏克莱加大校园中的重要地标塞乐拱门（Sather Gate）朝南横跨史鲍尔广场（Sproul Plaza），除了一路上的广告牌张贴着各类型社团的海报外，不时可以遇见手舞着大字报或旗帜的各色人种学生，因为政治、宗教、社会等议题在广场上聚会、抗议、示威，"9·11"事件后，反战、拥战立场相对峙的人马，更是一定都会在此发声，史鲍尔广场正是四十年前著名的"自由言论运动"（Free Speech Movement）的发祥地。1964年秋天，以马力欧·萨威欧（Mario Savio）为首的众多学生聚集在行政大楼史鲍尔馆前的广场上，要求当时作风极为保守的校方能遵循宪法精神，让师生在校园中享有言论自由的权利，其中包括了个人表达政治理念及参与政治团体的自由，这个为期数月的抗争运动吸引了众多校园内外的人士，包括知名的民歌手琼·贝兹（Joan Baez），最终并导致近八百人被捕，人数之多创下加州史上的纪录，不仅为全美以及全世界未来的校园运动树立典范，也为日后一连串反对越战的活动揭开序幕。

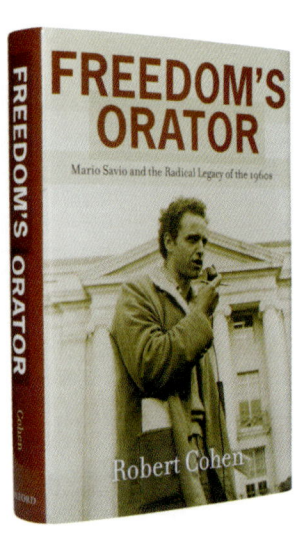

《自由的雄辩家》（Freedom's Orator）是"自由言论运动"（Free Speech Movement）领导人马力欧·萨威欧（Mario Savio）的传记。此书封面显示萨威欧1964年在柏克莱加大校园史鲍尔广场前演讲的画面。

如果说史鲍尔广场是柏克莱大学的心脏，那么由广场边界南校门开展出的电报街（Telegraph Avenue）就是柏

克莱这个小城镇的大动脉,特别是紧邻着南校门,始于班克劳馥道(Bancroft Way),止于戴特道(Dwight Way)的四个街区,这段电报街的精华区在1960到1970年代极为活络。在那段政治不安的期间,肯尼迪总统与黑人领袖马丁·路德·金博士相继被暗杀,越战如火如荼地进行,尼克松"水门事件"爆发,以上种种事件,使得全美许多对政治狂热的激进分子涌入象征自由圣地的柏克莱,而电报街在反战期间更是警民经常冲突的地方,荷枪的部队加上铁丝网拒马矗立,以及催泪瓦斯乱窜的画面成为媒体报道的焦点,而今狂飙的年代已远,我这个不曾参与盛会的外来客来到此地,除了由街道两旁摊贩上带有和平标志与口号的印染T恤、手工艺品以及路上晃荡的长发老嬉皮身上,勾起对往日革命时光的一丝联想外,真正令我这只书虫感到震撼的是这周遭的几家独立书店。

第一家要介绍的当然非属"寇帝书店"(Cody's Books)不可,这家近半百岁的书店是由一对怀抱理想主义的夫妇弗列德与佩特·寇帝(Fred & Pat Cody)于1956年时创立,出生于西维吉尼亚州的弗列德,在英国获得拉丁美洲历史学博士学位后,受到好友鼓动而与妻子移居北加州,打算在大学谋个教职,但是受到麦卡锡主义白色恐怖的影响,当时加州大学要求所有员工都得签下忠诚条款,宣誓他们效忠美国并且绝非共产党同路人,有风

由于选书独特,又与校园、社会运动紧密结合,电报街上的"寇帝书店"因此成了柏克莱著名的地标。

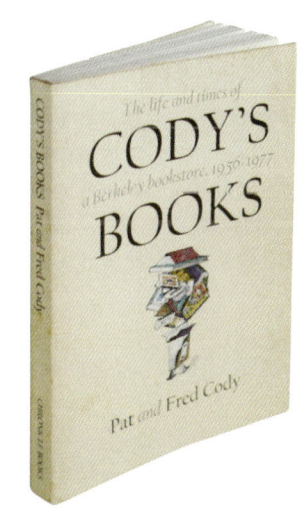

《寇帝书店:柏克莱一家书店的生涯 1956~1977》(Cody's Books: The Life and Times of a Berkeley Bookstore 1956~1977)是一本寇帝夫妇对书店的回忆录,也是我了解柏克莱文化与写作时经常使用的参考书。

柏克莱书店剪影 | 125

（上）1977年寇帝夫妇将书店卖给年仅三十岁的热血青年安迪·罗斯 © Andy Ross, all rights reserved

（下）2002年以写《撒旦诗篇》（The Satanic Verses）著名的英籍印裔作家萨尔曼·拉什迪（Salman Rushdie）造访"寇帝书店"，与店主人安迪·罗斯合影。© Andy Ross, all rights reserved

骨的弗列德不满如此专制的措施，于是放弃教书的念头，而与学经济的佩特以自己的姓氏在离柏克莱加大北校园不远处开起一家有个性的书店。

反传统的"寇帝书店"

"寇帝书店"的特殊处在于一开始就定位为平装书专卖店，主要贩卖优质的平装本书。1950年代前，美国的出版界大都将重心放在精装本书，渐渐地这个现象有所改变，不少出版社开始投入优质平装书的出版，但对于一般故步自封的传统书店经营者而言，在心理上老是觉得书必得精装才是好书，平装书无论内容如何，在他们眼中就是不入流，因此吝于将店中的空间拨给平装书。旧金山湾区在1953年与1955年分别于旧金山市及稍南的梅娄公园市（Menlo Park）先后出现了专卖平装书的"城市之光书店"（City Lights Books）与"凯普乐书店"（Kepler's Books & Magazines，有关"凯普乐书店"，请参考本书第三章），与这两家书店主人相熟，又同是具有反传统精神的弗列德·寇帝也跟着加入这股新兴潮流。"城市之光"、"凯普乐"、"寇帝"因而成为旧金山湾区书店业的铁三角，它们不仅一起在报刊上登广告以分摊费用，并且共同向经销商订书，以量多压低书籍进价。

弗列德深信书籍价格应该普及化，让更多的人负担得起，而廉价的平装书正是促进阅读的一大诱因，此外，一些迅速反应流行思潮的政治、文学书或是私人出版的诗集，大都是以平装本形式印行，这些原本不受主流出版社注意的书往往素质很高，弗列德因此觉得有责任推广这些弱势出版品。特别是当他喜欢上某一本书时，不论作者是否为初生之犊，抑或出版社是否看好这本书，他总会冒险大量订书，并绞尽脑汁想着如何陈列这本书、如何推荐给读者，而他的努力往往得到正面的回报。他同时还从欧洲进口不少德文与法文平装书，以及知名画作的复制品或是各种主题的抢眼月历，这些做法都是当时一般书店少见的。

寇帝夫妇经过辛苦却灵活的经营，也在柏克莱高品位读者群的支持下，将书店于1960年底由最初欧几里德街（Euclid Street）上仅四百六十四平方英尺（约四十平方米）的迷你小店，扩展为电报街2476号的中型店面（一千九百九十二平方英尺，约一百八十五平方米），几年后更集资将一旁2454号现址买下，盖了一栋全新的中空挑高两层楼建筑，楼上楼下的空间高达八千八百二十平方英尺（约八百平方米），于是，"寇帝书店"从1965年进驻后，成了全美最大的平装书专卖店。但是在空间扩增的状况下，书店也开始进精装书以丰富书区，渐渐转成了综合型书店。

柏克莱的政治氛围自然影响了"寇帝"的营运，特别是书店前的一方广场成了集会、发传单的场所，反战期间警察不时在这附近以警棍和催泪弹对付民众，书店虽然在警民冲突时关门歇业，但是由于店面邻街两边都是大片的玻璃窗，所以在店里能清楚地观察外面的情况，站在人民这边的弗列德与一个宗教团体合作，在店中架设急救站，当店员由窗内看到有人受伤就迅速开门把他们拉进店内照顾。有几回警察甚至将催泪瓦斯罐丢进书店，使得书店在暴动几天后都还笼罩在浓浓的瓦斯气味中。

最为著名的抗争事件是与"人民公园"（People's Park）有关，位于"寇帝"东边一个街区的人民公园原是

"人民公园"是真正人民的公园。无家可归的游民，就露宿在公园内，只见草坪上摆了睡袋与床垫。

"寇帝书店"二楼内景,后方墙上照片中的人物,都是曾造访过书店的知名作家。

片废弃之地,1976年柏克莱加大买下此处并打算兴建宿舍,但是却闲置了几年,当地某杂志于是呼吁将此处美化,数百名居民与学生在1969年4月开始到此翻土整地,并种植下捐赠的花草树木蔬果等,一个象征社区力量的人民公园在此诞生,柏克莱加大觉得权威受到挑战,几星期后派来推土机将公园铲平并挂起禁止侵入的告示,如此举动引来三千名群众的抗议,当时的州长里根于是派了两千名卫兵镇压,造成了一死、一瞎、一百二十人受伤的惨剧。"寇帝书店"先是成为植物捐赠的收发所,暴动前后弗列德更参与许多校方与社区间的协商会议,一直到今天,人民公园的处置还是个头痛的议题。

经过二十多年对书店和政治的积极投入,寇帝夫妇两人的热情不减,但是精力毕竟不再如往昔,1977年他们将书店卖给现任的主人安迪·罗斯(Andy Ross),安迪尔后将店面扩增,并于1997年在第四街上(Fourth Street)开了一家分店,这两家店成了许多名作家发表新书的场所。"寇帝书店"在安迪的带领下,依然不时在政治、社会议题上表态,例如书店在1989年2月因为贩售一本引发回教世界不满的书《撒旦诗篇》(*The Satanic Verses*,作者为英籍印裔作家萨尔曼·拉什迪)而被丢掷炸弹,罗斯和所有的店员在事件后表决,还是一致同意在

书店中继续陈列此书,尽管当时美国超过一千五百家书店已将此书下架。

1998年,"寇帝书店"在美国书商联盟的支持下与其他二十五家独立书店联名,向法院控诉两大超级连锁书店"邦斯与诺伯"及"博得"迫使出版社与经销商给予其优惠折扣与付款条件,如此不公平的竞争让许多小书店生意严重受损或结束营业。积极投入这案例的罗斯,成了独立书店的捍卫者,他显然承袭了寇帝夫妇的理想性格。

亲近社区的"牟氏书店"

电报街上另一家与"寇帝"齐名的书店为"牟氏书店"(Moe's Books),由简称牟(Moe)的牟理斯·牟斯科维兹(Morris Moskowitz)于1959年时所创立,店面本来在薛塔克街(Shattuck Avenue)上,后来也步上"寇帝"后尘,搬迁到电报街当起邻居。来自纽约市皇后区的牟,到西岸发展演艺事业不成功,因为喜欢二手书,所以决心开一家二手书专卖店,而且还要是最棒的一家。

"牟氏书店"是美西最佳、最著名的书店之一,创办人牟氏生前是个鲜活又有趣的传奇人物,书店墙上挂着不少缅怀他的个人照与油画。

当时的二手书市场是买方的市场,卖旧书的一方往往仅能拿到不成比例的价钱,讲求公平的牟于是率先订出让其他二手书商气得牙痒痒的优渥旧书收购准则,一本二手平装书可以卖得原本定价的百分之三十,若是选择拿书店发行的兑换礼券,则可以获得定价百分之五十的高折扣,精装旧书则依书而论,但也尽量付高价收购。当然牟也并非来者不拒,一些拿不入流书来卖的人,常会被他奚落一

我在"牟氏书店"三楼拍下对面这家咖啡店（Caffe Mediterraneum，简称 the Med），不禁想起电影《毕业生》（*The Graduate*）有一幕男主角达斯汀·霍夫曼坐在此咖啡店向外望，镜头带到电报街与对面的"牟氏书店"，那也是我第一次与"牟氏书店"的接触。The Med 创立于 1957 年，曾是激进分子、前卫艺术家所聚集的地方，而今仍是电报街上人气最旺的咖啡店。据闻此店还是拿铁咖啡（caffe latte）的发明地呢！

顿。在牟一方面审慎把关，一方面又出高价的吸引下，书店很快就累积出又多又好的书种。

"牟氏书店"在 1978 年扩建为四个楼层的全新店面，总面积高达一万三千平方英尺（约一千二百平方米），一度比"寇帝书店"还要大。我必须承认，"牟氏书店"对我的吸引力比"寇帝书店"还要大些，主要是二手书店拥有许多绝版书，总会让人有意想不到的发现，书价便宜自然也是另一个吸引我的理由。我最喜欢逛的是四楼，这里主要是艺术书区，另外还有一个独立的空间为古董书区，里面是比较珍贵、值得收藏的书，这两区是我最常浏览的地方，至于三楼的历史书区也很丰富，记得在新版的电影《泰坦尼克号》上演前几年，"泰坦尼克热"尚未兴起，我因为写一篇文章而得找与泰坦尼克号相关的书籍，却怎样也遍寻不着，最后是在这个楼层惊喜地发现一本由主导打捞泰坦尼克号的海洋地理学家罗伯·贝勒博士（Dr. Robert D. Ballard）于 1987 年所出版的图文书《发现泰坦尼克号》（*The Discovery of The Titanic*），当时的心情就像是中了乐透般。

对许多顾客而言，"牟氏书店"最精彩的一景其实是店主人牟本身。老是穿着苏格兰斜纹软呢猎装的牟，可以天南地北和来客闲扯，与人意见相左时，总会争辩到底，有时心血来潮则可能高歌一曲。牟的嘴里总是咬着一截雪茄，但是仔细一瞧，雪茄却未点燃。原来 1977 年柏克莱颁布店中不准吸烟的法令，特立独行的牟觉得不能在自己的店中做他爱做的事，简直太荒谬！于是继续抽他热爱的雪茄，但是好几次他将雪茄丢入垃圾筒中而着火，再加上市政当局三番两次警告要对他下拘捕令，喜欢雪茄味的他只好想出权宜之计，叼起未点燃的雪茄，这一叼就是二十年。反战期间的电报街曾被勒令要宵禁，但是无政府主义倾向的牟却坚持书店正常营业，绝不提早打烊，这里也成了众人闪躲暴动的避难所。

　　不可否认的，很多人到"牟氏书店"既不为买书，也不是和牟攀谈，而是为了上三楼，更确切的说是三楼附设的厕所。电报街上有不少游民、吸毒者，因此多数店家的厕所并不对外开放，但是大方的牟却不愿拒绝任何有需要的人，他认为对社区开放厕所是他的义务。七十五岁的牟在 1997 年 4 月 1 日因心脏衰竭而离世，他前一日还在店中工作，喜欢搞笑的他选择在愚人节那天和大家告别似乎颇为恰当，但是习惯在书店中看到牟的人，倒希望那只是愚人节的一场恶作剧。为了表彰他四十年来对社区的贡献，

在海外有时反而可以找到保存甚佳的中华文物，我就在"牟氏书店"古书区众多西文书的环绕下，巧遇这套中文线装书《历代名媛词选》，一函六册十六卷，木石居藏本，上海扫叶山房丙辰春（1916 年）发行，青布函套上有着先前某时段拥有此套书的主人以娟秀小楷写的"子眉氏所藏"，每册封面还盖了其印章。有点扫兴的是，函套与每册书封面都盖了 MADE IN CHINA 的英文字样，或许这是当初外销的文物吧。我后来在卖古旧书的孔夫子网站查了一下，发现同一版本的套书，无论是成交或未成交者，品相都奇差无比，有些连封面上题写书名的纸签都掉了，卖家居然敢标为八品、九品，若按此标准，我手上这套书列为十品，都嫌委屈了。

柏克莱书店剪影 | 131

发迹于二十世纪中叶的摄影师威廉·克莱恩（William Klein），并非科班出身，但因发表纽约、罗马、莫斯科、东京一系列街头摄影而著称。据闻日本摄影名家森山大道早年还是个平面设计师时，在大阪一家照相馆看到克莱恩的纽约摄影集，受到极大感动，因而投入摄影这一行。克莱恩在街头摄影之际，也受雇于国际时尚杂志 Vogue，在时尚摄影的领域同样出色。"牟氏书店"所悬挂的这张海报的影像，正是克莱恩替 1956 年 5 月号法国版 Vogue 杂志所拍，名为《帽子＋五朵玫瑰》（CHAPEAU+5 ROSES）。我向来喜爱黑白照、帽子与玫瑰，这张图像的元素、结构与氛围都很吸引我，若有可能，真希望买张原版照片收藏，只不过我查了纽约佳士得 2008 年底的拍卖记录，一张 45 公分 × 33 公分的照片成交价近七千美元，看来我还是买张海报算了！

曾经因为禁烟令与牟有过节的市政府特别在 4 月 20 日那天对书店前的街区管制交通三小时,让一场有音乐演奏、诗歌朗诵的追悼仪式进行,同时也宣布当天为"牟氏日"(Moe's Day),从与会人数高达五百位的盛况,可以想见牟受爱戴的程度,即使同行"寇帝书店"与"香巴哈拉书店"(Shambhala Booksellers)也追随"牟氏书店",在橱窗中摆置了牟的照片与鲜花供人凭吊。现今"牟氏"的经营者是牟的女儿桃乐丝(Doris Moskowitz)。

百家争鸣的书店群

除了"寇帝"与"牟氏"这两家店面与名气皆大的书店外,电报街附近还有几家中小型书店也很有特色。"牟氏"隔壁的"香巴哈拉书店"是家以身、心、灵修练为主题的专卖店,店内贩售各种东西方宗教、心理学、生死学、瑜珈、冥想,乃至针灸、草药等类别的书。这类型的书店往往又被称之为形而上书店或是新时代书店。有意思的是,这家成立于 1968 年的书店其实最初是在"牟氏书店"盘踞一角,次年在牟的资助下,两位只有二十出头,热衷东方宗教的年轻合伙人山姆·波丘慈(Samuel Bercholz)、麦克·费根(Michael Fagan)才在隔邻开了家独立的店面,接着他们又成立同名出版社,出版品在心灵类书籍中广受瞩目,更使得主流出版社兰登书屋介入经销,尔后书店转手,出版社和原创办人之一的波丘慈迁往别州,费根则转向贩卖艺术类的二手书和绝版书。

小书店"香巴哈拉"在新店主飞利浦·贝利(Philip Barry)的经营下,曾于 1987 年创造出一百万美元的高营业额,雇用员工高达十三人,但是近年来在超级连锁书店与网络书店也抢着分食心灵类书籍市场的威胁下,书店营业额锐减,员工也只剩下五位兼职者。我每回到电报街,总是会查看此家书店是否依然健在。动笔写此文时,这家三十五年历史的店最终还是结束了营业。

位于"香巴哈拉"店址正对面的书店有个响亮的名字"莎士比亚书店"(Shakespeare & Company Books),

"香巴哈拉书店"是家以身、心、灵修练为主题的专卖店。

（左上）位于戴特道与电报街转角处的"莎士比亚书店"，专卖二手书或特价书。

（左下）既然名为"莎士比亚"，书店中当然会辟有专区卖莎士比亚的相关书籍。

（右）"莎士比亚书店"的店名取自二十世纪初巴黎塞纳河左岸的著名书店。书架上挂着的照片就是第一代巴黎"莎士比亚书店"的创办人西尔维亚·毕奇（Sylvia Beach）与好友和作家詹姆士·乔伊斯（James Joyce）的合照。

　　这名号其实最早属于二十世纪初巴黎左岸的一间传奇英文书店，由一位美国女士西尔维亚·毕奇（Sylvia Beach）所创立，当时不仅聚集了海明威、费兹杰拉德、毕加索、邓肯、斯特拉文斯基等作家与艺术家外，更因为出版了原本被欧美列为禁书的巨著《尤利西斯》（Ulysses）而名噪一时，作者乔伊斯自然也是书店的座上客。西尔维亚去世后，"莎士比亚书店"的名号在纽约、维也纳、莫斯科等处出现，各店彼此间其实并无关联。柏克莱这家"莎士比亚书店"是二手书专卖店，但是偏向文学与艺术类别的书籍。为了向西尔维亚致意，书店中特别放了一张早期西尔维亚与乔伊斯的合照，墙上并有乔伊斯的漫画图像，另外还有一区专卖莎士比亚的作品与研究著作。

　　在戴特道与电报街转角处，另有家名曰"笛卡儿书店"（Cartesian Bookstore）的小巧二手书店，以发出"我思故我在"这句名言的哲学家命名，顾名思义是以哲学书为主，旁及宗教历史等人文类别书籍。比较接近校园处的"革命书店"（Revolution Books）隐身于电报街旁，介于杜蓝街（Durant Avenue）与虔宁道（Channing Way）

间的停车场建筑内，不容易找到，但是旗帜却极为鲜明，从店名和店内挂着马克思、毛泽东、切·格瓦拉等人的巨幅照片判断，立刻就知道书店是专卖与革命议题相关的左派书籍。

沿着柏克莱加大南校园与电报街垂直的班克劳馥道上有两家中型书店也非常值得拜访。"奈兹书店"（Ned's Bookstore）专售柏克莱加大学生上课所需的教科书，除了新书，书店也收购并贩卖二手教科书，造福经济景况较差的学生。另一家"大学出版书店"（University Press Books）则是以深度的学术类书籍为主，欧美著名的大学经常成立附属的出版社，所出版的书籍都是由在各领域学有专精的学者或教授执笔，这类书往往掷地有声，但是在一般书店几乎不见踪迹，1974年几位柏克莱加大的校友为了证明学院派的书也有其市场，因此合伙成立了"大学出版书店"，以贩售大学出版品为主，而今书店拥有超过来自一百四十家大学出版社的书籍，分类多达一百五十种，其中包括亚洲研究、中世纪史、文艺复兴研究、后现代文学批评等细微的类别。

除了上述介绍位于柏克莱加大南方的书店外，当然不能漏掉北方薛塔克街上的"黑橡树书店"（Black Oak Books），这家书店像是家小型的"牟氏书店"，新书、

"革命书店"专卖与革命议题相关的左派书籍，经营书店的都是义工。

班克劳馥道上的"大学出版书店"以贩卖大学出版品为主，许多连锁书店看不到的优质好书，在此都有一席之地。

又是一张女人戴帽子的图像海报,又是让我看得出神的画面,整个"大学出版书店"因为这个场景而显得格外温暖。柱上挂的海报是宣传1995年加州大学出版社(University of California Press)出版的一本文集《独立灵魂:美国西部女画家1890~1945》(*Independent Spirits: Women Painters of the American West, 1890~1945*),这本书介绍了1890到1945年一些被忽视的西部女画家的生平与作品。那戴帽子的女人是二十世纪初活跃于加州的画家Mabel Alvarez的自画像,《独立灵魂》的封面就是采用此图像。这张海报清楚展示了这家书店的主题,也让我认识了一本书、一群女画家。

二手书、古董书齐卖。事实上，这家书店的三位原创办人在开店前不仅都是柏克莱加大的学生，且都曾在牟氏书店任职，但是他们希望创造一个比较亲切的小店，书种也力求精致，这里举办的新书发表会与诗歌朗诵，素质之高堪称西岸之冠。

此外，校园西边大学道（University Avenue）上有家以亚洲为主题的"东风书店"（Eastwind Books），除了贩卖语言学习教材，以及传统的东方医术、武术、艺术类书籍，还偏重亚裔美国人的文学与历史。

稍远些的圣帕伯罗道（San Pablo Avenue）有家自拟为"性图书馆"的店面"震动棒"（Good Vibrations），专卖以"性"为主题的商品，其中包括丰富的相关书籍与杂志。这家店最早是由性学专家与教育家琼妮·布兰克于1977年于旧金山创立，旨在推广性教育，并于1995年在开放的柏克莱开了这家分店（有关"震动棒"的详细介绍，请参考本书第七章）。隔邻的"生态中心书店"（Ecology Center Bookstore）成立于1969年环保意识觉醒的时代，店中除了环保类的书籍，还看得到有机产品、再生纸制品。

近年来发展成时髦商圈的第四街上，除了"寇帝书店"开了家现代感十足的分店外，还有一间别致的"建筑书店"（Builders Booksource），里面的书不仅包括了一

大学道上的"东风书店"以贩卖与亚洲主题相关的各类书与教材。

薛塔克街上的"黑橡树书店"以精致书种著称，也常常办活动，是柏克莱北区非常活跃的书店。

（左上）"奈兹书店"专售柏克莱加大学生所需的教科书与文具。

（右上）第四街上的"建筑书店"除了卖建筑设计类的书，也涵盖了有关土木工程、建筑法规等书。

（左下）圣帕伯罗道上以贩卖环保类书籍为主的"生态中心书店"，已经有三十年以上的历史。

（右下）"震动棒"专卖以"性"为主题的商品，包括丰富的书种与杂志，以及各式有趣的性玩具。

般建筑设计类，也涵盖了有关土木工程、建筑法规、园艺造景等理论与实务兼具的书种。

柏克莱拥有如此多具特色的个性书店，充分显示出这个城市的丰富多元样貌，相较之下，以面目模糊不清的连锁书店为主流的许多城镇，就显得单调无味多了，难怪那位来自此地的女教授要抱怨水牛城没有书店，也难怪全美高等学府第一位华裔校长田长霖会在柏克莱加大出现，文学家杨牧与医生陈永兴等人会相继为文歌颂柏克莱精神，一个区域的书店景观确实是反映当地人文素质的最佳指标。

（初稿发表于 2004 年 5 月 21、22 日）

UPDATE 续访札记

柏克莱的书店真是不胜枚举，数量与种类之多，大大出乎我早先的意料。除了此篇文章外，本书另有两个篇章（第四章与第十四章）也介绍了此地的书店。我日后还陆续发现了不少家有意思的书店，例如以卖低廉书为主的"半价书店"（Half Price Books）、"飞马书店"（Pegasus Books）；由"柏克莱图书馆之友"非营利性组织所主导的二手书店；我所见过最大的漫画书店"漫画纾解"（Comic Relief）；美国佛教会（Buddhist Churches of America）所主导的"佛教书店"（BCA Buddhist Bookstore），以贩卖英文佛教书为主。此外，"诺娄书店"（Nolo Bookstore）专卖同名出版社（Nolo Press）针对一般人所出版的法律 DIY 参考书，例如《如何离婚》（*How to do Your Own Divorce*）、《如何申请破产》（*How to File for Chapter 7 Bankruptcy*）、《快速合法立遗书》（*Quick & Legal Will Book*）等实用类的书。柏克莱加大校园内也有专卖学生教科书、文具与纪念品的商店（Cal Student Store）。2009 年，以旧金山为大本营的中小型连锁书店"书公司"（Books Inc.）甚至还跨湾

薛塔克街上的"半价书店"（左）与"漫画纾解"（右）比邻而居好些年，吸引不少逛书店的人。后者在 2011 年由另一家"奇异漫画"取代。

柏克莱书店剪影

柏克莱拥有各种类型与主题的书店。例如卖法律DIY实用参考书的"诺娄书店"（Nolo Bookstore）、优质的综合连锁书店"书公司"（Books Inc.）、柏克莱加大校园内卖教科书、文具、纪念品的商店（Cal Student Store）等。右上图那个外面看起来像酒吧入口的建筑，原是家废弃的老式夜总会，现在为第二代"黑橡树书店"（Black Oak Books）的新居，以卖新书为主。

到柏克莱第四街开了分店。

本篇主文所列举的书店，多数健在，但也有不少变化。由于店主过世，"笛卡儿书店"从此消失。"黑橡树书店"则因营运困难又欠税，于2008年一度歇业，所幸一位爱书人兼理想主义者盖瑞·康乃尔（Gary Cornell）及时买下了书店，盖瑞有鉴于原店的租金昂贵（每个月高达一万八千美元），于2009年买下圣帕伯罗道上一个废弃的老式夜总会，在保留一些有历史的梁柱与挂灯后，将其整修为"黑橡树"的新居。此君曾任康乃狄格州大学数学系教授，写了三十多本电脑书，还成功经营过一家规模不小的出版社。经济状况不差的盖瑞表示，他买"黑橡树"本就不期待赚钱，但他也不愿老是赔钱，他以为搬迁后的黑橡树，应该可以自给自足。

柏克莱（甚至全美）书店业这几年最重要的大事之一，莫过于知名的"寇帝书店"数度历经剧烈变化，最终在2008年夏天走入历史尽头，本书第十六章将有详细的介绍。另一件大事是"漫画纾解"的创办人罗力·路特（Rory Root）在同年（2008年）去世，罗力推展漫画不遗余力，专业知识又丰富，受到畅销漫画家与奇幻小说家尼尔·盖曼（Neil Gaiman）等人的推崇，不少作家曾把他写进书中。"漫画纾解"在2011年初结束营业，但曾在此店工作的一位员工优尔·卡特（Uel Carter）几个月后在同址开了一家新书店"奇异漫画"（Fantastic Comics），继续服务漫画迷。

NOTE

柏克莱的"莎士比亚书店"与"黑橡树书店"先后于2015、2016年关闭。"奈兹书店"被一家专卖学生教科书与用品的大公司收购,改名为"学生店"(The Student Store),地址不变。

INFORMATION

牟氏书店
Moe's Books
2476 Telegraph Ave
Berkeley CA 94704, USA
TEL 1-510-849-2087
www.moesbooks.com

震动棒(柏克莱分店)
Good Vibrations
2504 San Pablo Ave
Berkeley, CA 94702, USA
TEL 1-510-841-8987
www.goodvibes.com

诺娄书店
Nolo Bookstore
950 Parker Street
Berkeley, CA 94710, USA
TEL 1-510-704-2248
www.nolo.com

大学出版社书店
University Press Books
2430 Bancroft Way
Berkeley, CA 94704, USA
TEL 1-510-548-0585
www.universitypressbooks.com

东风书店
Eastwind Books
2066 University Ave
Berkeley, CA 94704, USA
TEL 1-510-548-2350
www.asiabookcenter.com

佛教书店
BCA Buddhist Bookstore
2140 Durant Ave
Berkeley, CA 94704, USA
TEL 1-510-809-1435
www.buddhistbookstore.com

学生店
The Student Store
2480 Bancroft Way
Berkeley, CA 94704
TEL 1-510-845-1226
www.bkstr.com/studentstoreberkeleystore

半价书店
Half Price Books
2036 Shattuck Ave
Berkeley, CA 94704, USA
TEL 1-510-526-6080
www.halfpricebooks.com

柏克莱加大学生店
Cal Student Store
2495 Bancroft Way
Berkeley, CA 94720, USA
TEL 1-510-229-4703
www.calstudentstore.berkeley.edu

革命书店
Revolution Books
2425 Channing Way
Berkeley, CA 94704, USA
TEL 1-510-848-1196
www.revolutionbooks.org

奇异漫画
Fantastic Comics
2026 Shattuck Ave
Berkeley, CA 94704, USA
TEL 1-510-848-2988
www.fantasticcomics.net

书公司(柏克莱分店)
Books Inc.
1491 Shattuck Ave
Berkeley, CA 94704, USA
TEL 1-510-525-7777
www.booksinc.net/Berkeley

建筑书店
Builders Booksource
1817 4th Street
Berkeley, CA 94710, USA
TEL 1-510-845-6874
www.buildersbooksource.com

飞马书店(薛塔道分店)
Pegasus Books
2349 Shattuck Ave
Berkeley, CA 94704, USA
TEL 1-510-649-1320

飞马书店(索蓝诺道分店)
Pegasus Books
1855 Solano Ave
Berkeley, CA 94707, USA
TEL 1-510-525-6888
www.pegasusbookstore.com

生态中心书店
Ecology Center Bookstore
2530 San Pablo Ave
Berkeley, CA 94702, USA
TEL 1-510-548-3402
www.ecologycenter.org/store/

柏克莱图书馆之友 图书馆附属书店
Central Library Store
2090 Kittredge Street
Berkeley, CA 94704, USA
TEL 1-510-981-6211
www.berkeleypubliclibrary.org

柏克莱图书馆之友 (塞乐商场分店)
Friends'Bookstore
2433 Channing Way
Berkeley, CA 94704, USA
TEL 1-510-841-5604

CHAPTER

10

DANDELION
花 孩 童 到 老 嬉 皮
GIFTS & BOOKS
蒲公英礼品店兼书店

蒲公英是孩子们喜爱把玩的花朵，象征了纯洁的童稚之心。这家风格独特的礼品店兼书店之所以取名"蒲公英"，就是因为几位店主把它视为一个大小孩的玩耍园地。

在我们一生的历程中，往往会经过某些处所无数次，却总不曾驻足探访，以致有天偶然闯入，才慌忙地意识到自己竟然差点就错失了一方美地，在懊恼为什么没有早点发现之余，也同时庆幸终究与这地方有了交集的起始，而不致于抱憾终身。我和"蒲公英"（Dandelion）的接触，正是属于这种相逢恨晚的情形。

"蒲公英"是一家风格独特的礼品店兼书店，位于旧金山市索玛区（SOMA）的培崔洛街（Potrero Street），索玛区的英文是 South of Market Street 的缩写，泛指市场街以南的区域，每当我在旧金山驻留时，经常在这区采买、健身、用餐，也不知开车经过"蒲公英"的所在地多少回，但就是不曾登门探访，主要是从外观上很难看出这是家对外营业的商店。如果不是因为一对经营礼品的友人夫妇要求在"蒲公英"会面，我很可能压根都不会走进这里。我永远记得在 2 月初某个苍茫的暮色中，第一次踏入

旧金山市索玛区的"蒲公英"是一家礼品店兼书店。

情人节时，一片片心形剪纸撒在地面上，好似落英缤纷般浪漫。

"蒲公英"时，瞬间眼睛灼亮、满心欢喜的情景，由于情人节即将到临，地板上洒着一片片红白色系的心形剪纸，彷如落英缤纷般，让来者感受到一股浪漫气息。

丰富、品味、创意，是我对"蒲公英"接踵而来的印象，在两个楼层共五千平方英尺（约四百六十平方米）的宽敞展示空间内，不论是一张两美元的卡片或是一件四千美元的昂贵家具，都让人觉得质感十足；不论是东方的器皿或西方的饰品，都能融合得恰到好处而不显突兀。店中商品的摆设往往别出心裁，即便是一些貌似普通的物品，都散发出特殊的气味，我在店中一角看到了几捆来自台湾的红塑料绳，这些在台湾拿来四处捆绑物品的红塑料绳，本来给人的印象是既廉价又俗气，但是"蒲公英"把它们放在一个三层的铜制托盘里，背后衬着屏风上垂挂的柔软丝巾，在灯光的照射下，这些平凡的塑料绳顿时间光彩夺目，宛如高雅的艺术品般。据朋友所言，他们经常到这里寻求灵感，有时甚至带了照相机来取景，以作为改进自己店面的参考，"蒲公英"已成了业界翘楚，更是许多人到旧金山时列为拜访的一个目的地，我在店中浏览时，里面就有几位远自夏威夷慕名而来的旅客。

单单从"蒲公英"的名片就可看出经营者的巧思，圆形的蒲公英图案既切题，又不落俗套。

台湾生产的廉价红色塑料绳在铜制托盘里，宛如高雅的艺术品般，充分显示美感与价格并非都是成正比。

书与情境结合的"蒲公英"

对我这只书虫而言，"蒲公英"的魅力来自于店中大量陈列的书籍。西方许多礼品店往往会顺便贩卖一些书籍，一方面因为书籍在西方世界是亲友间经常于节庆时相互馈赠的礼物，另一方面则是相关主题的商品与书籍放在一起时，常会发生极佳的相乘效果，但是书籍在多数礼品店毕竟还是陪衬的角色，不过聊备一格，然而"蒲公英"却将一半的陈列空间都划分给书籍，并且针对各个主题而搭配其他商品。

例如在与巴黎相关的旅游历史书区中，置放法国国旗、各类艾菲尔铁塔的模型、印有巴黎影像的卡片与海

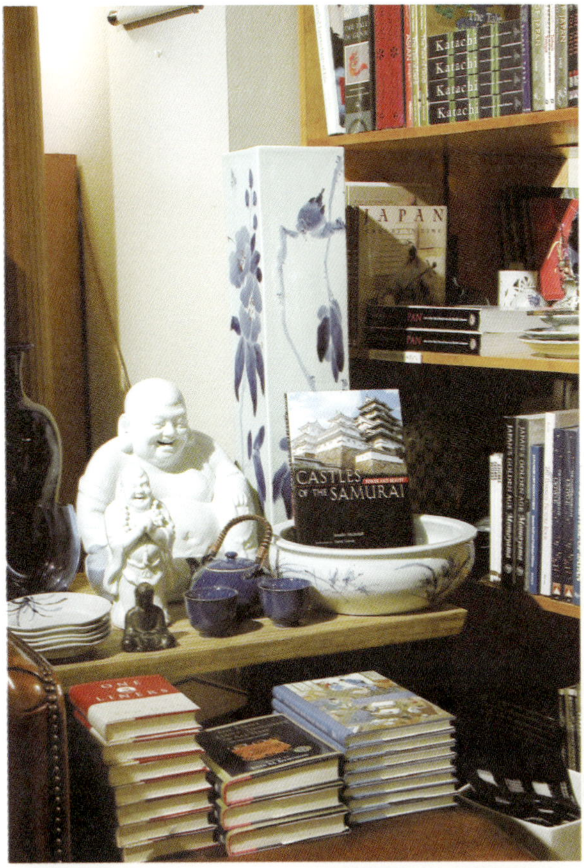
Katachi
Katachi
Katachi
Katachi
JAPAN
CASTLES OF THE SAMURAI
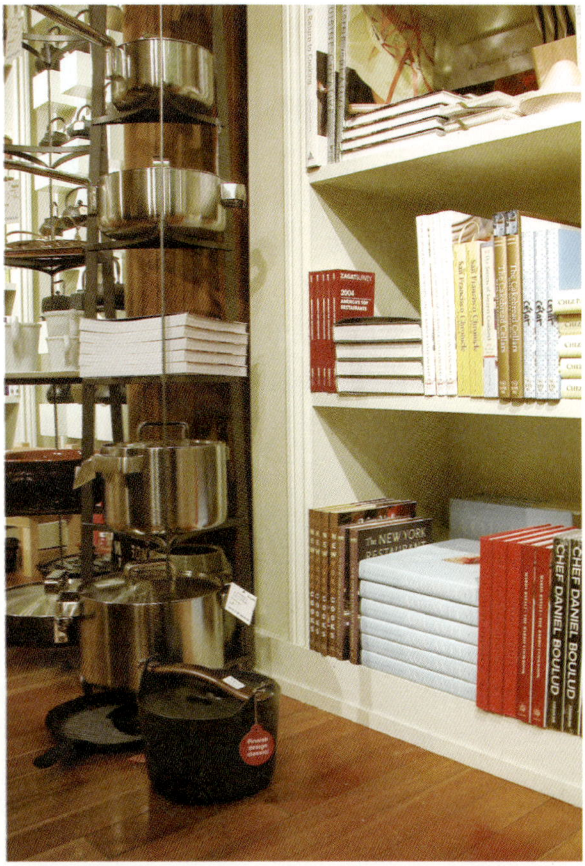
The NEW YORK RESTAURANT
CHEF DANIEL BOULUD
CHEF DANIEL BOULUD
spa
DUE
SPRING CLEANING

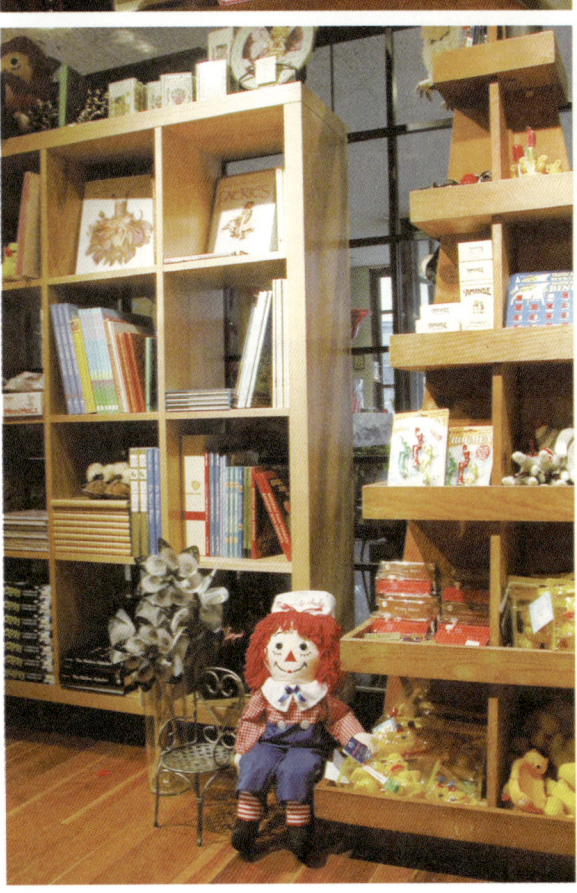

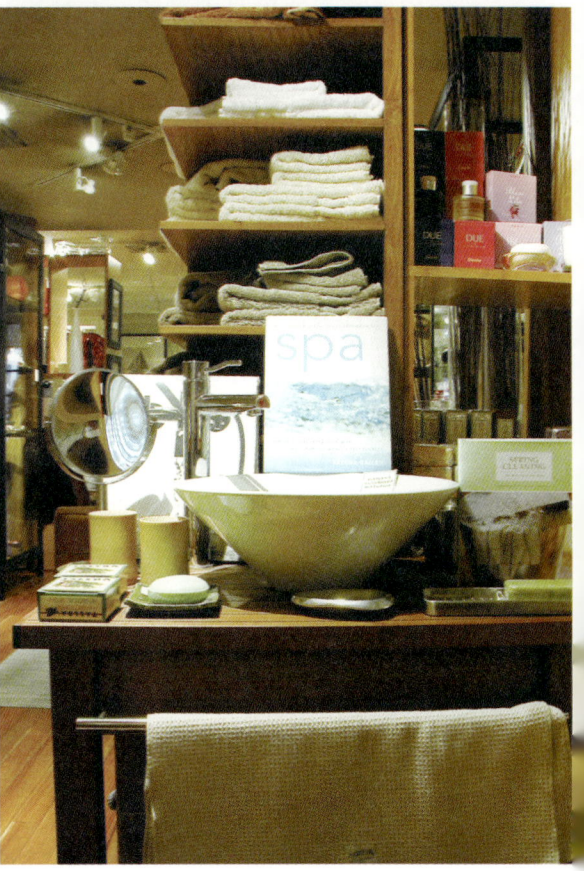

经营者史帝夫（右）、卡尔（左）和他们代理的日本铸铁茶具。

报，一旁墙上还挂着巴黎街景的黑白照片及老地图，顿时法国风洋溢；在摆满食谱、厨师传记与餐厅指南的书架上，一瓶瓶的美食果酱、香料、橄榄油成了极诱人的点缀；有关建筑大师莱特的书籍与他设计的铜瓮是最佳拍档；雕刻天才米开朗基罗的艺术套书则很自然地被夹在大理石雕像的书挡中；而玩具、积木区自然少不了童书绘本。

"蒲公英"店中的书籍也不一定中规中矩地只出现在书架上，一本关于日本城堡的建筑书可以立在进口的日制圆底瓷盆中，一张两人座的黑皮沙发也可以成为展示书籍封面的最佳平台。另一个角落矗立一个标价一千八百美元的简洁现代化浴室洗面台，上面除了各色天然浴皂与浴巾外，还摆了以沐浴、SPA及水龙头工艺为主题的相关书籍。

"蒲公英"的成长与茁壮

如此一家特别的店，显现的当然是店主人不凡的品味与理念，我第二度造访"蒲公英"时有机会与经营者史帝夫·弗莱切（Steve Fletcher）畅谈，对于这家店除了欣赏，更添几分敬意。

1960年代的旧金山进行着一场场热闹的盛会，嬉皮运动从此时此地开始燃烧，怀着叛逆精神与理想主义色彩的嬉皮们喊出自由、和平与爱的口号，他们反战、反传

（左页）"蒲公英"擅长把相关主题的书与礼品放在一起。例如把一本介绍日本城堡的建筑书立在进口的日制圆底瓷盆中、让厨具和饮食类的书放在一起、童书区搭配了可爱的玩具与玩偶、洗面台上则摆了以沐浴、SPA为主题的相关书。

"蒲公英"有时会选定一个颜色来陈列物品,例如画面中的白色餐具、蜡烛、花朵与瓶瓮。

统、反既得利益者,他们蓄着自然长发、头戴花朵,企图以歌声和纯真的心改造这个由腐败的成人所建构的社会,他们称自己为"花孩童"(flower children),"蒲公英"就是在这种氛围下诞生的。1968 年正在研究所念书的史帝夫向父母借了两千五百美元,和一名教员朋友戴尔·伦比(Del Rimbey)合伙在沙加缅度街(Sacramento Street)上开了家小店,卖些熏香、艺术品和古董,主要是希望能自给自足,不必为了五斗米而得替冷酷的大企业体服务,他们一路调整经营策略,自第二年起开始贩卖书,不久后舍弃贩卖古董,史帝夫表示他对古董业那套订

"蒲公英"的创意摆设总带给人们无限惊喜,例如这株上下颠倒矗立的圣诞树。

既然取名"蒲公英",当然店里少不了有蒲公英图案的物品,例如这些古朴的卡片与彩绘砖块。

价没个准的方式很不习惯,他无法像一般古董商将五十美元买进的物品转手以五百美元高价卖出,买卖价差过度悬殊不会让他兴奋,只会让他深感不安,觉得自己不该获取如此暴利,这也是为什么他只卖新书而不卖古董书的原因。

从门市到经销

在沙加缅度街上度过十年后,"蒲公英"搬到邻近加利福尼亚街(California Street)上一倍大的店面,这段期间卡尔·克洛福特(Carl Croft)成为新的合伙人,并且在他的主导下于1984年成立了一个"田波波"(Tampopo)礼品批发公司,代理一些有质感的产品,除了在门市"蒲公英"贩卖以外,更批发给其他商店与单位。由于三位合伙人都喜爱日本工艺品的简洁与质感,并且多次到日本旅行并找寻代理商品,因此在他们经手的商品中,以日本的产品为大宗,门市"蒲公英"的入口处还设计成一个小型的日本式庭园,连"田波波"这个名号也是源自"蒲公英"的日文发音。

"田波波"成立第一年的最大一笔订单来自于著名的全国性高档连锁园艺商店"史密斯与霍肯"(Smith & Hawken)所购买的大批日本铁制灯笼,其他一些博物馆的礼品部门及店家也相继成为他们的客户,自此公司营运顺利且得以在1996年买下索玛区这栋建筑和旁边的仓库,虽然这里地段不比前两个旧址热闹,但是却设有一个大停车场,客人不必为停车位难寻而却步,而且又位于高速公路出口附近,再加上"旧金山礼物中心"(San Francisco Gift Center)、"旧金山设计中心"(San Francisco Design Center)和经常举办礼品展与家饰展的"汇合展览馆"(Concourse Exhibition Center)都在走路五分钟可达的范围内,公司的生意也因为地利之便而变得更为兴旺。

简洁的建筑与生活风格书区,散发出一股温馨又优雅的气味。

"书人"与"物人"

无可否认的,书籍虽然在"蒲公英"盘踞了一半的陈列空间,但是其营收仅占整个企业体营业额的极小部分,话说如此,负责书籍采购的史帝夫却不以为意,如果要他只和非书的商品打交道,他会觉得索然无味,他把人分为两类,对书感兴趣的人,他称为"书人"(book people),至于对书籍以外的物品感兴趣者,他称之为"物人"(stuff people),他认同的当然是前者。能够从出版社提供的众多目录中,亲手一一勾选出自己喜欢又能符合公司风格的好书,一直是史帝夫工作上的一项乐事,他强调自己对一般市面上所流行的畅销书毫无兴趣,也不会浪费时间听一些业务代表天花乱坠,但他倒是很尊重常客的推荐,毕竟这些人是他服务的对象。

这一叠书名为《巴黎》（*Paris*），2003 年出版，尺寸 34.5 公分 × 27.5 公分 × 4 公分，全书近五百页，由身兼记者、摄影师、艺评师的 Gilles Plazy 主编，聘请几位学有专精者就历史、建筑、艺术与生活风格不同角度来谈论巴黎的种种。书中附有大量从古到今的精彩图片，除了黑白与彩色照片，还有古地图、老版画等。书上压着的这款白色蒲公英纸镇，是早年史帝夫与戴尔将店名取为"蒲公英"的灵感来源。

这本小书名为《倾斜——比萨塔的歪故事》（*Tilt: A Skewed History of the Tower of Pisa*），清楚地昭示并非所有的建筑都是九十度笔直挺立，也并非所有的书都是方型。这本封面菱形、由建筑评论家 Nicholas Shrady 撰写有关比萨斜塔故事的书，当然是出现在意大利旅游书区。

这本 2003 年由德国知名出版社 Taschen 出版的对开本巨书，尺寸为 58.5 公分 × 38 公分 × 8.5 公分，六百四十八页，重约八公斤，精装布面彩印的封面与近五百张图片，既美丽又有质感，放在洗面台上展示，像是一件装置艺术。此书名为《服饰全史》（*The Complete Costume History*），其实并不全，因为书中内容是根据十九世纪末法国艺术家、作家 Auguste Racinet Auguste Racinet 绘写的《服饰史》（*Le costume historique*）所编辑，并未增添十九世纪末以降的部分。然而全书极具参考与审美的价值，透过近五百张细腻手绘图片，可以一窥远古到十九世纪的服饰演进历程。

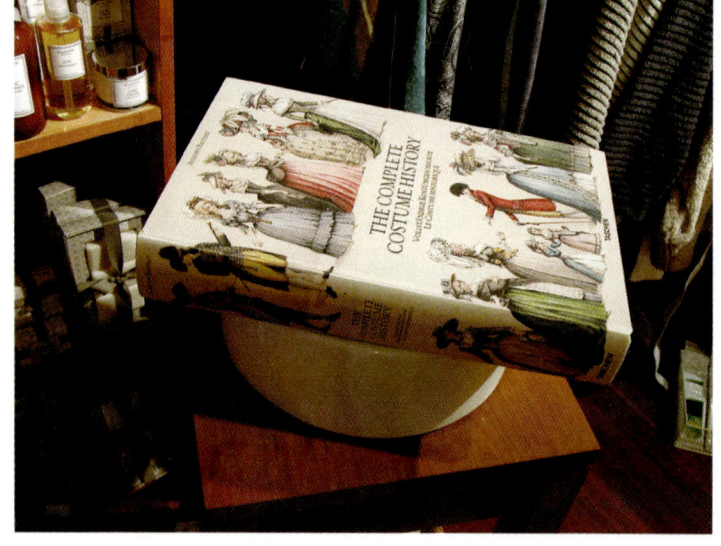

152 | Dandelion Gifts & Books

上、下两册的《千盏灯》（1000 Lights），连页数也超过一千页。书中以图文方式介绍了 1870 年迄今的一千多种有趣电灯，由此可看出科技与风格三个世纪来的改变。如此记载电灯演进史的大部头著作，又是出自德国出版社 Taschen。这套书在造型简单又奇特的灯饰伴随下，散发出一股诱惑力，让人忍不住在幽暗灯光前打开书页翻阅。出版社如 Taschen 者，应该感谢店家"蒲公英"的慧眼与慧心。

记得拍这张照片时，只因远远觉得书的封面很别致，书名与副标题的字呈卷曲状排列，不像一般书名都是直直或横横，趋前一看，才知道这是本描写蚯蚓如何影响我们生态的散文集，因此书名 The Earth Moved: On the Remarkable Achievements of Earthworms 也设计得像是蚯蚓般。一旦知晓书名与主题后，我不禁对一旁摆饰的陶瓷小鸟发出微笑并默念"早起的鸟儿有虫吃"。当初没特别留意作者是谁，但写这图说时，赫然发现作者是 Amy Stewart，她是我认识的一位朋友 P. Scott Brown 的妻子。Scott 曾是杂志《珍本书与收藏》(Fine Books & Collections) 的创办人兼总编辑，2007 年底与园艺作家太太 Amy 买下北加州的尤里卡市 (Eureka) 老城区的一家古书店，成了经营者。我是在拍这张照片半年后才接受 Scott 的采访并首度碰面，当初拍此照片时，怎么也没料到日后会与他们夫妇有此牵连。

对于史帝夫、戴尔与卡尔这三位工作与生活上的伙伴而言，赚钱并非人生的目的，而只是一种手段、一种帮助自己与他人维生的方式，因此，他们不会为了省钱而雇用兼差员工，企业体十一名员工全是享有福利的专职者，此外，他们也回馈社会，提拨公司盈余赞助当地艺术团体与慈善机构，在三位经营者的眼中，整个企业体其实是一个大小孩的玩耍园地，取名"蒲公英"与"田波波"，最主要是因为蒲公英这种孩子们所喜爱把玩的花朵象征了纯洁的童稚之心。史帝夫最后真诚地对我表示，他依旧视自己为一个物质欲望不高的老嬉皮 (an aging hippie)，即便他贩卖的是物质，一派君子役物而不役于物的潇洒。是的，花孩童已变老，但是他们依旧在发际上别着灿烂的花朵。

（初稿发表于 2004 年 6 月 18 日）

UPDATE 续访札记

这些年来，每次若想不出要送亲朋好友什么生日或周年纪念礼物，我就会来到"蒲公英"，在这里几乎都会找到理想的礼物和卡片。就算不买东西，我也喜欢偶尔到此走走，他们每几个月就会更新摆设，更配合节令推出主题陈列与选书，因此每次到"蒲公英"都是一趟欢愉之旅。尤其店中常年都有鲜花与植物装饰，摆设的样态总是不落

当我二度增订《书店风景》时，我第一个想到要使用的封面图像，就是我在"蒲公英"所拍到的这尊扛着水晶球的铜人雕像，尤其是水晶球印照出后方书架的倒影，更是让我觉得既美丽、又有诗意。

"蒲公英"常会依节庆推出主题陈列与选书。由画面中书的封面和物品来看,立刻可知万圣节(Halloween,10月31日)就要来临了。

过完 10 月底的万圣节，"蒲公英"立刻更换成如此的主题陈设与选书。由于每年 11 月第四个星期四是美国特有的感恩节，传统习俗是亲友团聚共享火鸡大餐，因此画面中自然出现了许多不同造型的火鸡饰品。

俗套、自成一格，让人看了赏心悦目。后来知晓，这些杰作出自创办人之一戴尔的巧手，他虽已退休，不再任管理之职，但仍负责打理店中的花花草草。

有回我被店中一尊铜人扛着水晶球的雕像给吸引，特别是水晶球映照出背后书架的画面，更让我联想起所有的书店工作者，就宛如这铜人般，以强劲的双手默默地扛起书世界。我因此选用了水晶球与铜雕上半身的特写画面用于我的著作《书店风景》2007 年增订版的封面。根据卷标显示，铜雕命名为 Talis，我心想此名不知是否源自希腊神话中，被宙斯惩罚而得背负整个天地重量的大力士阿特拉斯（Atlas）？又或是截取自英文单字 talisman（护身符或避邪物），以象征吉祥之意？史帝夫告知铜雕的创作者 George Burton 早已过世，因此我的疑问也永无解答。前两年拜访"蒲公英"，发现铜人孤伶伶立在角落边，原本扛着的水晶球居然不见了！一问之下，才知道水晶球被某位缺德鬼偷了。唉，人世间煞风景之事，莫过于此！

> ### NOTE
>
> "蒲公英"绽放了四十八年后，年迈的三位合伙人在 2016 年底退休，并结束了这家曾带给诸多人精神与物质享受的处所。书店与礼品店四处可见，但能把两者搭配得如此巧妙、有品味者，却是罕见，这是近年来我最为不舍的美地之一。

蒲公英礼品店兼书店

CHAPTER

11

ACWLP & MCDONALD'S BOOKSHOP

南辕北辙之对比

ACWLP 与麦当劳书店

我以为书店不论是卖新书或旧书、是诉求高眉或低眉、是洁净明亮或肮脏昏暗，总能带给世人不同面向的满足与温暖。旧金山这两家书店恰恰对我的看法作了最佳的诠释。

很早很早以前，我就计划要写这一篇文章，一篇关于美国旧金山两家风格迥异的书店的介绍。十多年前拜访过这两家书店后，我的第一个反应就是：非得把这两家店送作堆相提并论不可！当然，我也可以分别用两篇文章单独来介绍他们，但如此一来，就难以彰显出两家书店的巨幅差异和趣味对照了。

首先出场的书店，名之为"一个洁净明亮的书地"（A Clean Well-Lighted Place for Books，以下简称为 ACWLP）。凡是对海明威的作品不陌生者，听到这个冗长又文绉绉的特别店名应该会发出会心的微笑，因为海明威一篇气氛颇佳的小小说就是以《一个洁净明亮的地方》（*A Clean Well-Lighted Place*）为篇名。这间书店位于梵内斯大道（Van Ness Avenue）上的歌剧商场（Opera Plaza），1982 年在此开张后，一如店名所告示的，确实是个洁净明亮的贩书场所。

ACWLP 出售综合类型的新书，是旧金山湾区极为活跃的独立书店，每年至少有两百五十场以上的新书发表会在此进行，许多国际知名人士到旧金山发表新作时，往往舍弃超级连锁书店，而选择与 ACWLP 合作，例如《英国病人》（*The English Patient*）的作者迈克尔·翁达杰（Michael Ondaatje）、《欲望城市》（*Sex and the City*）的通俗女作家作家甘蒂丝·布

"一个洁净明亮的书地"的书店标志。

ACWLP 与麦当劳书店 | 159

（左）"一个洁净明亮的书店"位于歌剧院旁，因此店中特辟丰富的歌剧书区。

（中）ACWLP 特辟专区陈列非主流、小型出版社的出版品。

（右）ACWLP 不仅卖书，也卖音乐与影片 DVD。

什内儿（Candace Bushnell）、名女星简·方达、政治人物柯林·鲍威尔将军、前美国总统吉米·卡特等人。我就是亲眼在此目睹几百位大排长龙的读者，等了几小时，就为了让美国前第一夫人兼参议员希拉里·克林顿为她的传记签名。另外，我也恰巧于策划英国畅销作家彼得·梅尔（Peter Mayle）的一本中译本散文集《有关品味》（Acquired Tastes）时，在此与宣传新书《追逐塞尚》（Chasing Cézanne）的他相遇。

如果你以为 ACWLP 只是个关注名人、势利十足的书店，那可就大错特错了！事实上这里经常替未成名的作家"抬轿"，许多人还是首次出书，只要是 ACWLP 认为具潜力者，都会不遗余力宣传。你可以看到这里的选书与一般连锁书店千篇一律媚俗的书种有所差异，更特别的是每一书区的架上都看得到一张张约宽十三公分、高九公分的小纸片插在亚克力透明框里，原来这些纸片上有着店员针对自己喜爱的书所亲手写的扼要感想。可以看出文学小说和侦探小说是最受店员钟情的两区，单是前者就有多达两百张书评，后者也有超过五十张。此外店员也定期主导书籍讨论会，有兴趣的读者可以自行参加。

美国许多书店会针对《纽约时报》畅销书排行榜的

书打折，此书榜其实多是来自连锁书店的数据统合，而其结果往往又受大出版社与连锁书店间的折扣交易所主导。ACWLP也有八折书区，但书种则是依店员的观点与品位所遴选出者，二三十位店员不乏在此工作十年以上者，有位女士甚至从1978年就开始任职。这家书店之所以自主性如此强、店员的忠诚度如此高，在于其创办人兼经营者尼尔·索弗门（Neal Sofman）是一位深具理想性格的人。

高眉型的书店代表

索弗门大学主修经济毕业后就进入书店业，工作几年后，于1975年和1978年分别于旧金山南方的小城库博提诺（Cupertino）与北方的马林郡的拉可斯普码头（Larkspur Landing）先后开创了两家ACWLP，更在1982年进驻都会旧金山市区，开了这家旗舰店。前两家店虽因1990年代网络书店与超级连锁书店兴盛及租金高涨的影响而于1997年、1998年相继歇业，但也使得索弗门能集中心力将梵内斯大道上这家店经营得有声有色。

希拉里·克林顿2004年夏天在"一个洁净明亮的书地"为她的传记签名。我在签名会前当天，看到书店外数百人大排长龙，数小时前就或坐或站等着进场。有人据说从其他州搭机赶来，凌晨五点就到了，这些希拉里的粉丝都认为她很可能日后成为美国总统。

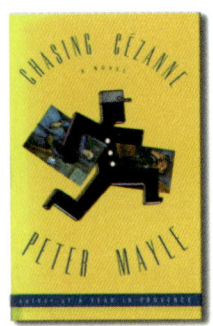   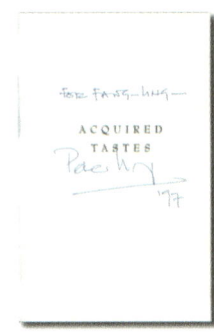 

当我正策划《有关品味》（Acquired Tastes）的中文版时，在ACWLP欢喜遇见正在宣传新书《追逐塞尚》（Chasing Cézanne）的作者彼得·梅尔，他欣然在我的两本英文书上签名。

他甚至自2004年4月起和当地一家电台合作，担任一个三十分钟读书节目《作家之声》（Writer's Voice Radio）的主持人，主要介绍一位优秀却未得到应有重视的作家，对于热门的畅销作家，索弗门极少邀约，他表示自己无意锦上添花，并在节目中预告与书相关的活动，最后还请一位店员推介几本好书，而受邀的店员来自旧金山湾区的诸多独立书店，并不一定是自家人。

互相鼓舞的书店伙伴

索弗门认为象征多元价值的独立书店并非是竞争的对手，而是互相鼓舞的伙伴，他这个理念在2002年1月11日那天发挥得淋漓尽致。当晚约五百位宾客与十几位当地的作家在ACWLP共聚一堂，为的是声援远在科罗拉多州丹佛市（Denver）的一家独立书店"破烂封面"（Tattered Cover Book Store）。原来丹佛的警方企图要"破烂封面书店"交出一位嫌犯在店中购书的资料，以利他们办案，"破烂封面书店"觉得此举涉及了侵犯他人的隐私，而且若把数据缴出，无疑是让所有顾客恐慌，担心他们看什么书都会受到政府老大哥的监视，基于人民有阅读的自由、购书隐私不容侵犯的立场，"破烂封面书店"断然拒绝配合警方，两造因而诉诸法庭。ACWLP那晚共募集了一万美金，作为"破烂封面书店"的诉讼基金，这场官司最后是由书店打赢。

从以上总总描述，不难想象ACWLP是属于那种中坚分子与精英偏好的书店，而书店所在的歌剧商场又聚集

长条型的巨幅明信片是书店中最佳的装饰。后方小说书区架上立着的一张张小卡片,有着店员亲手写的扼要阅读感想。

了时髦的餐厅、发廊和专上演艺术电影的戏院,楼上则为现代化的高级公寓;此外,书店还与行政区与表演艺术区相邻,市政府、高等法庭、交响音乐厅、歌剧院等机构全分布在一两个街区内,因此平日在书店进出的人士,确实看得出是倾向"高眉"(highbrow)型。接下来要介绍的这家书店却恰恰相反,应可被视为"低眉"型(lowbrow)的代表。

肮脏昏暗的书地

"麦当劳书店"(McDonald's Bookshop)和麦当劳汉堡店可一丁点关系都没有。十多年前我初访旧金山,在旅

就是这张放在旅游信息中心的宣传卡,牵引我到"麦当劳书店"。

游资讯中心拿到一张这家书店的宣传单,上面自称是旧金山最大的二手书店,拥有超过百万册的书、杂志、黑胶唱片,最特别的是在背后还形容此处为"一个肮脏昏暗的书地"(A Dirty, Poorly-Lit Place for Books)。有什么商业场所会大肆宣扬自己是个肮脏、昏暗的地方,这难道不把顾客都吓跑吗?也许是百万册书的字眼,也许是好奇心使然,那张宣传单对我发生了作用,当下就按址找上门。

虽然这书店就在市中心,距离摩登繁华的联合广场(Union Square)约五分钟脚程,最热闹的鲍尔地铁站(Powell Station)和叮当缆车(cable car)的起点也只隔了一个街区,但是一走入书店所在的特可街(Turk Street),气氛与景观顿时显得很诡异。街道上看不到气色饱满的旅客,取而代之的是些眼神涣散、衣衫褴褛的游民和醉鬼,两旁灰扑扑的丑陋建筑此起彼伏挂着旅馆的招牌,后来才知道原来这些旅馆是专供一些低收入者长期居住的廉价建筑,通称为"住宅旅馆"(residential hotel),而这区又被称为"贪得弄淫"(Tenderloin),之所以用这么一个不雅的翻译,实在是因为在美国,凡被冠为"Tenderloin"之处,指的都是高犯罪率的危险区域,这里充斥着与色情、酒精、毒品打交道的社会边缘人,暗夜街头还不时发生流血事件,还好我一开始并不清楚这些历史,因此才胆敢一个人拜访"麦当劳书店"。

乍看此家店时,真是触目惊心,凌乱的书店我不是没见识过,但是从未碰过一家书店如此拥挤、漆黑,灯的瓦数明显不足,又脏又旧的书架由地板延伸到四五百公分、两层楼高的天花板,架上层板多已呈圆弧状的曲线,整间店彷如随便来个轻微地震就会倒塌的模样,那个景象让我想起早年读台大时,总图书馆中如地窖般的密闭阴森藏书室。令人最挫败的是,这书店虽然号称有百万册书、近千种分类,但是想由每一类别里找本特定书可是难上加难,因为所有的书既不按书名与作者名的字母分类,杂志也少有依出版时间排列。书的价格虽然大多是原价的五折甚至更低,但品相十之八九都很差,因此像我这种对书有些洁癖的人,真的是颇为沮丧。我只买

了些介绍当地风光历史的旅游书参考,读完后没打算保存。但一些书虫也许会因为此店的杂乱无章,抱着可能捞到宝的想法而耐心地逛下去。

我之后又去了几回,偌大的书店只见一位面带喜感的矮个子男士在柜台,既没机会和他攀谈,也没捞到什么宝。主要是整个店宛如一个封闭的密林,让有轻微密闭空间恐惧症的我感到压迫感十足。此外,店里漂浮的灰尘和一股难闻的气味也使我的呼吸颇不顺畅,因此每次都待不久。日后和一些当地书友聊天,有人居然提到曾经在这里亲眼目睹老鼠窜来窜去,有些书还有老鼠咬过的痕迹。听到如此描述,只能说这真是名实相符的一个"肮脏昏暗的书地"。

(上)"麦当劳书店"的阳春门面。招牌上的字样"一个肮脏昏暗的书地",确实反映出"麦当劳书店"周遭的景观。

(下)《旧金山周刊》(*SF Weekly*)每年由读者投票,选出各类别的最佳代表。"麦当劳书店"某年曾获选。

防震整修两年半

直到 2002 年夏天,我总算决定要找店主聊聊,顺便拍些照片。谁知打电话到店中想预约时间,竟传出录音机播放着书店正在进行防震整修,短期内不会开张的讯息。我几乎每隔一阵子就打个电话查看,但录音机总是重复播放,两年半后,电话那端终于有人答话,Wow!书店开始营业了!

（上）"麦当劳书店"号称旧金山最大的二手书店，整修后还有三千箱书未上架。

（下）整修过后的"麦当劳书店"虽然干净明亮不少，但是凌乱的情况依然四处可见。

2005年2月初重返"麦当劳书店"现场时，真不敢相信自己的眼睛。店外还是立着一块活动广告牌，上书"一个肮脏昏暗的书地"，然而店里原有的脏与暗不知哪儿去了，眼前所见虽非什么精致优雅的店面，但和以往相比，却有天壤之别，书架换新、走道放宽、顶上日光灯管白花花地闪着，墙面露出三分之一的空白，室内室外多了横七竖八的粗壮铁柱支撑着建筑物，看起来颇为牢靠，我的震惊程度不亚于初见它时。矮个子的男士还在，寒暄一阵，方知他就是店主，名唤伊查克·佛兰斯基（Itzhak Volansky），两人话匣子一打开，就合不起来了。

犹太裔的伊查克知道我专写书人、书地，立刻嘻皮笑脸表示自己根本不是个爱书人，他对书籍没有特别的热情，平时读最多的是电视周刊和谈八卦的小报，"我之于书就像油之于水，两者根本融不到一块。本人其实是个音乐家，只是不幸被困在一个书商的躯体里罢了！"伊查克感叹地说，唉呀呀，原来一切都是命！

伊查克的父亲图维亚·佛兰斯基（Tuvia Volansky）是来自波兰的犹太移民，原是位木匠，在1967年顶下了

（左）声称对书产生不了情感的伊查克，却已经固守着"麦当劳书店"二十六载。

（右）旧金山是个开放包容的城市，多数人不会对性别有刻板印象，没人管你是同性恋、双性恋、变性人，或是变装癖者。这位经常在"麦当劳书店"出没的邻居兼顾客，是位打扮成女性的男性，偶尔在店内弹弹吉他自娱娱人，他喜欢别人称"她"小姐或女士。

这家成立于 1926 年的"麦当劳书店"，早先店里一些书架都还是图维亚亲手打造的。伊查克形容自己的父亲从不读书，但具典型犹太人的精明，总是能低价买进、高价卖出，书店经营之于图维亚不是什么伟大理想，他看待书就像其他商品般。1979 年父亲去世后，曾经得过一项通俗音乐作曲奖、原本打算往音乐路途发展的独子伊查克，只好与唯一的姐姐接管书店。脾气暴躁的老姐经常与顾客、员工起冲突，共事两三年后，伊查克只得付钱请她不必来工作。母亲 1990 年撒手后，家产得划分，手足阋墙的肥皂戏码也跟着上演。姐弟俩因对书店的价值无法达成共识而闹上法庭，情绪失控的老姐有一回甚至带了个铜雕到书店朝他脸上砸，好险只有眼镜被砸坏，伊查克因此申请限制令，不让姐姐接近他。最后经过法定专家评估，这家书店根本值不了多少钱，两个自此不碰面的人，终于在 1996 年透过律师以纸笔达成协议，由伊查克付书店公订价的一半给姐姐，书店则归他。经过多年诉讼与大笔律师费的折腾，伊查克数度想把书店脱手，以圆他的音乐梦，但总乏人问津，他的青春岁月就此蹉跎下来。

名人曾造访的书店

虽说这家书店给他带来这些不愉快的经历,他还自嘲这里是破烂二手书进入市立垃圾掩埋场前的终站,更将书店封为"一个肮脏昏暗的书地"。但是当他说到大导演乔治·卢卡斯、弗朗西斯·科波拉等人所组电影公司的班底都曾到店里寻找图像老杂志,以作为影片场景与服饰的参考时,伊查克还是十分得意。此外,他也津津乐道迈克尔·杰克逊在1980年代(当他尚未"漂白",看起来还是个俊俏的黑男孩时)曾两度造访,并花了一百二十美元买了童书、DIY、摄影类的书。坦白说,当一个地方能聚集上百万册的出版品,就算其中百分之九十九为垃圾,另外那百分之一还是相当可观,更何况多数人的垃圾,很可能是某人的宝贝。比方说我在黑胶唱片区瞥见欧阳菲菲早在1976年出版的一张专辑《有了你》,

书店低矮的楼中楼里,乱七八糟地挤满了过期的老杂志,想要找本特定的刊物,只好自求多福了!

以及盈泪歌后姚苏蓉 1969 年的招牌作《今天不回家》，这些唱片对一般老美一点意义也没有，但不少台湾歌迷看了可是会激动不已。

"麦当劳书店"其实对伊查克并不全然是个负数，2002 年就是个幸运年。由于书店其实位于一栋廉价住宅旅馆"达特"（Dalt Hotel）的一楼与地下室，这整栋建筑物所属的房东是一个非营利机构，于"贪得弄淫"区提供廉价住处给低收入住户。为了翻修老旧的建筑物，书店必得清空并停止营业，所有的书、杂志、黑胶唱片最后全打包成八千个纸箱，一一存放在租来的仓库里。房东不仅全数负担这些迁移费用与仓库租金（共达十一万美元），更补偿伊查克歇业这段期间所损失的收益，如此的做法固然是顺应法令要求，但房东也长期将房租压得极低，"麦当劳书店"营业面积高达七千平方英尺（约六百五十平方米），但租金仅一千两百五十美元，主要是房东认定"麦当劳书店"在此区有净化作用，因此希望它能持续在此营业。长达两年半多的整修过程中，伊查克和老婆度了几次假，平日玩玩音乐，晚间不时带着他的键盘乐器到酒吧里演奏，这真是他一生中最惬意的时光！

爱玩音乐的书店主人

我初次与伊查克访谈时，书店才重新营业一个月，很多人还不知道这讯息，在闲聊的两三个小时里，只见到四五个人零星上门，一整天下来，进帐还不到六十美元，伊查克不断对我笑说，在如此险恶的街区，开这么家破店，赚这么点小钱，唯有被虐狂（masochist）如他者才会干得下去，我从未见过如此自我解嘲又贬抑的书商，但是真有人待在同一个行业"受虐"二十五载，我相信心甘情愿的成分还是居多，毕竟没人拿着刀枪抵着他的脑袋。

店面整修后，我问伊查克是否考虑将"一个肮脏昏暗的书地"的招牌拿掉，他摇摇头说不，即便书店内变得清爽些，但这招牌上的"书地"还是可用来指肮脏昏暗的"贪得弄淫"区。几次去店里闲逛，发现上门的顾客形形色色，有些雌雄莫辨、有些酒气冲天、有些刺青满布，有全身发臭的

（上）我一直要伊查克找一张他父亲的照片给我，他老是点头，但却没一次兑现承诺。他总是回说陈年照片不知塞在家中哪个角落，寻找颇困难。看他书店乱成这德性，想必家中也差不了多少。还好书店有这么一张他父亲的油画。

（下）某日伊查克拿着手电筒，带我去参观他那黑漆漆的仓库。当时他的眼镜架螺丝掉了，他也不急着去修理，为了防止镜片掉落，干脆拿橡皮筋暂时固定，伊查克就是这么一号搞笑人物。

这些封套是来自是 1970 年代末、1980 年代初港台男女歌星所灌制的黑胶唱片。凤飞飞、郑少秋、张琍敏、陈芬兰、鲍立、陈美龄、汪明荃这些人名中,你若是有未听过者,问问你的爸妈,他们肯定会记得。

拾荒流浪汉、有当场讨价还价的穷学生、有态度高傲的白领阶级,有更多是像我当年"慕名"而来的好奇旅客。只见伊查克带着融合伍迪·艾伦与罗宾·威廉斯的幽默,让各路人马服服帖帖的,他显然颇乐于周旋其间。真正让他乐开怀的是,趁着书店整修,他在入口旁的一方角落搭起一座小舞台,打算未来每月找些作家、音乐家来搞些活动,让书店有点生气,事实上这舞台是为了满足他个人的表演欲。

来客在书店重新开幕的派对上,围坐着欣赏舞台上的表演。

书店正式重新开幕那天,伊查克在新搭的舞台上演奏键盘乐器助兴。

  书店在2005年3月8日下午举办了场正式的重新开幕派对,开场就是由伊查克上台演奏,看他随着音乐摇头摆尾、一脸陶醉的模样,又听到他对来宾致词时说:"If we cannot make money, we can at least make some music, make fun!"(如果我们不能赚钱,至少能搞些音乐、来点乐子),于是乎,我知道,拥有了舞台的伊查克,将会企图守着"麦当劳书店",让它继续成为一座bridge over troubled water(恶水上的大桥)。

  我一直以为书店不论是卖新书或卖旧书、是诉求高眉或低眉、是洁净明亮或肮脏昏暗,总能散发出一股独特的魅力,并带给世人不同程度、不同面向的满足与温暖。旧金山的ACWLP与"麦当劳书店"恰恰对我的看法作了最佳的诠释。

(初稿发表于2005年5月6、7日)

UPDATE 续访札记

（左上）2006年8月1日，深锁的书店大门终于贴出了海报"一个清洁明亮的书地永久打烊，谢谢您"。事实上，是所有曾经上门的顾客该谢谢这家书店。

（下）告别大型书店的年代，尼尔·索弗门转而经营社区小书店"西门"，一晃眼已经好几年了。

这两家无论风格、管理与书种都南辕北辙的书店，最终的命运却殊途同归。由于收支无法平衡，两者先后歇业。ACWLP在2006年7月结束，这家向来活跃、有质感的书店，一样难逃关门的厄运。主要创办人尼尔·索弗门并未因此退出书店业。他离开市中心，同年在一个家庭取向的西门社区（West Portal），另开一间小书店，雇用精简的人事，店名就叫"西门书店"（Bookshop West Portal），这家书店虽然面积仅有原来ACWLP的三分之一，但却另有一股温馨的氛围，书架上依然可见店员亲手写的推荐书评。来客不时看到索弗门卷起袖子搬书、摆书，他在这家店里，似乎更为平易近人。不少知名作家也继续支持索弗门，在"西门书店"办活动。

有点讽刺，却又让人稍感安慰的是，ACWLP在梵内斯大道歌剧商场的店面，被一个口碑不错的小型连锁书店"书公司"（Books Inc.）接收，开了家分店。"书公司"（Books Inc.）号称是美西最老的独立书店，源起据称可

172 | ACWLP & Mcdonald's Bookshop

上溯至 1851 年淘金热时期。在 1990 年代中期一度诉请破产，但这些年又从灰烬中站起，而今在加州拥有十二家分店，经营得相当不错，是值得鼓舞和学习的例子。

"麦当劳书店"则是在 2008 年底因长期缴不出房租而被迫歇业，伊查克在限期内仅能搬出部分的书与杂志，剩余的庞大库存因品相普遍太差，找不到买主，据说都被房东销毁。可惜我没赶上书店结束那段期间，错过了抢救一些港台早期的黑胶唱片和半世纪前出版的英文杂志。

我最近与伊查克联系，一向达观的他表示现在可以专心玩音乐了，他甚至找人帮他拍了两段自弹自唱的搞笑影片放在 YouTube 网站上，标题为《我的降落伞打不开》（*My Parachute Won't Open*），他得意地表示已经有好几万的点击率，说不定哪天会被星探挖掘，六十岁的他，依然有梦。至于书店，若有可能找到个合伙人管事，他不排拒在父亲留下的小旅馆的一楼与地下室重新开张，毕竟那里还堆着他保留的一堆书，我们等着瞧吧！

这是我最后一次在"麦当劳书店"所拍的照片，时间是 2008 年 10 月 29 日，我当时并不知道书店两个月后即将被迫歇业。本来就已经没有章法的书店，拍照那天更是空前的乱上加乱，完全吻合伊查克所比喻的，像是破烂二手书进入市立垃圾掩埋场前的终站，如此戏言最终成真。

INFORMATION

西门书店 Bookshop West Portal
80 West Portal Ave, San Francisco, CA 94127, USA
TEL 1-415-564-2080　www.bookshopwestportal.com

书公司（梵内斯分店） Books Inc.
601 Van Ness Ave, San Francisco, CA 94102, USA
TEL 1-415-776-1111　www.booksinc.net

CHAPTER

12

MICHAEL
GOOD
BOOKS

卖书郎与补书娘

迈可·古德书店

既无但丁和贝阿特丽齐间的疏离与神秘，也不具罗密欧和朱丽叶的炽热与悲壮，一个卖书、一个补书的古德夫妇，其实才是俗世中最让人称羡的幸福典范。

古德夫妇曾在此建筑物里买卖、修补古书二十余年。

在多年持续的访书生涯中，我和不少的西方书商建立起相当的情谊，因而有幸得以在他们的书店中来去自如，并从他们的口中得知只在圈内私下流传的业界秘辛（或八卦），当然，最令人兴奋的莫过得以一窥他们的珍藏。也因此，我每年总是愿意花几个月的时间在书世界中游荡，但近几年不断召唤我回到旧金山湾区，让我对行程充满期待的主因之一，是迈可与珊蒂·古德夫妇（Michael & Sandra Good），是他们那间迷人的书店，是他们家院里栽植的新鲜蔬果与香料，是他们自制的烟熏鲑鱼。

大约是 1999 年 2 月底，我在旧金山一个小型的书商聚会上初识和善的迈可·古德，之后又碰了几次面，知道他在金门大桥北边的小镇圣安瑟莫（San Anselmo）开了家古董书店，而他的太太珊蒂是个古书修复员，在书店的阁楼有个独立的空间从事古书修复的工作。Wow！多么特别的组合。一般的伴侣要在职业上达到夫唱妇随的融洽情况其实并不容易，多半时候，夫妻在同一个单位共事，只怕会相看两厌倦，甚至最后演变成反目成仇的地步。但古德夫妇一个买卖古书、一个修补古书，虽然都是与古籍打交道，但经手的古籍不同，面向也不同，而且一个在楼下、一个在楼上，如此同中有异，有点粘又不太粘的关系确实颇为理想。

迈可·古德书店 | 175

旋转书架上的贝阿特丽齐塑像,彷如守护神般默默地环视着书店。

终于,我在 2000 年夏天亲自拜访了古德夫妇的古书店与工作室。从浓雾弥漫、云层笼罩的旧金山市区往北驶过金门大桥,顿时间阴霾尽散,进入阳光灿烂、一片清朗的马林郡(Marin County),我的心情也跟着愉悦起来,这是典型的湾区天候,难怪有不少朋友虽在旧金山市工作,却宁愿住在马林郡,每天开车或搭渡船上下班。圣安瑟莫就是此郡中的一个幽静小镇,不到三十分钟的车程,我已经到达目的地。

难以忘却的贝阿特丽齐

书店是位于一个独栋建筑的二楼,顺着户外独立的阶梯拾级而上,推开大门那一刹那,我知道自己已经喜欢上这家书店。恰到好处的昏黄灯光让架上的古书泛出温润的色泽,大小适中的空间既不冷清、也不局促。一尊端立在旋转书架上的典雅石膏塑像,彷如一个守护神般默默地环视着书店,迈可看我望着那塑像发呆,在一旁轻声解说这半身女塑像是贝阿特丽齐(Beatrice Portinari, 1266~1290),她就是中世纪意大利名诗人但丁(Dante Alighieri, 1265~1321)的缪斯。根据史书记载,近九岁的但丁初次见到刚满八岁的贝阿特丽齐,自此深深爱上她,两人再次(也是最后一次)见面已是九年后,虽然仅有的两次相会极为短暂,贝阿特丽齐并于二十五岁时香消玉殒,但她却成为但丁深藏在心的永恒恋人,更是他创作的灵感泉源,因为贝阿特丽齐,我们日后才得以展读不朽的《神曲》。不知为何,我觉得这尊面目祥和的雕像特别亲切,一股宁静之心油然而生。一尊塑像、一则传说往往就让一家书店变得有灵气、有意思,但真正让我感兴趣的是迈可与珊蒂的故事。

1958 年迈可在芝加哥一个神学院主修历史、副修文学,第二年就与从护校毕业的珊蒂结婚。他与古董书的渊源始于大三时拜访了当地一位古董书商理查德·邦斯(Richard Barnes)。迈可有回向邦斯先生提到他才刚读完吉本(Edward Gibbon, 1737~1794)的《罗马帝

猫头鹰造型的书挡(bookend)是书店中最佳的装饰。

迈可・古德（Michael Good）人如其名，专业、性情皆好（good）。

国衰亡史》（*History of the Decline and Fall of the Roman Empire*），感到非常倾心，谁知邦斯顺手指指架上就有第一版的这套巨著，当时标价为三百美元。虽然那价钱非迈可所能负担（数年后他买第一栋房子的头期款也不过是九十美元），但是他惊异地发现，原来数百年前的首版经典在市面上还是见得到，若有充裕的资金，也可能拥有。迈可以后常与珊蒂去邦斯的古书店，而邦斯的太太则在店里从事古书装订与修复的工作。古德夫妇当时完全没有料到，他们会在二十多年后步上邦斯夫妇的后尘。

将书视为一生志业

迈可正式投入古书业，是 1965 年受雇于加州奥克兰最大又最老的书店"弘士"（The Holmes Book Company），负责撰写书籍目录，他后来并成为"弘士书店"旧金山分店的经理。1972 年则转到旧金山最高级的"约翰・浩尔古书店"（John Howell Books）服务。当今美国古书界许多知名的书商都曾先后在这两家已经消逝的书店任职，迈可不仅因此学习了一流的古书经营，也结识了不少优秀的同行。

1970 年代的美国是嬉皮盛行的年代，迈可所居住的伍德埃可（Woodacre）附近更是聚集了许多艺术家，对绘画颇有天分的迈可受到当时自由风气的影响与画家朋友的鼓励，在 1975 年辞职，离开古书界，平日除了画画，

前助产士珊蒂·古德，现今是一个古籍修复员。珊蒂不仅只是修补古书，有时也得重新装订封面。西方书籍工艺之美，往往显现在精装本皮革封面的压纹图案设计，图中所见者，就是她用来压纹的工具。

还接些木工的杂活维生，如此过了四、五年，他终于认清自己充其量是个颇有创意的素人画家罢了，缺乏学院派的训练，终究难以成气候，因此决心回到自己最擅长、最熟悉的老本行。

1980年当迈可在圣安瑟莫替朋友整修一栋要出租的房子时，直觉这就是他开古书店最佳的处所，于是立即租下。次年初，"迈可·古德书店"（Michael Good Books）正式开幕了，店里的书种因迈可个人的所学与兴趣，主要偏向文学、历史、艺术类的绝版老书，还有为数不少的版画、海报。至于价格，则从数十美元分布到数千美元不等，以西方古董书业的标准来说，他的店绝非属于最高档的等级，罕见数万或数十万美元以上的昂贵珍本书，但是对于财力不很雄厚的一般藏书家而言，这却是一个不可错过的地方。书的品相多半相当完好，价格也很公道，最重要的是，迈可是个不摆架子的书商，他表示自己固然期望卖出高价位的书，但是能把十几美元的书转到一位确实想拥有此书的人手里，一样让他觉得欣慰。不少书商在与我谈起迈可时，都一致推崇他人如其名，是个真正的"好"书商，因为他的姓氏就是Good。迈可的"好"，在于他除了具备好的专业知识，还对同业不吝协助，对顾客更是以诚相待，人缘好的他也因此日后曾被推举为美国古董书商协会北加州的主席。

当迈可兴致高昂地重返古书业之际，珊蒂却对她已从事二十二年的护理工作深感倦怠。当时旧金山州立大学正好开了书籍装订与修复的课程,迈可忆起早年邦斯夫妇买卖书、修补书的模式,于是鼓励珊蒂去修课,珊蒂正式上了两年相关课程后,先从修复迈可书店中的破损古籍实习起,接着替其他书商与图书馆服务,于是开创了职业生涯的第二春,她的工作室就在书店的阁楼。珊蒂认为自己护理的训练,特别是后期的助产经验,使得她较常人有耐心、注重细节且双手灵巧,因此书籍修复所需的繁琐过程与技术,对她并不是问题。将一本封面或内容破损的古籍修复完好,正如助产一位新生儿般令她觉得有成就感。

心灵与口腹欲望的飨宴

第一次的书店之旅几乎都耗在采访与摄影,为了仔细品书,于是和古德夫妇相约几天后再度登门,两人并热情邀我下次访书完毕,一道回家晚餐。一星期后,我轻松地在店里浏览藏书,度过了一个悠闲的下午,并买了册日本俳句的英文译本,装订与印刷都精美,价格不过二十美元。五点后,我开着车尾随在两人之后,往西方的山区行驶约十五分钟,到了人口仅一千的伍德埃可,古德夫妇的家就在这个林木葱郁的隐秘小镇。

这间气氛绝佳的书店虽已成历史,其影像却永存在我心中。

这个楼梯是连接二楼书店与阁楼补书工作室的通道。墙上挂的大型人像是保丽龙裁剪出的,图案取自英国十九世纪末著名的艺术家奥博利·比亚兹莱(Aubrey Beardsley)为十八世纪初的名诗人亚历山大·蒲柏(Alexander Pope)所写的嘲讽叙事诗《秀发劫》(The Rape of the Lock)所绘。

　　那天简简单单的晚餐,比起我所吃过一流餐厅的佳肴,都要让我印象深刻得多。色拉盘中香甜的西红柿与说不出名字的绿脆瓜是由我和珊蒂从院里的菜圃中亲手采摘的,主菜则是我尝过味道最正点的烟熏鲑鱼,原来这鲑鱼是邻居自不远的太平洋滨垂钓来的战利品,由迈可以特殊机器烟熏而成。至于甜点香草冰淇淋,则是珊蒂自制的杰作,上面洒满的多汁黑梅与点缀的薄荷片,一样是来自后院的农产品。

　　饭后在啜饮白酒与聆听爵士女歌手莎拉·沃恩(Sarah Vaughan)的磁性歌声之际,我送上自己写的一本书和一罐乌龙茶以表谢意,夫妇俩交头接耳了一阵,然后说夜晚山路难行,怕我迷路,待会儿迈可会开车引我到圣安瑟莫的主街,以确保我能安全开车返回旧金山,另外他得回书店拿一份礼物回赠给我。自认很有方向感的我,不断说自己认得路,至于礼物,更是不能收,岂有到人家家里白吃一顿,临走还带礼物之理?但抗议无效,迈可还是执意送我一程,并在书店停了几分钟,下楼时给了我一个包裹好的扁平对象,我们互道珍重并相约下回见。

拜访书店并不难,但要能登堂入室,进到书商的家中,可就得要靠一些运气和缘分了。我有幸得到古德夫妇的厚爱,不时被邀请到他们伍德埃可小镇的家中餐叙,这也成了我访书生涯中的一个亮点。大餐馆的山珍海味都不如他们准备的家常菜吸引我。色拉里的蔬菜与香料都是自家种植,至于那油亮、可口的烟熏鲑鱼,则是迈可特制。与他们共享这些美食,就如同好一道观赏绝版的珍本书般愉悦。古德夫妇家的庭院里栽植了许多不同时令的蔬果与香料,我每回到他们家中用餐,总会有口福享用,临走还顺便带一些。

  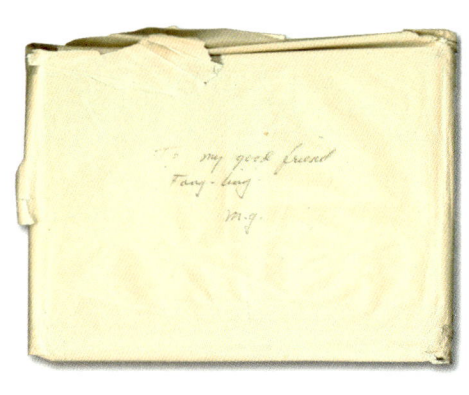

喜获一册限量签名本

回到住处时,我打开包裹,眼泪当下夺眶而出,里面赫然躺着一本我稍早在书店把玩甚久的书《生日书》(*A Birthday Book*),这本约三十来页的绘本,主要是为了新生儿设计的礼物书,里面有十五页洛克威尔·肯特(Rockwell Kent,1882~1971)设计的精美插图和撰写的短文,以典雅的浅灰色墨水印刷,配上奶油色的波浪纹丝绸蝴蝶页,布质装订的蓝紫色封面有着十来只飞翔的鸽子,书名以红色的花体字书写,外围还绕着原始所附的一层透明塑料护套。我对肯特的画作、文字与奇特的生平极为倾慕,这本小书是1931年出(初)版,限量仅一千八百五十本,每本不仅编号且由肯特签名,迈可的标价为一百七十五美元(有些书商对品相类似、同一版本的书标价可高达三、四百美元),我犹豫了一阵,最后还是把书放回架上。没想到观察入微的古德夫妇看穿了我的心思,竟然慷慨地送我这份薄薄的厚礼,肯特的作品我也有一些,但这却是第一本有他亲手签名的限量书,内心的激动可想而知了。

以后我每到旧金山湾区,一定会造访古德夫妇在圣安瑟莫的书店,他们也一定会邀请我到伍德埃可的家中用餐,餐桌上总有一些产自后院的时令蔬果与香料。这个同时满足心灵与口腹欲望的飨宴,成了我访书生涯中的一个亮点、一项仪式,夫妻俩视我如己出,彷如是我在旧金山

这本约三十来页的绘本《生日书》(*A Birthday Book*),里面有洛克威尔·肯特(Rockwell Kent)设计的精美插图和撰写的短文,1931年出(初)版,限量仅1850本,每本不仅编号且由肯特签名,这是我拥有第一本肯特亲手签名的限量书,编号1363。迈可送我这本书时,特别在包装纸外写了"To my good friend Fang-Ling, m.g.",把他的姓氏Good放在其中。

湾区的再造父母般。他们知道我总是对他们的烟熏鲑鱼念念不忘,有一回还特别替我留了上一季剩余的最后一片,并以真空袋包装储存在冷冻库里,等我重访时能享用,那顿晚餐搭配的爽口菠菜色拉,当然还是来自他们院中的菜圃。最令我感动的是,迈可大概看我每回总是以爱慕的眼神盯着贝阿特丽齐打转,竟然在那顿饭后表示:"我会在遗嘱中确保贝阿特丽齐未来归你所属。"("I will make sure that Beatrice is left to you in my will.")听到这句话,我的眼眶不禁又湿了。

(左)重感情的古德夫妇,把一些逝去亲友的照片拼贴在梁柱上,像是一件装置艺术品,让人们看待死亡变得不那么悲伤。赫然发现最上面一张照片中那位男士是曾经在旧金山盖瑞街49号开店的书商杰福瑞·汤姆斯(Jeffrey Thomas)。

(右)迈可·古德的父亲Fred Good于1976年去世,为了纪念他,妻子珊蒂在分隔厨房与客厅的这半片墙面上画下了布拉姆斯《德意志安魂曲》的音符,并挂了一张老古德年轻时在工厂工作的黑白照。

(下)挂在墙上的对象,都是珊蒂修补、装订书籍不可或缺的工具。

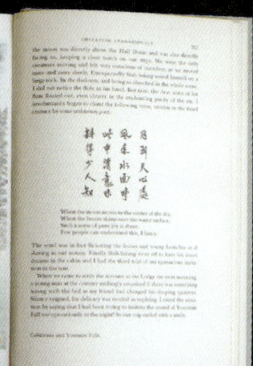

我手中这本 1964 年初版的《三藩市画记》（*The Silent Traveller in San Francisco*），得自迈可·古德的书店。书内有作者蒋彝（1903~1977）的书法题赠，时间为 1966 年，对象是许烺光与许董一男夫妇。许烺光（1909~1999）与蒋彝有许多共通之处，他们都是在 1930 年代离开大陆到英国伦敦，之后又先后移居美国，并在学院教书。蒋彝自 1937 年起，以哑行者（The Silent Traveller）之称，写了一系列畅销的英文游记，书的封面、书脊、内页还附有他以中国笔墨绘写的字画，东方味很浓，在英美的二手书店、古书店常可见到他的书。然而华文世界对他并不熟悉，一直要到近几年，他的哑行者系列才有中译本出现，也才传开 Coca Cola 的中文译名"可口可乐"是他的杰作。许烺光后来成为重要的人类学家，并于 1977 年担任美国人类学会会长，1978 年当选为中央研究院院士，他出版的不少重要英文学术著作，也是等到上世纪末才被译成中文。蒋、许两位杰出的华裔人士，因为时空与背景的交叠，想必早已相识。许 1978 年后正好迁移到旧金山（三藩市）附近，他去世前不久卖给迈可不少藏书，我也才会有此册书。阅读此书时，发现蒋彝竟然与旧金山当时著名的书商约翰·浩尔（John Howell）相识，里面一些篇章写到他们的交往情况，而我这本书中所提到的许多书商，甚至包括迈可，都曾在约翰·浩尔的书店工作过。追查一本书的身世，发现如此多的巧合与关联，总是带给我惊喜。

书店内昏黄的灯光让这尊书架顶端的木刻雕像泛出温润的色泽。我觉得这雕像颇有几分东方仕女的样貌,但又不能确定,也不知她手中所持之物为何。迈可早先向友人买此雕像时,并未问清来历,书店结束时,又将雕像转送给一位朋友,但怎么也想不起此人是谁,以致我的疑问得不到解答。读者若知晓答案,请捎个短信给我。

这张图片不仅出现在我的著作《书店风景》（2007年增订版）的书名页中，也出现于 2009 年大陆简体字平装版的封面上，只是书上都没有指出影像出自何处，引发不少书友的好奇与询问。而今答案揭晓，影像取自迈可·古德在圣安瑟莫的书店，当时正是迈可忙着退租、把书和书架搬回家中之际，望着即将消逝的影像，我按下了相机的快门。

木栏上的猫咪名唤"南瓜"(Pumpkin),南瓜不爱待在自己的主人家,却总是上古德家串门子。我在拜访许多与书相关之处后,发现猫咪似乎特别喜欢与书为伍。

令人称羡的幸福典范

年逾六十五岁后,迈可开口提到要把店面收起来,希望能有多点时间与珊蒂去旅行,我却忧虑爱书人将少了个去处,更不舍这么有气氛的书店就此消失。该发生的还是会发生。2004年秋天,迈可开始拍卖中低价位的书,另一方面则扩建家中的地下室、增添书架,将店中的高价书与珊蒂的工具逐一移回家,同年12月底书店正式退租。然而靠着网络与古书展,迈可并未停止古书买卖,他依然是美国古董书商协会的一员,只不过把通讯地址换了,珊蒂仍在家中进行古书修复的案子。此外他们还在圣安瑟莫另租了三十平方米左右的一个空间,当作仓库兼会客室,以方便会见一些不熟的顾客。

2005年春天我到古德夫妇家，只见客厅放置了珊蒂的补书工具，新辟的地下室已经摆满书，迈可的办公桌面对着户外的满园绿意与小溪，守护神贝阿特丽齐在楼梯口向下凝视著书区。我非常肯定，热爱工作与生活的古德夫妇是退而不休，他们将会喜乐地在此终老一生。没有但丁和贝阿特丽齐间的疏离与神秘、也不具罗密欧和朱丽叶的炽热与悲壮，这对卖书郎与补书娘的相依扶持，其实才是俗世中最让人称羡的幸福典范。

（初稿发表于2005年6月24日）

守护神贝阿特丽齐的新岗位是通向古德家书区的楼梯口，她在此继续庇佑夫妇俩与他们的书。

UPDATE
续访札记

这些年来，我的生活重心已经移到美国旧金山，和古德夫妇见面的机会自然也多了，有时在书展，有时在藏书俱乐部的活动，有时在书友家的聚会。另外，每年夏天美国独立纪念日（7月4日）那天，他们总会广邀亲友到家中庆祝，先是正午在房子外的主街上观看伍德埃可镇民自行组织的小规模游行，大家摇旗呐喊一阵欢呼后，接着在他们绿油油的宽阔庭院开始烧烤汉堡、热狗与生蚝，难得轻松相聚的书商们也藉此机会互换讯息。

我去古德家，除了吃吃喝喝外，当然也不忘查看他们的书。迈可虽然以经手西洋书为主，但有时也会有些与

每年7月4日小镇伍德埃可的国庆节游行队伍中，总会出现这匹巨大的石膏马，这是由镇上的迪克森马场（Dickson Ranch）所提供的花车。

 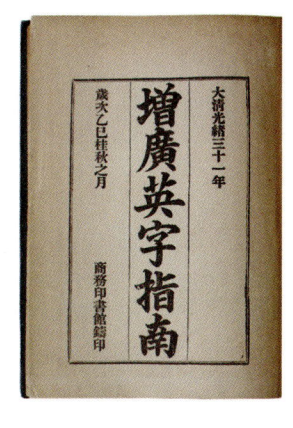 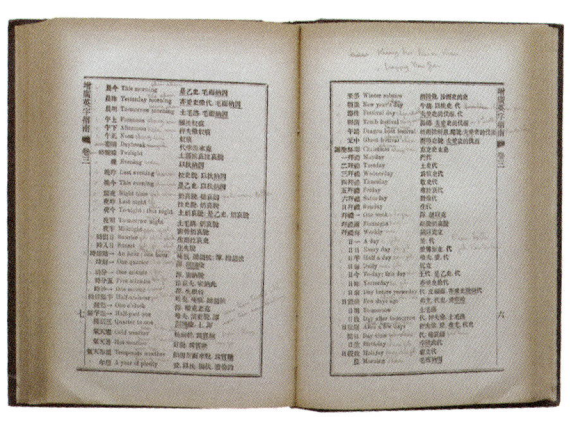

东方相关的物件。例如一册 1905 年（清光绪三十一年）上海商务印书馆铸印的《增广英字指南》，由杨少坪编撰，这是中国当时颇普遍的英语读本。这册精装本的书，历经一世纪，内页虽泛黄，但品相颇佳，暗绿色的布面封底有个漂亮的压纹图案。有趣的是，这册教导中国人如何研读英文的书，先前的拥有者之一很可能是位外籍人士，并一度被用来当研习中文的教材，因为我发现许多书页的字句旁有着娟秀的铅笔字迹，仔细一看，竟然是英文拼写的中文发音。例如在"风 Wind"旁写了"fung"、"明年 Next year"旁写着"ming nian"、"红宝石 Ruby"则是"hong pao shih"。

有回迈可收购了一批民国初年的中国地图，其中包括一张 1940 年（民国二十九年）上海地图社绘、出版、发行的《四川省分县地图》，定价为国币八角，还附有原始的封套。另有多张 1940 年代初、第二次世界大战时由美国官方所编印的大陆分区英文航图，上面特别注明只供作战与海军部门使用，不可贩卖或发行。

所有地图中，最让我感兴趣的，是一张北平市政府工务局于 1934 年（民国二十三年）与 1935 年（民国二十四年）测绘、1937 年（民国二十六年）一月付印的巨幅《实测北平市内外城地形图》。地图比例为实景的五千分之一，但还是大得惊人，为 210 公分 × 184 公分，摊开来比一般的双人床还要大，这算是我所见过最大的纸本印刷地图。图中巨细靡遗，除了诸多现在已经消逝的胡

这册清光绪三十一年上海商务印书馆铸印的《增广英字指南》，是中国当时颇普遍的英语读本。虽然书龄上百岁，纸页泛黄，但整体保存得甚好，有种岁月痕迹留下的美。更有趣的是，书页的字句旁有英文拼写中文发音的字迹，很可能此书先前的拥有者之一是位外籍人士，并拿它来当研习中文的教材。书页上方空白处可看到相同字迹写"Kung ho hsin nien = Happy New Year"，"恭贺新年"这吉祥语，想必是多数外国人最早学的中文。

迈可·古德书店 | 191

这张 1935 年（民国二十四年）测绘、1937 年（民国二十六年）一月付印的《实测北平市内外城地形图》，得放在一个八人座的长形餐桌上，才方便开展。最初在迈可家看到这巨幅地图，有种时空错置的感觉，不知它是如何由中国流落到美国。

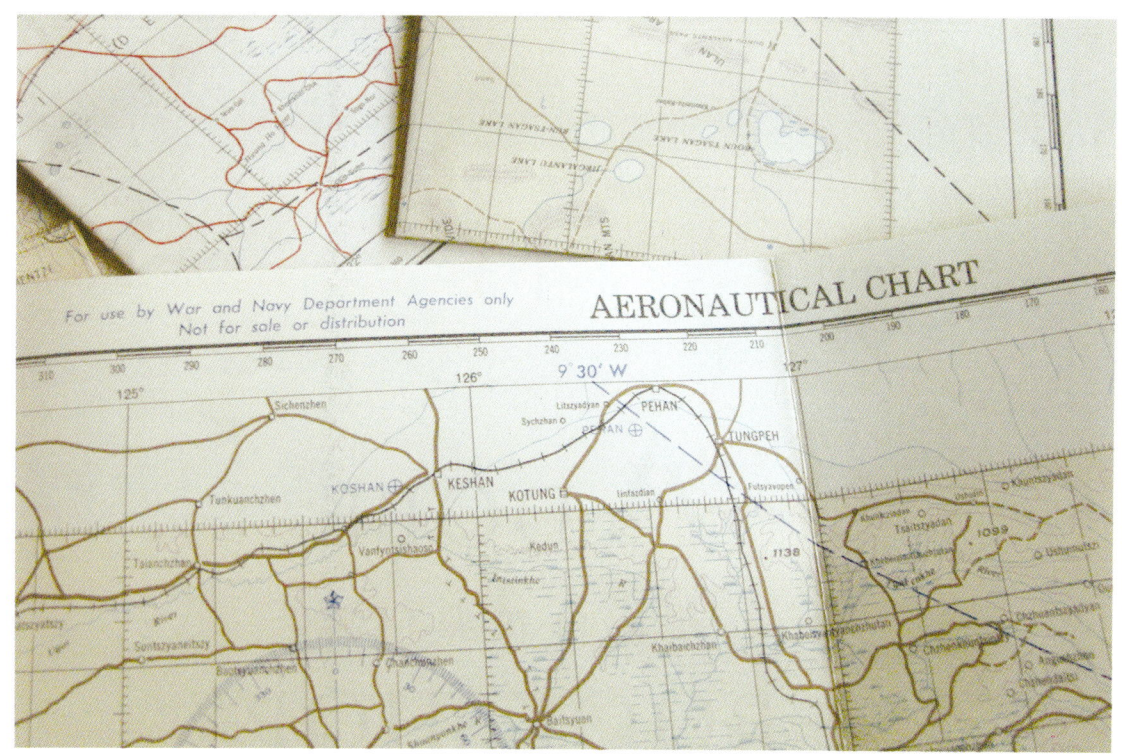

同外，还列出学校、医院、庙宇、警察派出所等一般地标，连牌楼、石狮、邮筒、水井出现处都标示，道路还细分为沥青路、石碴路、石板路、土马路、土路，并一一以不同图案显示。北平（京）并非我的故乡，但却是我初访大陆时所停留的城市，因而看此地图有几许亲切感。这张地图并不便宜，但我还是买下了，想着把它裱起来当壁画装饰。只不过这些年来，地图还是折叠在迈可替我包装的牛皮纸中，毕竟要把如此的巨幅地图装裱起来并非易事，要空出一整面墙来摆挂同样不容易，等哪天兴趣全失，再拿去拍卖吧！

这些大陆分区英文航图，是美国官方于1940年代初、第二次世界大战时所编印，取材自大陆、日本、印度等国出版的资料。地图上特别注明只供作战与海军部门使用，不可贩卖或发行；背后橡皮图章盖的英文字样，显示它们属于美国大使馆在重庆的军事单位。六十年已过，这些图早已在市面流通，成了人们的收藏品。

INFORMATION

迈可·古德书店 Michael Good Books

P.O. Box 521 Woodacre, CA 94973, USA
TEL 1-415-488-9057　EMAIL mgoodbooks@aol.com

CHAPTER

13

ADOBE BOOKSHOP

社区内摆龙门阵

阿都比书店

带有波西米亚风的"阿都比",除了卖二手书,还是一个艺术实验场所,更是一间社区中心。貌似弥勒佛的店主安祖·麦肯利像一块磁石般吸引着众人,让整个书店异常鲜活。

　　走访无数的书店,发现大型连锁书店多半开在闹市区,上门的顾客自然是数不胜数,但是那些人就像在超级市场、百货商店与你摩肩擦踵、错身而过的顾客差不多,人们各管各的,冷漠得很,就算有些什么作者签名、新书朗诵的活动,你依然看到的是一个个少有交集的脸孔与心灵。也许是商业气息太浓了,也许是人情味太薄了,这年头有不少的书店开始喜欢标榜自己是所谓的"社区书店"(community bookshop)或是"近邻书店"(neighborhood bookshop),强调他们是走小而美的路线,以及与社区积极融合的企图心,不过能真正让人感受到这种气氛,做得入味的书店,毕竟还是很罕见,美国旧金山的"阿都比书店"(Adobe Bookshop)是少数让我印象深刻者之一。

　　很少有一家书店像"阿都比书店"(Adobe Bookshop)那么有人气,那么让人觉得无拘无束,这家书店每天都像个传统小市集,又像个小型的

位于旧金山教会区第十六街上的"阿都比书店"。

（左）"阿都比书店"的橱窗会总是出现一些奇奇怪怪的组合。

（右）二手书店的经营者往往都有一台厢型车或休旅车，因为他们经常得外出收购一堆旧书，车子后座的空间非得大些才方便，安祖自然也不例外。

嘉年华会，市集里有招呼声、喧闹声，嘉年华会里有欢笑。

"阿都比书店"以贩卖二手书为主，店主人安祖·麦肯利（Andrew McKinley）在1989年开店当老板前，曾经在不同书店当过店员，其中包括柏克莱的知名书店"莎士比亚"（Shakespeare & Company）。安祖对我表示，他一直都有收集二手货的习惯，因为他从小就跟着母亲在贩售二手商品的旧货店采购，其间他不仅发现许多价廉物美的宝贝，更着迷于店中那种不矫揉造作的平实气氛，喜欢收藏有关摄影及新墨西哥书籍的他，开这么一家二手书店，多半和儿时的经验有关。安祖除了希望上门的顾客能

在他的店中找到便宜又有趣的书外，还希望这家店也能同时让来访者有一种自在的感觉。"阿都比"的英义Adobe指的是墨西哥一般常见的泥砖屋，安祖之所以选用这个名号，主要是因这个名词蕴含了谦易平和、实实在在的气味，这正是他期盼顾客在书店中所能接收到的感觉。

旧金山教会区的第十六街是个各色人等聚集处，有着不少风格特殊的平价咖啡店，因而吸引了众多未成名的作家、艺术家、大学研究生在此出没，很有波西米亚的调调，这里连无业游民似乎都比其他地方要来得文雅的多，"阿都比"正是位于这条街上，店内七位兼职员工也多半来自于这些族群，安祖雇请店员时除了要求他们有部分专业背景外，最重要的还是看他们的个性是否具亲和力、容易与人相处，"'阿都比'是属于群众的地方（People's Place），"安祖对我这么认真地说着，我去过书店几回

融合嬉皮风与波西米亚调调的"阿都比书店"，也是个艺术展览所。这家书店可视为社区书店的最佳典范，店内经常高朋满座，主人与来客打成一片。

（左）某年某月的某一天，本人来到"阿都比"，临时被指派坐在柜台后当起冒牌店员。还好此店一切手动，没有电脑收银机，否则我还真不知如何使用呢！

（右）你能想象书店里有如此的画面吗？"阿都比"绝非一般刻板印象中的书店，游民史汪与他的灰鸽宠物都是书店的座上宾，不会遭到白眼对待。

后，发现也不得不相信他的话。

记得第一次造访"阿都比"时，最先被吸引的是门口的那尊"门神"——一位蓄长发、衣衫褴褛、状似老嬉皮的游民，他安静地靠着橱窗，坐在一张椅子上，目光凝聚在远方，仿佛入定的老僧般动也不动，和一旁来来往往的行人形成了强烈的对比；书店里当班的店员彼德·林尼厄斯（Peter Limnios）坐在柜台前与一名住在附近的拉丁裔女士闲话家常，拉丁女人边谈还边吃着零嘴，显然不是来买书的；后方有人脚踩直排轮在书架前浏览，旧沙发上则有人舒服地躺着看书，一会儿有位小伙子手拿着一种能发光又发声的不明乐器进来弹奏，然后安祖风也似地飘了店里，"嗨！这位是拼贴艺术家、那位是搞音乐的，另外，我们今天有位台湾来的采访者。"安祖和大家热情地打招呼并忙着当介绍人，这时书店内就像个小型的派对般热闹。

又有一回到"阿都比"，发现"门神"移师到了书店里，一反上回的静态形象，他把玩着手上的一只灰色鸽子，面目表情变得极其柔和，"那是史汪和他的宠物，他们是书店的老朋友，"安祖这么跟我说，原来本名叫 John Ratcliff 的门神，有个别名叫"史汪"（Swan）。他以第十六街为家已有相当历史，早成为这附近的一景，最特别的是，他每天早上都在街上分发路人自己编写、影印的单页日报，当我用镜头捕捉完了史汪与他的宠物后，他

友善地给了我几份,这张 A4 大小的纸上,密密麻麻地挤着文法不太顺畅的打字稿、照片与手绘涂鸦,主题千奇百怪,包括保护小小动物(蚂蚁、蜜蜂、老鼠都算在内)、反对使用杀虫剂、大麻烟合法化等。不过最令人称奇的是,这份一人日报竟然持续了十多年,到底史汪这个以马路为家的游民是如何办到的,一直是个谜。

每次到"阿都比",总是看见那里坐满了摆龙门阵似的各路人等,书店既像个社区中心又像个艺文沙龙。此外,安祖还特别将天花板与书架中间那空出约一百五十公分高的墙面辟为艺廊区,常态展售当地艺术新秀的作品。让我印象最深刻的,是书店举办的一次装置艺术展。

记得我在 2005 年 1 月底闲晃到"阿都比书店",才刚踏入书店,就被震慑住了。靠门口左方的几个书架是一大片猩红色,接下来的书架仿光谱色系而顺序出现橙、黄、绿、蓝、靛、紫、褐色区,书店右方的整面书墙则是由深黑到浅灰到纯白一路延伸下去。在彩虹与黑白两面书墙的环绕下,"阿都比书店"让我觉得像是一间梦幻屋般,美丽却又不真实,在突出的色块分布下,我几乎感受不到书籍的存在,但是趋前向书架细看,又见一本本书脊上印着书名和作者名的书册。

坐在柜台边的安祖对我说,如果再晚个两三天来,我可就看不到这番奇景。原来这是一个临时性的装置艺术秀,由一位三十出头的年轻艺术家克里斯·寇博(Chris

(左)《第十六街—教会区的脸庞》(16th Street: Faces in the Mission)是一本摄影集,作者是"阿都比书店"对面贝果店老板的父亲伯特·卡兹(Bert Katz)。卡兹以镜头记录了教会区第十六街上鲜明的人物,并配上短文介绍,书店主人安祖与门神史汪都在其中。

(右)"阿都比书店"的随和作风,吸引了不少年轻人到此打工,上班时间想弹弹乐器,店主也不会在意。

彩虹书墙、盆栽植物、佛像与绘画，让"阿都比书店"呈现出一种凌乱的和谐。鲜少有人像店主安祖般疯狂，让拥有的书店化为一个以颜色分类的彩虹屋。美丽的彩虹总是短暂存在，但"阿都比书店"的"彩虹"却持续了两个多月之久！

Cobb）主导。寇博在一两年前就向安祖游说，希望能打破一般书籍陈列以内容与主题分类的惯例，把书架上约两万本的二手书重新分类，让书脊色系相同者摆在一起。

事实上，台湾的出版社都曾以颜色来划分书系，以致不少书店往往就直接把这些系列丛书集体上架，远远即可看到一片黑、一片绿或一片红。只不过这些色块毕竟还是少数，且其中的书籍都属同一类型。假如真要依寇博的疯狂点子，把书店中的书全数只按颜色、不按主题或性质来排列，从审美角度观之，固然不难想象其景象将带给观者视觉上的莫大震撼与享受，但是同时也将使得读者在找书时困难重重，非常不符合实用价值。

然而拗不过寇博多次的恳求，心肠软又对艺术家特别支持的安祖，最后终于答应让寇博放手去作，但是言明期限不超过十天，期间书店照常营业。2004年11月12日，晚上十点书店打烊后，寇博与十六位义工朋友在消耗了三个大号披萨饼、三十九瓶矿泉水与数种零嘴后，通宵达旦将五十九个书架上的书籍依颜色重组排列。寇博用了一句话"There is Nothing Wrong in This Whole Wide World"（在这整个宽阔世界里，没有什么事不对）作为这装置艺术的标题，他只是想透过这个好玩的案子，传递一个简单的概念：即使在这世上有诸多的不愉快和问题，每个人都应该企图创造一些惊奇、美丽和趣味。他自己确实像魔术师般，把"阿都比书店"变成了一个带给来客惊奇、美丽和趣味的彩虹黑白屋。

　　出乎安祖的预料,书店的营业额在光谱初期,居然没有因为找书不易而下滑,反倒呈现上升的现象,一方面固然是媒体的报导带来了不少访客,但按安祖的说法,主要是错乱的分类迫使好奇的读者对书仔细地打量起来,因而发现了一些以往未注意的好书。原本只打算持续十天的书店装置艺术,在众人的央求下,从11月延到12月、年底又拖过来年1月。安祖对我表示,书籍营收已由高峰一路滑到谷底,他打算几天后就要寇博把书店恢复原状,毕竟人们的好奇心与耐心是有限的。

　　一星期后我路过书店,色块已被打散,店里一切如常,但我的脑海里却浮现着先前彩虹书墙的鲜明影像。许多时候,感官的刺激虽消失,记忆却可能长存,"刹那即是永恒"在此又得到明证。装置艺术短暂存在的事实,反而促使人们急切地去观赏。人类的心理似乎总倾向忽视长期存在的事物,但对稍纵即逝者却格外着迷、珍惜,这也是为何寇博的彩虹专案替"阿都比书店"带来前所未有的人潮。身为一个书店的爱好者、观察者与记录者,我乐于见到书店能激发各种想象、展现不同风貌,若是能因此而带来实质的获益,那就更棒了!

除了红橙黄绿蓝靛紫色彩鲜艳的彩虹墙外,书店还有一面黑白墙。

　　(初稿发表于2000年4月23日、2005年8月9日)

UPDATE 续访札记

安祖并不是那种每天都守在店里的人,他固定出现在"阿都比"的时间是星期一到星期三中午十二点到下午五点,所以你去书店若想见他,最好挑这个时段。身为一个二手书商,他得经常外出收购旧书,我和他经常碰面的地方不是"阿都比",反而是一些地方上的二手书展或古书拍卖会。他永远都是笑眯眯的,不像一些生意不佳的书商,老是挂着一张苦瓜脸,以致我从没想到他的书店会有什么问题。2010年5月某日,我路过"阿都比",远远只见书店橱窗贴着一张巨幅海报,上面是手写的几个大字加一个惊叹号"EVERYTHING MUST GO!"(所有东西都得走),看得我心里发毛,这种字句通常都是在店家倒闭或搬迁时才会出现,表示所有库存都要出清。但我进了书店,并未发现大减价的告示,一问之下才知道这是艺术家Nicolas Torres的装置艺术。虽说书店并非结束营业,但这海报毋宁希望引发路人的好奇心(或同情心),进到店内买本书。

貌似弥勒佛的"阿都比书店"主人安祖,看起来相当具有喜感。很早就听说美国第二十五任总统威廉·麦肯利(William McKinley)是安祖的先祖,我一直没向安祖求证,但在网络上看到威廉·麦肯利的档案照片,发现他们俩长得还颇像。日后我终于忍不住提问,他证实自己的确是麦肯利总统的远亲。

我在8月中一个星期三下午特别到书店看安祖,橱窗上的吓人海报已经不见了。但安祖对我表示,这些年营运状况的确颇艰难,连他自己都不清楚"阿都比"到

底能撑多久，他尽力就是。那次去"阿都比"时，我发现后方的空间被辟成一个独立的小艺廊，书店虽有新的变化，但转眼一看，书店老友史汪正斜躺在单人沙发上熟睡，没人去惊扰他，他的面貌与十年前我初次所拍摄的影像几乎没什么改变，头上还是像老嬉皮一样绑着黑布条，身着御寒的深蓝夹克，时间仿佛不曾在他身上留下痕迹，他像是到了那种已经老到不会再老的地步。

也许因为大家知道安祖的时刻表，所以许多熟客上门与他打招呼、送小礼物，有些甚至就赖在前台的沙发上不走，安祖像是一块磁石般吸引着众人，让整个书店鲜活了起来。这些年来，第十六街上的商店开开关关，"阿都比"依然健在，我不禁联想起几年前书店内的彩虹装置，美好的事物往往就像彩虹般稍纵即逝，但"阿都比"这道彩虹却持续如此之久，实在不容易，我只能赞叹"It's got mojo！"

（左）"阿都比书店"橱窗贴着一张巨幅海报，上面写着"EVERYTHING MUST GO！"（所有东西都得走），看得人心惊肉跳，还好那只是个要人关注书店的装置艺术。

（右）在书店熟睡的社会边缘人史汪，不必担心被赶出门。大概很少有书店像"阿都比"那么大方与宽容。

NOTE

彩虹虽美，终究会消失。当书店的房东决定把租金涨到比原价快高出一倍后，安祖决定于2013年1月提早退休，一群"阿都比书店"的死忠粉丝，共组成合作社模式，半年后在原书店同一区的二十四街上找了个新店面，延续书店之名与精神，在此不时仍可见安祖露面。

INFORMATION

阿都比书店 Adobe Bookshop
3130 24th street, San Francisco
CA 94103, USA
TEL 1-415-864-3936
www.adobebooks.com

CHAPTER

14

BOOK PLACES IN ELMWOOD

小而美的乌托邦

榆林区的书天堂

在超快速、超容量成为最高指导原则的年代,规模小、步调慢的榆林区却反其道而行,与其说它的存在是一个奇迹或特例,不如说它印证了人心对另一种生活形态的渴求。

当现今全球的主流趋势都在鼓吹以快、大、新作为进步与现代化的指标之际,一切求慢、求小、求古的榆林区(The Elmwood District)无疑是在时代的潮流中开倒车、唱反调。发现这个美国加州柏克莱东南方的小社区、认识这里的人、事、物,却仿佛走入一个以手工业为主、自给自足的庄园般,让我产生莫名的喜悦与感动,深深觉得一个理想的居住环境当如是!

拜访龟岛书店

一切还是因书而起。由于旅居旧金山,我对仅有半小时车程的柏克莱并不陌生,除了常去加州大学柏克莱分校(以下简称柏克莱加大)走动外,还不时逛逛紧邻校园的电报街、西边靠海湾的时髦第四街商圈,或是到柏克莱北方的"美食区"(Gourmet Ghetto)用餐,当然,这三区的诸多书店都成了我猎书的场所,但是我的触角偏偏没有延伸到东南方的榆林区,直到我拜访这区的"龟岛书店"(Turtle Island Bookshop)为止。

"龟岛书店"的主人罗杰·威可(Roger Wicker)在1990年时与另一书商合伙开了此店,专卖绝版珍本书,原来在市中心地铁站附近营业,我

上个世纪初就已经存在的"榆林药房",内有老式的简餐吧台,是榆林区的中心地标。

榆林区的书天堂

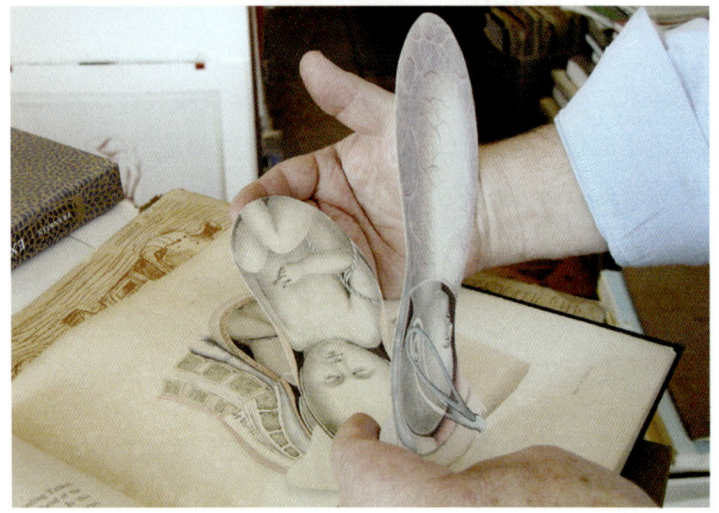

（左）"龟岛书店"位于克雷蒙街上一栋风格独特的建筑。

（右上）推崇"小即是美"的罗杰·威可，在柏克莱榆林区开了一家小而美的"龟岛书店"。

（右下）这本十九世纪中期出版的《产科图表》（Obstetric Tables），以折叠图的立体书形式，一页页展示接生时的分解动作。

曾在1990年代初期逛过这家颇具规模的古书店。1999年两位合伙人分道扬镳，罗杰保有书店名，并将书店移到榆林区的克雷蒙街（Claremont Avenue）上，我到最近才有机会探访迁址后的新店。

"龟岛"是早期印地安神话中对北美的称呼，而龟又是长寿的动物，所以书店的名号有着本土与好运的意味。店里书种以人文类为主，艺术图像书又为大宗，另外兼营版画、摄影、藏书票等印制品。不大的店面（约八十平方米）却处处有惊喜，这里不仅有美国文学"敲打运动"（Beat Movement）代表人物杰克·凯鲁亚克（Jack Kerouac）的信件，还有二十世纪初英国著名的手工印刷

以贩卖绝版珍本书为主的"龟岛书店",漂浮着一股自在安详的氛围。

这酒瓶书原本放在书架上方，我去"龟岛书店"摄影那天，店主罗杰特别把它移到较矮的平台展示桌上，以便于我拍照。我把这"书"与一堆纸本书放在一起，选了自认最好的角度拍了又拍，总算大功告成。酒瓶书尚未来得及归位，一位来访的顾客急速把门推开又关上，由于力道过强，以致振动了平台桌，后果自然是不堪设想。眼睁睁看着这酒瓶书掉下，落地凄厉的一声带出天女散花。我俯视着破瓶而出的一串串长条纸，心中一阵痛，原本想看那上面字句的兴趣反而瞬间消失。

社（Doves Press）以上好的羊皮装订、限量出版的上下两册《浮士德》。我在此还翻到师承郎静山的华裔摄影名师单雄威（Don Hong-Oai）的绝版摄影集，并看到了几幅他冲洗的多层次黑白照。一本 1847 年美国费城出版的《产科图表》（Obstetric Tables）内有作者史帕特（G. Spratt）关于助产过程的详尽解说与多张绘图，有些甚至是彩色折叠图，一页页摊开来可以展示母体内胎儿的变化，以及接生的分解动作。这本书在多元媒体发达的今天，已不再被用来当医学教材，但因其精巧的立体书形式，而成了藏书家收藏的对象。

"龟岛书店"的宝贝甚多，特别引我注意的，是一个封装了细细长条印刷文字的酒瓶，瓶口还挂了一个 ISBN 书籍条形码。由瓶上的酒标得知这个姑且称之为"酒瓶书"的物件，是 1991 年由纽约一家私人手工出版社（Flockophobic Press）的创办人 A. S. C. Rower（动态雕塑大师 Alexander Calder 的外孙）所设计，限量两百，瓶内的印刷文字内容则是来自作家 Steven J. Bernstein 所写的一首诗 Strip Poker。这种由艺术家以非传统方式呈现的"书"，在西方通称为"艺术家之书"（artist's books）。想要细读瓶内的文字，就非得打开密封的瓶塞，但这势必会破坏艺术品的完整性，我也只能望着酒瓶猜猜里面的内容罢了！

"小即是美"的生活哲学

几次和罗杰接触后,发现此人的精彩程度不亚于他店里的收藏。曾经当过记者、编辑、基金会的图书数据负责人,后来在南卡罗来纳州一家以卖新书为主的书店当了五年经理,将书店转亏为盈,1981年搬到柏克莱附近,在此一住就是二十余年,他非常以这个城市的开放、多元、社区导向为傲,而榆林区更是他的最爱。

罗杰开店前,虽然有几年在旧金山一家古书店当经理,但还是住在柏克莱附近,一直搭地铁通勤,我随口问他为什么当年不开车上下班,他表示自1970年初期把车子卖掉后,就不曾再拥有车,大众运输系统是他的代步工具,这不仅节约又环保,符合他简简单单过生活的哲学。他坦承自己的想法与做法深受德裔英籍经济学家舒马赫(E. F. Schumacher)的著作《小即是美》(*Small is Beautiful*,书名采用台湾立绪出版社繁体中译本的译法,大陆译作《小的是美好的》)的影响。

舒马赫这本文集充满了人文关怀,从书的副标题"把人当回事的经济学"(Economics as if People Mattered)就可看出。他不卖弄学院派的字眼与理论,在书中对贪婪的物质文明提出批判,并试图提出一些实际的建议,《小即是美》自1973年出版以来,在西方引发了诸多讨论,并改变了许多人的生活方式与价值观,其中心思想在于指出现代经济学过度强调高额消费、大量生产,这些所谓的"进步"或"成长"的表征,其实蕴含了暴力冲突、人际疏离、破坏生态、资源无法复原等负面结果。舒马赫也批评超高科技违反人性,剥夺了多数人去享受以手、脑从事有创意、有助益的工作。

(上)小而美的"龟岛书店"总是插着一瓶鲜花迎客。

(下)1975年美国出版的平装本《小即是美》(*Small is Beautiful*),与2000年台湾立绪出版社的繁体中译本。

舒马赫同时指出,人类的需求是无限的,而想要达到无限,只能透过精神层面,绝不可能经由物质领域。在资源有限的世界,人类应该是企图压低消费而达到最高的自我满足,而非不断扩大消费,如此也才能减少人与人、国与国间的对立。他认为当今经济、政治、社会上的许多问题,起源于人们一味盲目崇拜巨大(giantism),因此有必要强调"微小"(smallness)的好处,以达平衡、中庸之道。他因而推崇自给自足的小社区,认为身处一个小单位的组织里,人们较易于关照所拥有的土地与自然资源,并且比较不会像倚赖世界经贸体系的人们般,易于介入大规模的冲突与暴力。他在书里铿锵有力地说到:"人类是渺小的,因此小即是美。追求巨大就是走向自我毁灭。"

犹太主题,科幻奇想

我非常赞同"大"并非就好,但也不认为"小"就一定美,然而整个榆林区却似乎成了展示舒马赫理论的最佳典范。以书店景观来看,和"龟岛书店"同一个街区上,有另外两家以卖新书为主的小型独立书店,其一是以犹太为主题的"爱费寇门书店兼礼品店"(Afikomen Books & Fine Judaica),由犹太裔的杰瑞·德布里希(Jerry Derblich)在1991年时创立,成了旧金山湾区极少数以犹太为主题的店面,发上总是夹着传统犹太小帽的杰瑞不时在店中热心回答顾客问题。

至于另一家专卖科幻、奇想、侦探类小说的"黑暗嘉年华书店"(Dark Carnival Bookstore)则有近三十年的历史,店主人杰克·任斯(Jack Rems)是此类书籍的爱好者。1976年当他还在柏克莱加大念物理系时,就开了这家书店,而今"黑暗嘉年华"已是此类型书店中的佼

犹太裔的杰瑞·德布里希在榆林区开了一家以犹太为主题的书店兼礼品店。

佼者，里面的许多书种在一般连锁店都看不到，因而得到许多书迷与作家的支持。

（左）"黑暗嘉年华书店"把打折的廉价书陈列在户外活动的直立锯齿状书架。

（右）"黑暗嘉年华书店"的奇幻、诡异门面，与它专卖的科幻、奇想、侦探主题非常搭配。

形而上、文学、园艺

与前三家书店相隔十来分钟脚程的艾须比街（Ashby Avenue）与学院街（College Avenue）还分别有着1965年就创立的"雷温形而上书店"（Lewin's Metaphysical Books），专卖与心灵探讨、自我成长、泛宗教，甚至占星术等类别的书，以及一家别出心裁的书店"黛洛维大人的文学与园艺"（Mrs. Dalloway's Literary & Garden Arts）。顾名思义，这家书店是以文学和园艺作为主题，合伙的两位女性创办人玛丽安·艾巴特与安·利赫（Marion Abbott & Ann Leyhe）是三十年的老友，又都在榆林区居住超过二十年，更重要的是她们各自有着出版的经验，艾巴特曾任主流出版社的编辑，也写文章、书评，利赫则曾长期担任园艺杂志的图片编辑与研究员，如此的背景促使她们把两人的喜好——文学与园艺——结合在一起，并开了这家店，而店名的灵感则是适切地来自英国女作家维吉妮亚·吴尔芙著名小说《黛洛维夫人》的开场白第一句话："Mrs. Dalloway said she would buy the flowers herself."（黛洛维夫人说她自己要去买花）。除了书籍

以外，店里更辟有一个角落陈列花草盆栽，供人欣赏与采购。踏入这个粉绿与米白色调的明亮空间里，仿佛置身在一座孕育苗圃的温室暖房中。看过数千家书店，我不得不承认这家书店确实是创意十足。

星星食品杂货店

　　榆林区的其他商家也和这些小书店一样有特色、有个性。在这里，你看不到麦当劳、星巴克、渥格林（Walgreen's，美国著名的药房、便利商店）那些在大城市四处林立的全国性连锁店，百分之九十的店家是别无分号、只此一家的独立小商店，两三家商店即便有分店，也只是在旧金山湾区开少数几家。一些店家甚至在上世纪初就已存在，并由同一家族经营，例如学院街上的"图蓝尼恩地毯公司"（Tulanian & Sons Rug Cleaning and Repairing），1922年开张，现由创办人的孙子孙女经营。同年在克雷蒙街上开张的"星星食品杂货店"（Star Grocery）则由希腊裔的帕帕斯（Pappas）两兄弟传到第二代尼克·帕帕斯（Nick Pappas）手中，近六十岁的尼克延续开店以来的传统，让顾客采买时可以记帐，不必当场付现金，我在店里浏览时，发现来客都直呼尼克的名字

（左）这家书店取名"黛洛维夫人的文学与园艺"，灵感来自英国女作家维吉妮亚·吴尔芙的小说《黛洛维夫人》。

（右）把书与植物结合在一起的书店，确实是罕见又有创意。

（下）"黛洛维夫人的文学与园艺"当然会有专区摆放与维吉妮亚·吴尔芙相关的著作。

书店的梁上印着吴尔芙著名小说《黛洛维夫人》开场白的第一句话："黛洛维夫人说她自己要去买花。"（"Mrs. Dalloway said she would buy the flowers herself."）

榆林区的书天堂 | 215

由单一家族经营，有八十年历史的"星星食品杂货店"，在墙上悬挂着杂货店过往的老照片。店外的橱窗贴着"书籍交换：拿一本书，留一本书"的英文告示，鼓励人们在此以书易书。

打招呼，可以看出主客关系良好。

这家老式杂货店还沿着橱窗辟了一个小小的二手书区，鼓励人们从书区中挑一本书带走，同时也捐一本自己不要的书，这个"以书易书"（Take a Book, Leave a Book）的点子，的确是一个贴心的服务。

瑰丽小店"牦牛尾巴"

除了书店以外，我个人对榆林区最感兴趣的一家商店当属艾须比街上的"牦牛尾巴"（Tail of the Yak），单是这个怪怪的店名，就已经勾起我的强烈好奇心。

走进这家约六十平方米的小店，我觉得像是走入了画家夏加尔（Marc Chagall）那神秘又瑰丽的画面，店

推开"牦牛尾巴"的玻璃门，你将进入一个奇异的世界，两位店主爱丽丝（左）与萝伦（右），活脱像是由维多利亚时代走出来的女人。

里充满了难以归类的奇特物品，南美与欧洲的木雕圣像（Santo）、中国的油纸伞与灯笼、数百年历史的英国古董首饰、质地绝佳的缎带、布满刺绣的抱枕、造形各异的海底化石与贝壳、以假乱真的纸制蔬果与服饰、色彩缤纷的鲜花、胸花与手工玻璃杯。走到店后方赫然发现一个落地巨型鸟笼，里面飞舞着一对鸽子，周遭则围绕着蝴蝶标本、干燥叶片收藏簿和一只庞大的鸸鹋（emu，俗称澳洲驼鸟）标本。在水晶灯的闪闪照射下，"牦牛尾巴"宛如就是一个动物、植物、矿物、人造物共同拼贴出的绚烂剧场。

这家别具一格的店最早贩卖以西藏为主题的相关文物，由三位大学生在1972年创立，开店之初正巧一位仁波切来访，于是为这家店命名为"牦牛尾巴"，由于牦牛是青藏高原的珍贵动物，且传说牦牛的尾巴能驱邪，又常用来作为法器之用，故为吉祥的象征。

1975年，在此工作的爱丽丝·霍夫曼·萼博（Alice Hoffman Erb）顶下这家店，保留了店名，但却发展出自己的风格。有艺术史学位、酷爱旅行的爱丽丝，二十来岁起足迹就遍及欧亚非等地，看到异国特殊的民俗艺品和古董首饰，就常带回国贩卖，有了这家店，无疑更能把自己的兴趣与工作结合在一起。

榆林区的书天堂 | 217

巨幅的古老教学海报衬托着圣像、标本、抱枕和其他林林总总的物件,使得"牦牛尾巴"有种混搭的美感。

爱丽丝在 1980 年延揽了萝伦·史汪·麦肯塔锡（Lauren Swan McIntosh），萝伦在柏克莱加大念艺术系时，曾在附近花店打工，她对花的创意摆设让爱丽丝极为倾心，因而日后敦请她为合伙人，由萝伦统筹店面与橱窗的陈列，这两位同具艺术背景、以美化人生为宗旨的女人替"牦牛尾巴"营造出绝佳的气氛与美感，在口耳相传下，这家小店成了品位人士必访的目的地。

"牦牛尾巴"真正吸引我这个爱书人的，其实还是与书、文字、印刷相关的物件。由于萝伦喜欢、也擅长花体书写（calligraphy，类似中文的书法），所以店里不仅有许多复古的鹅毛笔、各色墨水，还有不少张 1756 年维也纳出版的书《拉丁花体书写》（*Calligraphia Latina*）的散页，每一页都有漂亮的花体字母，书页边缘并配上大量的线条、天使、动物等装饰性图案，这些物件的组合很容易引发人们对书写的强烈渴望。另外还可看到早期书页中的天体图、十九世纪末的手绘建筑蓝图、巨幅的古老教学海报，以及来自中国的《侧人明堂图》（由署名洪葆荣者所绘的侧面人身经穴图）。"牦牛尾巴"在这些泛黄文物的衬托下，益发显得气质不凡。

"牦牛尾巴"以贩卖木雕圣像（santos）著称，但这一尊可是镇店之宝，属非卖品。

舒马赫的乌托邦

很多人建议爱丽丝与萝伦到其他大城市开分店或是建立网站搞邮购，她们却不为所动，坚信唯有专注经营一家店，才可能保有地道的独特性。至于网络邮购，意味着得雇用更多人、管理变得更复杂，这些都只会让她们分心，丧失工作的乐趣，赚钱并不是她们的终极目标。两个女人真正的快乐，是看到来客因为亲身感受这家店的美丽而快乐。

我不禁想起舒马赫在书里的描述，当人们以自己的手脑，依自己的时间、步调去从事有创意、有助益的工作时，他们已经不会意识到工作与闲暇的区别。我几

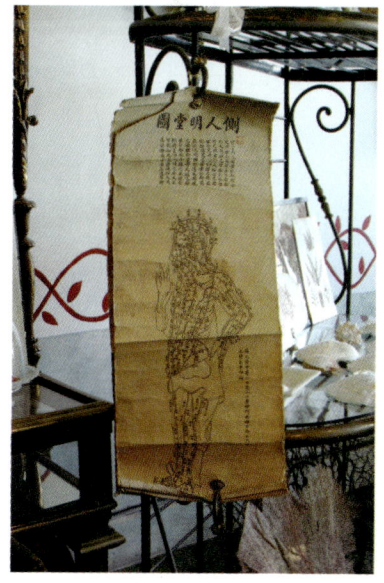

泛黄的《侧人明堂图》来自中国，是由洪葆荣所绘的侧面人身经穴图。

榆林区的书天堂 | 219

在"牦牛尾巴"这家店里,动物、植物、矿物、人造物交织出一个神秘又瑰丽的空间。

我不仅爱书，也爱与书写、文字相关的玩意，"牦牛尾巴"就有许多这类物件，例如复古的鹅毛笔、镀金的英文字母。左下角的流线型铸铁装饰字样"Papeterie"是法文，可表示"文具"或"文具店"。至于图中最上排的三张花体字散页，我查了一下，发现是来自1756年维也纳出版的《拉丁花体字》（*Calligraphia Latina*），书中许多页面都有手写的花体字母，边缘并配大量的装饰性图案。西洋花体字就好比中国人的书法，都可以千变万化，各具特色。此书的字与图由 Ferdinand von Freisleben 所绘写，维也纳的雕刻师 J. Kaspar Schwab 制版，为此书写序的 Johann Georg Schwandner 是当时维也纳帝国图书馆的馆长。

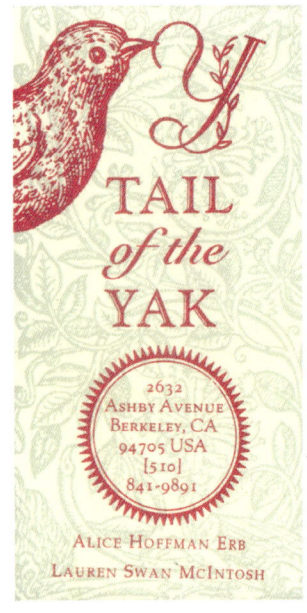

一般人大概不敢相信,"牦牛尾巴"的商品数据记录,全都是爱丽丝以手书写、描绘在活页笔记本上。至于手工印刷的别致名片,则是由浑身散发艺术气息的萝伦所设计,她有时喜欢把店里的花插在头发上。

次到"牦牛尾巴",发现店里既无电脑,名片上也没有 email 账号,他们的所有商品数据全都是手写在笔记本里,并且附上手绘的图形对照。看我一脸惊讶的表情,萝伦对我认真说道:"我们是非常的维多利亚。"("We are very Victorian!"——表示她们的作风很老派,一点也不现代化。)若非亲眼所见、亲耳所闻,一般人很难相信现今竟然还有如爱丽丝、萝伦这类宛如稀有动物般的人种!"牦牛尾巴"的存在不仅印证了舒马赫的理论,也让我这个有着复古情怀的人觉得心安,因为有一些人并不以追求世俗定义的"成功"和"进步"为终极目标,对他们而言,创造并享受生活中的情调和美感,才是首要之务。

(初稿刊登于 2005 年 12 月 19 日)

NOTE

这几年已是 Kindle、iPhone、iPad、Facebook 的年代，但榆林区似乎没有过多的改变，所有的书店与"牦牛尾巴"都健在，这是让怀旧人士欣慰之事。虽然老店"榆林药房"结束营业，成了咖啡馆，但还是走复古路线，甚至把一半空间让给隔邻的"黛洛维夫人的文学与园艺"，这家 2004 年才成立的新书店愈开愈好，面积扩大、活动频繁，已经成了榆林区的新地标。谁说独立书店没有明天？另外值得一提的是，同城薛塔街上著名的"漫画纾解"因创办人去世而无以为继，"黑暗嘉年华书店"的主人杰克·任斯买下了此漫画书店的库存，并在 2011 年 3 月开了另一家漫画专卖店，名为"逃避现实者书店"（The Escapist Comic Bookstore），这两家姊妹店在克雷蒙街上比邻而居，榆林区又多了一家书店。

这页从旧书中散落的天体图，放在架上顿时成了一个有古味的装饰品。

INFORMATION

龟岛书店
Turtle Island Bookshop
3032 Claremont Ave
Berkeley, CA 94705, USA
TEL 1-510-655-3413
www.turtleislandbookshop.com

雷温形而上书店
Lewin's Metaphysical Books
2644 Ashby Ave
Berkeley, CA 94705, USA
TEL 1-510-843-4491

黛洛维夫人的文学与园艺
Mrs. Dalloway's Literary & Garden Arts
2904 College Ave
Berkeley, CA 94705, USA
TEL 1-510-704-8222
www.mrsdalloways.com

爱费寇门书店兼礼品店
Afikomen Books & Fine Judaica
3042 Claremont Ave
Berkeley, CA 94705, USA
TEL 1-510-655-1977
www.afikomen.com

星星食品杂货店
Star Grocery
3068 Claremont Ave
Berkeley, CA 94705, USA
TEL 1-510-652-2490

牦牛尾巴
Tail of the Yak
2632 Ashby Ave
Berkeley, CA 94705, USA
TEL 1-510-841-9891

黑暗嘉年华书店
Dark Carnival Bookstore
3086 Claremont Ave
Berkeley, CA 94705, USA
TEL 1-510-654-7323
www.darkcarnival.com

逃避现实者书店
The Escapist Comic Bookstore
3090 Claremont Ave
Berkeley, CA 94705, USA
TEL 1-510-652-6642
www.escapistcomics.com

CHAPTER

15

LARRY MCMURTRY & BOOKED UP

牛仔书商兼作家
麦克墨崔与他的书店

麦克墨崔的祖、父辈都是牛仔，他却成了古书商、作家与编剧，并且在德州打造出一个书镇。他发现自己还是留着牛仔的血液，只不过他"放牧"的是书与文字罢了。

《断背山》（Brokeback Mountain）融合了美国西部牛仔和同性恋这两个乍看不兼容的奇特元素，因此在上映前后就一直是国内外的焦点话题，这部片子让在西方本就享有知名度的导演李安更添不少光环，而两个原本不怎么红的新生代男主角也跟着名气大增。李安因此片夺得2006年奥斯卡金像奖的最佳导演奖，我相信华文世界的观众在收视颁奖典礼转播时，普遍把注意力都集中在李安身上，特别是他在领取最佳导演奖致词时，不仅感性提到逝去的父亲，最后还用中文说出那句："谢谢大家的关心。"不少观众肯定随之眼眶泛红。然而对我和许多西方的书人而言，获得最佳改编剧本奖的得奖者之一——拉里·麦克墨崔（Larry McMurtry，大陆地区一般译作拉里·麦克穆特瑞），才是颁奖那天最耀眼的人物，他的致谢词更让我们永志难忘。

影片的原著作者安妮·普鲁（Annie Proulx）固然因为小说 Shipping News（台湾译为《真情快递》）在1993年、1994年分别获得美国国家书卷奖与普利策奖而受到文学界的瞩目，但不可否认地，是这部片子让她和她的作品引发更多普通读者的广泛讨论。相较之下，《断背山》的编剧拉里·麦克墨崔和戴安娜·欧莎娜（Diana Ossana）被提起的频率就要少得多。

在电影这个领域里，观众、媒体关注的往往是演员、导演，编剧不仅

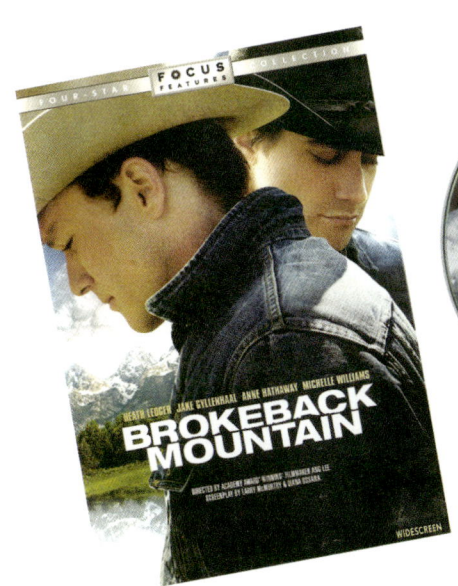

影片《断背山》改编自一篇同名小说，此片商业上的成功，让导演、演员、原著作者与编剧都获得广泛注意。

是常被忽视的一群,而且极少被视为严肃的作家,一些小说或电影里出现的编剧角色,常被塑造成一些不得志的二三流作家,在片场随时待命,只要导演或大明星对剧情有意见,就差遣一旁的编剧立即更改,如此的刻板印象,让人常忽视编剧的存在。欧莎娜因身兼制作人之一,较常对外发言,所以稍有人注意到她,但多数人并不是很清楚合伙人麦克墨崔的背景。只不过对西方的爱书人而言,麦克墨崔可是一位赫赫有名的大人物。

麦克墨崔何许人也?

拉里·麦克墨崔?谁是拉里·麦克墨崔?他就是那位在颁奖典礼中身着泛白蓝色牛仔裤、足蹬闪亮牛仔马靴的老先生。许多观众其实根本不关心奥斯卡奖落谁家,他们想看的是那些来宾到底穿戴了什么名牌服饰,与会者也无不绞尽脑汁和服装设计师商讨,如何在那晚穿出品味与风格,免得第二天在报上看到自己被媒体送出最差衣着奖,这可能比没得奥斯卡更要让他们难过万分。麦克墨崔以半身牛仔装扮出场,主持人乔恩·斯图尔特(Jon Stewart)因而打趣说他不知道原来参加这场盛会竟然可以穿牛仔裤!六十九岁的麦克墨崔虽然比《断背山》的原著作者安妮·普鲁小一岁,但却是文坛的老前辈。普鲁到五十多岁才正式写小说,麦克墨崔二十五岁时就已经出版第一本小说,之后创作不辍。他并在1986年以小说《寂寞之鸽》(Lonesome Dove)获得普利策奖,比普鲁还早八

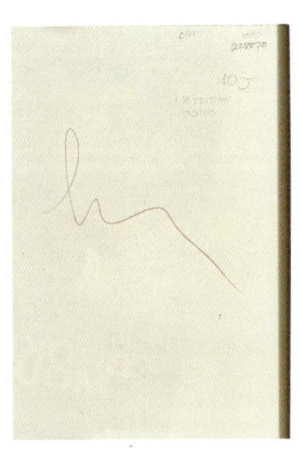

我在旧金山一家书店结束营业前的清仓大拍卖中,买下了这本麦克墨崔1987年出版的著作 Film Flam,是关于好莱坞的散文集,扉页有着麦克墨崔晚期简单的流线型签名款,与他早期可辨识的签名有相当大的差异。

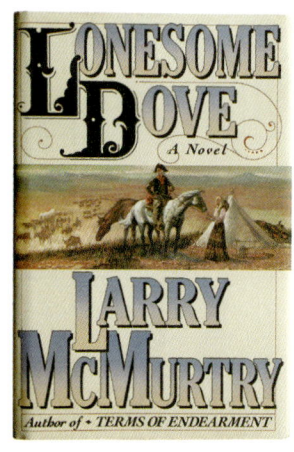 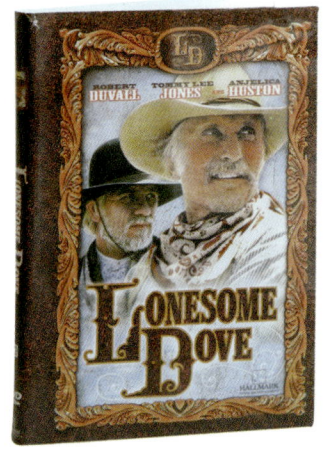

麦克墨崔1985年出版的长篇小说《寂寞之鸽》（Lonesome Dove），被誉为宛如史诗般磅礴，于次年获得普利策奖。此书并在1989年被改编为电视迷你影集，1990年获得艾美奖十九项提名，结果七项夺魁。影片中演员阵容强大，包括实力派男女演员罗伯特·杜瓦尔（Robert Duvall）、汤米·李·琼斯（Tommy Lee Jones）、黛安·莱恩（Diane Lane）、安杰丽卡·休斯顿（Anjelica Huston）等人。Courtesy of PBA Galleries

年。奥斯卡得奖影片的原著作者与编剧都是普利策小说奖得奖主的情况，我好像不曾听过其他例子。

牛仔世家出作家

麦克墨崔在奥斯卡晚会穿着牛仔裤和马靴并非刻意要呼应《断背山》的牛仔主题，实际上他"就是"牛仔。他的祖父是美国西部的拓荒者，十九世纪末带着妻小到偏远的中北部德州射手郡（Archer County）定居并从事畜牧业，祖父、父亲一生都在牧场上工作，是地道的西部牛仔，麦克墨崔三岁时就有了第一匹马，此后二十年他一直都在牧场上帮忙，他是少数现存对美国牛仔生活和语汇有精辟认知的作家，他的三十多本著作里，又以这类题材的创作最具代表性，再加上他曾经亲自编写过数十部影片的剧本，这些丰富又优异的资历，我相信才是促使普鲁把电影版权卖给他和欧莎娜的主要因素。

小说与剧本毕竟是两种不同的写作形式，一个优秀的小说家不一定能写出好的影视剧本，例如楚门·卡波提（Truman Capote，大陆译作杜鲁门·卡波特）就曾经将菲茨杰拉德的名著《了不起的盖茨比》（The Great Gatsby）改编成电影剧本，结果糟到令电影公司打退票，后来是找科波拉（Francis Ford Coppola）重写。同样道理，一本受欢迎的小说改编成电影或电视剧也可能令人不忍卒睹。知名小说家当编剧的例子时有所闻，但少有作家能像麦克墨崔般游刃有余地扮演这两个角色，更令人佩服的是，他的作保罗·纽曼1963年主演的电影《原野铁汉》（Hud），是改编自麦克墨崔1961年出版的小说 Horseman, Pass By，此书因为是作者的处女作，首版发行量不大，根据"太平洋书籍拍卖公司"（Pacific Book Auction Galleries）2005年9月29日的记录，一册有他早期签名的首版书，成交价超过两千美元。书名则是取自爱尔兰诗人叶慈（William Butler Yeats）一首诗 Under Ben Bulben 的最后一段"Cast a cold eye/On life, on death/Horseman, pass by."叶慈的墓碑上就是刻了这段诗。Courtesy of PBA Galleries

品无论是由自己或他人编成剧本，大都能雅俗共赏。

根据统计，历年来有四部电影是与麦克墨崔直接或间接有关，这些影片共赢得三十四项奥斯卡提名，其中十三项获奖。除了《断背山》外，其他三部都是改编自他的小说，有些是他亲自编剧，例如1971年的《最后一场电影》（The Last Picture Show）；有些则是别人编剧，例如保罗·纽曼1963年主演的电影《原野铁汉》（Hud），是改编自他的第一本书 Horseman, Pass By，以及1983年由雪莉·麦克雷恩、杰克·尼克尔森、德博拉·温格主演的催泪影片《亲密关系》（Terms of Endearment），这部片子比《断背山》的纪录更惊人，获得奥斯卡十一项提名，最后得到五项大奖（包括最佳影片、导演、改编剧本、女主角、男配角）。另外还有得到诸多艾美奖、金球奖的电视影片或迷你影集也是改编自麦克墨崔的作品或是他个人的原创剧作。单单《寂寞之鸽》就得到艾美奖十九项提名、七项获奖。

作家、编剧、古书商

在这些洋洋洒洒的纪录之外，麦克墨崔还有另外一个为多数西方书人所熟悉的角色——古书商。麦克墨崔二十多岁时就已经身兼作家、编剧和书商，如此与文字、书籍的密切关系始于他对阅读的高度兴趣。虽然他来自牛仔世家，但自幼对牲口、放牧、马鞍配备毫无兴趣。

他六岁时，一位将赴第二次世界大战从军的表兄，把

华文世界的普通读者或许很少听过麦克墨崔的名字,但其实许多人(至少四十岁以上)都看过(或哭过)由他的作品《亲密关系》(*Terms of Endearment*)所改编的同名影片。此片是美国人公认的 tear-jerker(催泪弹),由演技派演员雪莉·麦克雷恩、杰克·尼克尔森、德博拉·温格主演,获得奥斯卡十一项提名,得到五项大奖(包括最佳影片、导演、改编剧本、女主角、男配角)。*Courtesy of PBA Galleries*

自己的十九本通俗故事书打包送他,这箱书开启了麦克墨崔对阅读的长期热爱,也让他在心灵上能逃避牛仔生活、逃避偏远小镇的无聊与闭塞。他成长的射手城(Archer City)没有书店,杂货店里的平装本书架成了他上大学前每天流连之处,那也是他认识维吉妮亚·吴尔芙、海明威、福克纳的地方。

当他到德州大城市休斯顿与达拉斯附近念大学、研究所后,学校的图书馆和邻近的大小书店成了他的新乐园。看多了别人的书,麦克墨崔觉得有故事要说,干脆就自己动手写。

此外,他在一些古旧书店浸淫几年后,对藏书知识颇有心得,于是当起了"书探"(book scout)。在西方书业里,书探泛指一些以买卖二手书、珍本书营利的书商,他们是独立的个体户、没有店面,经常出没于各书店、古董旧货店、跳蚤市场、车库拍卖等场所,企图寻找一些低价的绝版书籍或文件,以便高价转卖给其他书店或藏书家。1971 年时,他与友人合伙在东岸首府华盛顿特区开了一家古书店 Booked Up。这一年也是他的小说《最后一场电影》改编成影片上演的一年,这部片子次年得到八项奥斯卡提名,他与导演合作的编剧也入围,虽然最后没得奖,却使得麦克墨崔顿时成了最知名的书商作家。小说《亲密关系》、《寂寞之鸽》出版数年后,在 1980 年代被改编成热门的电影与电视迷你影集,麦克墨崔的书更是大受欢迎。

麦克墨崔与他的书店

献给书商的致谢词

麦克墨崔的著名小说《最后一场电影》（*The Last Picture Show*）于1966年出版，并于1971年被拍成电影，由他与导演彼得·博格丹诺维奇（Peter Bogdanovich）合作编剧，片子就在他的家乡射手城拍摄。此片次年得到八项提名，麦克墨崔与博格丹诺维奇入围了奥斯卡最佳编剧奖项，虽然两人最终没得奖，但此片共获八项提名，并夺下男女配角奖，再加上影片叫好又叫座，编剧麦克墨崔顿时成了美国最知名的书商作家。此部电影的男主角杰夫·布里吉斯（Jeff Bridges）一直在影剧圈发展，并且获得2010年奥斯卡最佳男主角奖。女主角斯碧尔·谢波德（Cybill Shepherd）初试啼声，因此片一炮而红，但与已婚的导演发生了婚外情，不为当时社会见容，以致她日后多年星途不顺，一直要到1985年代与男星布鲁斯·威利合演电视影集 *Moonlighting*（台湾译为《双面娇娃》）才又在好莱坞发光。图中所展示的书影是《最后一场电影》的首版封面，以及麦克墨崔早期的签名。*Courtesy of PBA Galleries*

太多的电影是根据书籍改编，而这些书之所以有机会被相中，又往往是因书商的销售与陈列。身为一个编剧、一个书籍被改编成电影的作家，麦克墨崔自然对书商充满了感谢与敬意；身为一个书商，他当然能体会同行的辛苦。知道麦克墨崔这些背景以后，就能理解为什么他在奥斯卡颁奖典礼发表致谢词时，最后会说道："我要感谢世界上所有的书商。请记住，《断背山》在成为电影以前是一本书。从最卑微的平装本二手书店到高档的一流书店，所有的书商都是延续书籍文化的贡献者。我们一定不能丧失这个优秀的文化。谢谢你们！"这段话在颁奖典礼后立刻受到众书商的热烈讨论，也将成为流传书业间的经典名句。值得一提的是，多数读者以为普鲁原登在1997年《纽约客》杂志的短篇故事《断背山》最早以书籍形式问世，是收录在一本1999年美国出版的怀俄明小说集 *Close Range: Wyoming Stories* 中，并在2005年底电影上映时才出单行本。事实上，此篇故事早在1998年就已经在英国出了平装单行本，这个版本才是藏书家所认定的真正首版，麦克墨崔是个老经验的书商，自然很清楚这个历史。

写作带给麦克墨崔名与利，也影响了他的书商生涯。首先，他无法再像以往般四处猎书，因为很多书店的老板一看到他进门，立刻就搬出一大箱他的作品，要他签名，让他觉得既无趣又疲倦，只好忍痛错过不少书店。此

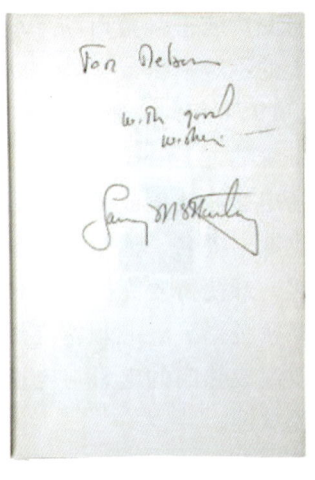

安妮·普鲁的短篇小说《断背山》原登在 1997 年《纽约客》杂志，次年由英国出版社 Fourth Estate 率先以书籍形式出版。在美国，此短篇小说后来收录在一本 1999 年出版的怀俄明小说集 *Close Range: Wyoming Stories* 中，直到 2005 年底电影上映时才出单行本。*Courtesy of PBA Galleries*

外，他的文件也成了搜藏对象，一些他早期和其他书商的通信居然被高价转售，让他很受不了，虽然他能体谅多数书商得维生的立场，却也制造了朋友间的紧张关系。他在 1995 年对全美古书商的一场公开演讲里，谈到了一个书商作家的绚烂与悲惨，他并同时表示，很早就已不在他的店里卖自己的书、不帮读者签名，他很不想把自己搞得像个明星。

一手打造德州书镇

曾经因家乡射手城是个无书（bookless）之地，麦克墨崔上了大学后，一直居住在书多的大城市附近，长达三十多年，但他内心却对德州一望无际的原野、大片大片的天空有着深深的念想。彷如叶落归根般，1980 年代末期，他开始把重心移回人口不到两千的射手城，先买下一户原属石油大亨的巨宅作为住处，在里面摆了两万本个人藏书，又在镇上接连买下几家店面，把它们一一改成书店，继续沿用华府的书店名称 Booked Up，麦克墨崔除了由本店运来不少中低价位的古书外，还不断购买大量的二手书，企图将此文化不毛之地转化为英国威尔士的 Hay-on-Wye（世界第一个书镇，1961 年由狂人 Richard Booth 创办，成为世界其他书镇仿效的原型）。

这个打造书镇的计划其间停顿了几年，主要是 1991 年底，他进行心脏血管四重绕道手术后，身体虽复原，心理却产生剧变，他有两三年的时间每天凌晨三点多就在恐

麦克墨崔1980年代末期买下德州家乡一户原属石油大亨的巨宅作为住处,在里面摆了两万本个人藏书,据悉博闻强记的美国才女作家苏珊·桑塔格(Susan Sontag)曾在此流连忘返。美国的《建筑文摘》(Architectural Digest)在2000年10月号杂志有一篇介绍麦克墨崔这栋巨宅的图文报导,最吸引我的,自然是室内四处可见的书架与书。另外,就是他书桌上的打字机与一叠又一叠的白纸,以及好几支削尖的铅笔。麦克墨崔曾多次提到,他到现在还是不用电脑,只用打字机写稿,他的书房就是最直接的明证。

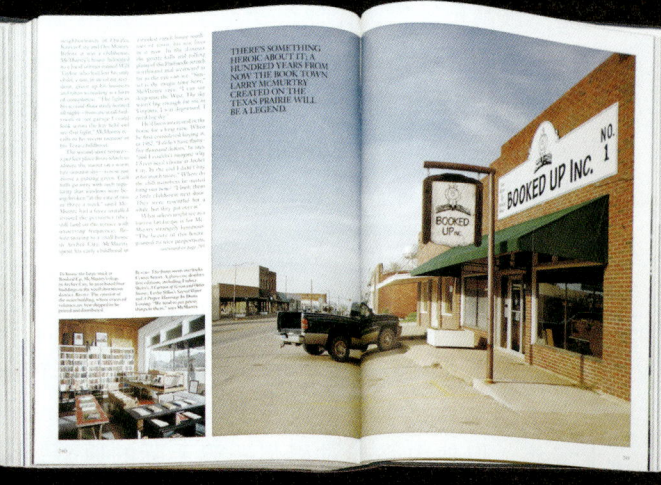

惧中惊醒，然后焦虑地等到太阳升起才能再度入眠，多数时间他都躺在沙发上，一语不发，眼睛远眺窗外发呆。所幸那几年他住在爱人同志欧莎娜亚利桑那州的家中，在欧莎娜的悉心照顾与诱导下，他居然可以每天在打字机前完成五页作品，但之后又躺回沙发。这段忧郁期里，他虽能创造故事的角色，却无法整合结构，欧莎娜开始帮他编辑，两人因此合写了几本书。日后麦克墨崔虽能独立写小说与非小说，但对组织剧本的架构却总有困难，自此欧莎娜成了他剧本编写的合伙人，而且更携手制作电影和电视影集，影片《断背山》就是这两位生活兼工作伴侣的杰作之一。我们真得感谢欧莎娜，因为她，才有未来影片的优异组合，也才能让麦克墨崔继续活跃于文坛、影坛与书业。

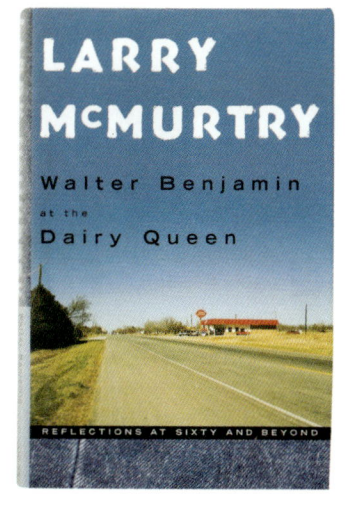

麦克墨崔最畅销的书都是小说，但我却偏爱他的非小说，尤其是1999年出版的《本雅明在乳品皇后——六十岁起的反思》(Walter Benjamin at the Dairy Queen: Reflections on Sixty and Beyond)。就连他自己都表示，他的非小说（non-fiction）很可能会比他多数的小说还流传久远，《本》书正是他自认写得最好的作品。这本类似传记的长篇散文集，从他在德州老家的"乳品皇后"（冰淇淋与快餐连锁店）阅读德国哲学家、文学评论家瓦尔特·本雅明的文章《讲故事的人》(The Storyteller) 开场，谈到他的牛仔家族史与个人读书、写书、卖书的经历，也谈到他在心血管手术后的剧变。书中一些对现代科技与潮流如何影响人类生活形态的评论极具省思，他最后把写作与畜牧做了巧妙的类比，更是一绝。

在放牧与写作间

1990年代中期后，书镇扩展计划继续在射手城进行，现今约三四十万册的绝版书占据了Booked Up在小镇的四栋独立建筑。为了精简人力，仅第一栋设有店员，其他三栋门户大开，顾客可以自由进出，等选完书后，再到第一栋结帐。如此特别的一个书镇，让我总盘算着要到此一游，尤其是老友盖瑞·史多乐力（Gary Stollery，加州内华达城书镇的发起人）告诉我，他几年前到射手城的Booked Up时，不仅店员是麦克墨崔的妹妹，而且麦克墨崔本人就在店里的二手书堆中标价。虽然我曾在古董书展里见过他，听过他的演讲，但怎样也比不上能亲访他的书店来得过瘾。

但2005年初却传来麦克墨崔打算在同年底关闭书店，一方面是上门的访客锐减，有时一整天见不到一个来客；再一方面他即将七十岁，想趁着还能走动之际，多旅游一些。

也许是来自各方书迷的惋惜声浪太大，而且有鉴于射手城几家餐饮店和小旅馆的生意都得仰赖书店的访客，他最终改变心意，打消了歇业的念头，让大家虚惊一场！

麦克墨崔曾经自认是个失败的牛仔，对放牧不在行，但他逐渐体悟到祖孙三代的生活形态其实差异并不很大。他在一本书《本雅明在乳品皇后》（Walter Benjamin at

麦克墨崔曾经在美国东岸开书店,之后回到德州家乡人口不到两千的射手城,买下了主街上的几栋建筑,把它们全变成书店,编号一到四,他企盼将这个地处偏远、原本没有书店的小地方,发展成一个书镇,吸引各地的爱书人上门。这些照片都是加州内华达州的书商盖瑞·史多乐力提供给我的。盖瑞多年前曾开车前往德州造访麦克墨崔与他的书店。图中穿格子衬衫的是盖瑞,旁边那位就是麦克墨崔。

Courtesy of Gary Stollery

the Dairy Queen)里提到,父亲、祖父是逐水草而居,为了寻找水源、牧草而在原野间流动,身为一个书商,他则是逐书本而居,为了寻找版本、价格、内容好的书籍,在城市间穿梭;先辈的牧场是由一群群的牲口所组合,而他的"牧场"(书店)则是由一堆堆的书本所构成。即便他的写作生涯也和放牧有相通之处,一如牛仔费力地把牲口一只只赶集成群,身为一个作家,他"放牧"(书写)的是文字,先把一些文字群聚成句子,再把这些句子集合成段落,最终把段落组织成一篇小说。换言之,他还是以流着牛仔的血为傲,只不过他放牧的是书与文字罢了。

我相信麦克墨崔的文字创作肯定会长存,但他在射手城一手打造出的书店 Booked Up 可就难说了,如此大型的独立古旧书店,正如逐渐消失的牛仔文化,一去就不回头!趁着它还存在之际,我得认真考虑什么时候买张机票飞到达拉斯,然后再开两个半小时的车到西北方的射手城朝圣,毕竟这世上少有书店是由一位普利策奖兼奥斯卡奖得主所开的。

(初稿发表于2006年3月29日)

NOTE

麦克墨崔在 2008 年、2009 年先后出版了《书：一个回忆录》（*Books: A Memoir*）与《文学生涯：第二个回忆录》（*Literary Life: A Second Memoir*），以短篇散文方式分别叙述他经营古书店与写作的生涯，其中涉及了书业与文坛的名人，属于高级八卦。读这两本书时，特感亲切，因为他提到不少我认识的书人与书地，但也因此发现一些错误之处。除了前两本书，麦克墨崔并于 2010 年 8 月出版《好莱坞：第三个回忆录》（*Hollywood: A Third Memoir*），内容谈的当然就是他与电影的关系与一些文雅的八卦。没想到他自己来年也成了好莱坞的八卦主题，因为他在 2011 年 4 月 29 日近七十五岁时再婚了，不过让大家跌破眼镜的是，新娘并非先前与他一起的中年伴侣欧莎娜，而是一位七十六岁、名唤菲（Faye Kesey）的年长女士。菲的先夫是另一位赫赫有名的作家 Ken Kesey（1935~2001），因写了《飞越杜鹃窝》（*One Flew Over the Cuckoo's Nest*，1962 年初版）一书而成名，此书 1975 年改编成电影《飞越疯人院》上映，由杰克·尼科尔森主演，次年囊括了五项奥斯卡大奖。Ken Kesey 的著作不是特别多，但名气不逊于麦克墨崔。这两位作家曾是 1950 年代末期斯坦福大学写作班的同学，当时菲已与 Ken Kesey 结婚，因此麦克墨崔与两人的渊源可追溯到半世纪以前。从许多报导看得出两位作家生活与写作风格截然不同，但却先后选择了同一个女性伴侣。至于麦克墨崔为何会舍欧莎娜而选菲，大概成了文艺圈与影剧圈茶余饭后的一个话题。最后，恕我在此直接使用 Ken Kesey 的英文名，实在是找不出相近的中文发音来翻译他的姓氏 Kesey（英文发音为 [ˈkiːziː]），只好作罢。

INFORMATION

麦克墨崔的书店
Booked Up
216 S. Center Street
Archer City, TX 76351, USA
TEL 1-940-574-2511
www.bookedupac.com

麦克墨崔迄今一直还是以打字机写稿，他这三本回忆录的封底图案都是取自他的打字稿。

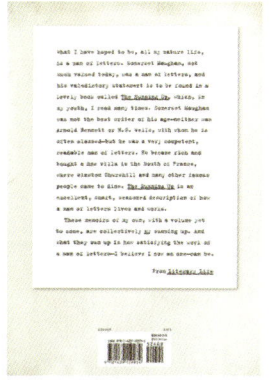

CHAPTER

16

Ever-Changing Booksellling Landscape

几 家 消 失 几 家 存

变迁的书店风景

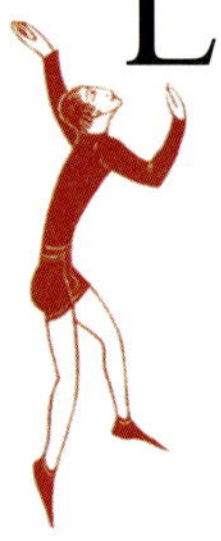

书店起起落落,一如生老病死般不可免。我真正惋惜的,并非个别书店的兴亡,而是人们阅读文化与购书习惯的变迁。实体书店绝不会就此绝迹,却面临空前未有的挑战。

一位同住在美国旧金山的意大利朋友 2006 年 7 月 8 日时打电话来,邀我第二天中午一道去北滩小意大利区的餐厅观看世界杯足球赛的最后一场转播,与那里的大批意大利支持者为意大利队加油。我一口回绝道:"抱歉,明天我得赶到柏克莱,参加另一个重要的聚会。"朋友在电话那端大声嚷嚷:"还有什么比法国对意大利的决赛更重要?"

对所有足球迷来说,2006 年 7 月 9 日是个难忘的日子,意大利队与法国队在邻居德国的境内捉对厮杀,原本就已紧张万分的球赛,又因为终场前意大利队的马特拉齐以言语惹毛了法国的齐达内,使得齐达内像头发怒的斗牛,用头顶撞对方,结果被判犯规出场,以致影响了战局,更使得意大利最后夺魁,也引来好事的唇语专家企图从电视画面中解读马特拉齐到底对齐达内说了些什么不堪入耳的话。当世界众多的足球迷情绪高昂地守在电视机边的同时,有数百多位爱书人却怀抱着肃穆的心情,群聚在柏克莱电报街的"寇帝书店"(Cody's Books)。

"寇帝书店"才跨越半世纪,电报街上的总店就走向终点,店内高悬的金色"50"字样,看起来分外刺眼。

变迁的书店风景 | 237

"寇帝书店"于1997年在柏克莱第四街（Fourth Street）新兴的商业区上开了第一家分店，这家店明显比电报街上的总店要宽敞、摩登许多。

"寇帝书店"是由弗列德与佩特·寇帝（Fred & Pat Cody）夫妻俩于1956年7月9日创立，一开始在加州大学柏克莱分校（以下简称柏克莱加大）北方，是家迷你小店。几度迁居后，书店在1965年落脚于电报街的宽阔建筑。由于寇帝夫妇的理想性格与个人魅力，两人不仅严选高水准的书籍、推广非主流出版品、引介老中青作家，还积极投身社会、政治运动，对于倡导言论自由、提升妇女意识不遗余力，因此吸引了许多死忠的作者与读者，书店更成了社区的中心，特别是书店前的一方广场，往往成了集会、发传单的场所，越战期间，警察不时在这附近以警棍、催泪弹对付群聚的反战人士，"寇帝"无疑成了美国最著名的书店之一。以《女斗士》（Woman Warrior）一书闻名于世的华裔女作家汤婷婷（Maxine Hong Kingston）就曾亲口表示，许多作家都以在"寇帝"发表新书，视为登上文学生涯的高峰，她对自己能在此发表每一本新书，引以为傲。

1977年寇帝夫妇把书店卖给年仅三十岁的现任主人安迪·罗斯（Andy Ross），年轻的安迪不仅尔后将店面扩增，也追随前辈的脚步，依然不时在政治、社会议题上表态（有关"寇帝书店"相关历史，请参考本书第九章）。

安迪于1997年在柏克莱西方第四街（Fourth

Street）的商业区开了第一家"寇帝"分店，2005年又到旧金山市中心开了第二家分店。这两家分店的装潢与氛围比起总店都要摩登、新颖许多，但是电报街上的总店因其长远丰富的历史，依旧是领航旗舰，依旧是人们心目中的代表店。只不过……

欢庆五十周年兼告别

我在2006年7月9日中午，由旧金山跨桥到东湾的柏克莱，踏进这家"寇帝"的旗舰店时，书店里已经挤了不少人，柜台前的一张大桌子摆满了鲜花、水果、饼干与饮料，彩色气球在角落间飘浮，现场还有人演奏音乐。这是诡异的一天，人们一方面在此庆祝书店五十周年，同时也以不舍之心预先参加这家店的丧礼，因为这家半百老店将于次日正式结束营业，从此告别电报街、告别所有的爱书人。

下午一点整，感伤又温馨的庆祝暨追思会在汤婷婷的主持下，揭开序幕。六十五岁、一头银白长发的女作家，用着她那清纯的嗓音感性地诉说，当她是柏克莱加大一年级新生时，第一次踏入才刚成立两年的"寇帝"时，就发现找到了她的家、她的庇护所，有一种永恒的感觉，四十八年来，这里奇妙地滋养她成了一个读者与作者。她还记得生平首次参加的示威游行就是由佩特·寇帝所主导的妇女和平运动。

店主人安迪·罗斯随即发表动人的演说，陈述自己从一个年轻小伙子，如何以兴奋之心在二十九年前的这一天（7月9日）买下这家知名书店，如何一路在前任店主的光环压力下，赢得社区民众的认可，他还因此认识现在的工作与生活伴侣蕾丝丽（Leslie Berkler）。蕾丝丽当时是同一条街上"半价书店"（Half Price Books）的女经理，两人原本是竞争者，后结为夫妻，颇有电影《电子情书》（You've Got Mail）情节般的浪漫。虽有这些丰富的历程，这家书店过去几年的营收却仅达辉煌时期的三分之一，亏损累积高达一百万美元，他不得不忍痛让这家店

（上）电报街2454号曾是"寇帝书店"四十三年来的据点，而今已挂起了出租广告。

（下）这个宛如暖房的角落，曾是我在"寇帝书店"最爱逗留的角落。

变迁的书店风景 | 239

在柏克莱电报街的"寇帝书店"结束营业前夕，众多爱书人参与了书店举办的告别会。台上的人感性演说，台下的人专注聆听，一旁还有人将此过程以影像记录，充分显示大家依依不舍之心。最前排那对妈妈与小孩就是安迪的太太与女儿。至于最右方那位站着、打蓝色领带的男士，乃是第一代店主寇帝夫妇的儿子。

结束营业。演说到后半段，眼眶泛红的安迪一度哽咽得无法言语，在全场热烈地鼓掌下，蕾丝丽替他继续了未完成的讲稿。

现场最引人注目的来宾是书店创办人之一——佩特·寇帝，八十二岁的她，有着惊人的热力与记忆力，她铿锵地细述一些书店过往的轶事、缅怀先夫弗列德（已于1983年过世）的事迹，并且感谢安迪多年的努力，使得书店走了半世纪。最不可思议的是，弗列德正好就是在二十三年前的这一天去世，如此多的巧合都发生在7月9日，安迪说他实在无法招架所有的周年纪念都在同一天，因此刻意让书店在第二天（7月10日）才正式歇业。

安迪最后对在场的来宾呼吁，"寇帝"所代表的并非一栋建筑，而是一个理念，他盼望大家未来仍能继续支持其他两家分店。话虽如此，大家都心知肚明，电报街上这家"寇帝"，有其不可取代的历史地位，它曾见证过狂飙的年代，它曾是全美最大的平装本书贩卖店，

（左）"寇帝书店"的前后任店主佩特·寇帝与安迪·罗斯同台回忆书店的过往轶事。

（右）华裔女作家汤婷婷表示，"寇帝书店"是滋养她成为读者与作者的地方。

它也是前后两任主人交接之处，它更是曾让诸多作者与读者撞击出火花的剧场。1966年，日记体女作家娥奈伊思·宁（Anaïs Nin）在此庆祝她的第一册日记出版时，旧金山书店"城市之光"（City Lights Books）的主人兼诗人劳伦斯·佛林格提（Lawrence Ferlinghetti）拎着一个桶子从娥奈伊思·宁背后悄悄走来，朝着娇小、身穿白色长袍的她，缓缓撒出一片一片又一片的红色玫瑰花瓣，类似这种美丽的画面，只能和这家书店一样，成为人们记忆中的一则传奇。

湾区书店先后歇业

那天的集会里，我发现角落里挤着一位众人没有注意到的书业名人——"凯普乐书店"（Kepler's Books & Magazines）的主人克拉克·凯普乐（Clark Kepler）。若是知晓"凯普乐书店"的背景，就不难理解克拉克何以在此现身。梅娄公园市（Menlo Park）的独立书店"凯普乐"，由克拉克的父亲罗伊·凯普乐（Roy Kepler）于1955年时所创立，比"寇帝"还早一年。罗伊成立书店是为了具体实践生活中的信念，他强调书店经营者应有社会良心，不该只把书当一般商品来贩卖，而应藉着书来表达个人的价值观。为了提倡言论自由，因此不管是左派、右派或中间论点的书在"凯普乐"都有一席之地，反传统

变迁的书店风景 | 241

"凯普乐书店"在2005年5月欢庆半百，却在几个月后面临关闭的命运。

的新文学与新诗也包括在内。罗伊曾因参与反征兵、反战、反核等抗争行动而数度被捕（有关"凯普乐书店"相关历史，请参考本书第三章）。

气味相投、同具反传统精神的"凯普乐"、"寇帝"与1953年先创立的"城市之光"（City Lights Books），早年成了旧金山湾区书店业的铁三角。1982年克拉克从父亲手中接掌"凯普乐"，因为他的努力，"凯普乐"曾获得美国《出版者周刊》所选的全美年度最佳书店。但"凯普乐"近来最让人印象深刻的，莫过于2005年戏剧化的"死后复生记"。

"凯普乐书店"奇迹

事情的始末是这样的。"凯普乐"在2005年5月才欢度五十周年庆，不到四个月后，却在一夕间猝然结束营业。同年8月31日，克拉克含泪向事前毫不知情的店员宣布，当天即是营业的最后一天，因为过去数年来，书店的收益年年锐减，由于难以承担书店沉重的亏损，被迫只能做出此一决定。惊惶失措的不是只有当场的员工，大门深锁的书店和贴着歇业的简短声明，引发了群众的震惊，消息立刻传遍旧金山湾区，甚至上了全国性电视新闻。

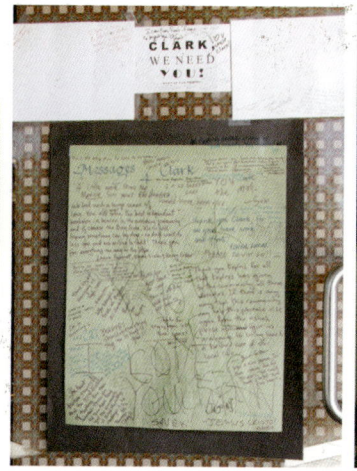
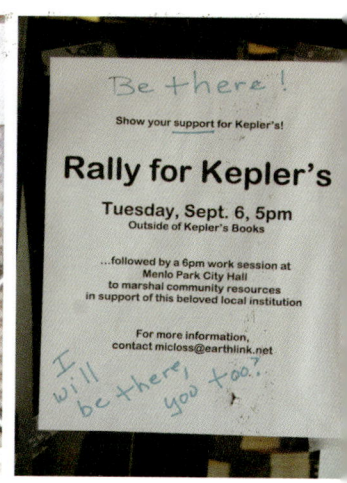

　　如此情节看似后来"寇帝"的翻版。只不过"寇帝"几个月前就宣布歇业的消息,大家早有心理准备,且想着好歹还有其他两家分店,但"凯普乐"可是只此一家、别无分店,它又是高科技硅谷区最具历史、最有规模的独立书店,书店常态举办新书发表,因此人气特别活络,成为当地民众不可或缺的重要社交据点。我在"凯普乐"歇业几天后到了现场,只见门前躺着一些花束,玻璃窗上贴满了海报与字条,上面写着哀悼辞,一些徘徊在旁的支持者如丧考妣,整个场景宛如一个灵堂般。

　　让我感触更深的是,原本"凯普乐"隔街有家我非常喜爱的优质二手书兼唱片店"威斯色斯"(Wessex Used Books & Records),我的不少书都来自此店。"凯普乐"与"威斯色斯"两家店多年来水乳交融,一家卖新书、一家卖旧书,顾客在一家店找不到书,往往就会被指引到另一家店。"威斯色斯"的主人汤姆·黑登(Tom Haydon)经营了书店三十年后,传出打算退休并找人接手的讯息。记得2005年6月2日我开了半小时车到梅娄公园市,原打算在这两家书店消磨一个下午,人一到"威斯色斯",只见几个空书架,汤姆正在做最后的清理,原来他一直找不到买主,只好黯然收店。我简短地向汤姆致意,感谢他曾经带给我不少的美好时光与廉价好书。当时我怀抱着沮丧的心情走到"凯普乐",暗地庆幸这家书店至少还在,谁知才过三个月,连"凯普乐"也不见了!

2005年夏天,"凯普乐书店"无预警地突然关闭,引发社区民众恐慌,因而在书店外贴满了支持与关心的大字报,并呼吁大家进行书店抢救的运动。

汤姆·黑登经营"威斯色斯书店"三十年,因为找不到人接手,只好黯然收店。

原本消失四十天的"凯普乐书店",在社区民众的奔走下,竟然神奇地复活了!克拉克·凯普乐在书店重新开幕那天,公开感谢大家的支持,并誓言继续打拼。图中最右边双手交叠的男士就是拯救"凯普乐书店"活动的主要人物丹纽·曼德兹。

发现"凯普乐"关门后,一位常逛"凯普乐"的年轻人立刻辟了"救救凯普乐"的网站,呼吁大家想办法救"凯普乐",这个网站一星期内就有两万人次浏览,有些迁居到外地的网友来信追念他们与书店的关系,有些人则表示,如果书店重新开张,愿意当无酬义工。就在同时,一位硅谷高科技公司的创办人丹纽·曼德兹(Daniel Mendez)与几位事业有成的人士积极与克拉克联络,表示愿意投资书店并希望能商讨出一个经营模式,让书店能起死回生。曼德兹和妻子、小孩都是书店常客,为了不忍见他们心爱的地方就此消失,因此决定插手管这件事。曼德兹很清楚就经济效益面看,投资书店是极为不智之举,他事先已向所有的投资者言明,不要有心存回本的念头。

曼德兹于是结合了各行各业精英,免费替书店与房东交涉一个有利的新租约、向出版社争取通融,最终又找到二十三位股东,集资超过五十多万美元,同时成立董事会,对书店的经营与行销提出规划与建议,但由克拉克担任会长,也保有最大的股份。此外,他们也设计了义工制与会员制,前者是出力,由志愿者贡献他们的时间,分担书店的一些工作;后者是出钱,赞助者可以捐献三十美元到二千五百美元不等的年费,成为七个不同等级的会员,每级的会员都可享有不同优惠。

"凯普乐"重新开幕那一天,涌入了大批社区民众,大家以实质的消费来支持书店。

在此运作下,"凯普乐"死去四十天后,竟然神奇地复活了!我在那年10月8日那天,和诸多来客在书店前的广场参加了重新开幕的仪式。克拉克激动地答谢众人的襄助,并且誓言引领书店走向另一个五十年。近午时分,书店大门再度开启,蜂拥而入的顾客,人人手上抱着一堆书,在柜台前排队,我从未见过书店有这么多人等着结帐。庆幸失而复得的民众显然要用实际的消费来表达他们对书店的支持。单单是第一天,就已经有近四百人登记当义工、六百多人买了会员卡。

社区拯救"封面到封底"

类似这个社区拯救书店的情景,其实早两年前也发生在旧金山的"封面到封底书店"(Cover to Cover Booksellers)。1976年妮姬·沙蓝(Nicky Salan)创立了"封面到封底",并在1985年左右把书店搬到中产阶级聚居的诺依谷(Noe Valley)。由于妮姬曾担任社会工作,因而把书店经营也当成社会工作般,提供了不少贴心的服务,例如送书到市区医院给病人,免收运送费,员工可以带着小孩与狗来上班,邀请社区的作家朗读,举办读书讨论会,供应学校图书馆书籍等。

"封面到封底"以贩售各类型新书为主,但他们自有选书的标准,不随着一般媒体起舞,炒作一些媚俗的

（上）1976 年创立的"封面到封底书店"，于 1985 年左右迁到中产阶级聚居的诺依谷，成了社区的中心。书店的各类书籍中，又以儿童、青少年类别的书种最为丰富，因而吸引了众多的父母携带孩子上门。书店里经常可以看到妈妈推了小婴儿来看书，狗儿热情相迎的温馨画面。

（下）崔西・伟恩与马克・埃拉里克在成为"封面到封底"第二代的经营者以前，就已经在书店服务超过十年以上。

书，我非常欣赏他们每季出版的书讯，里面除了有人性化的书店纪事外，最棒的是由各店员署名、精心撰写的个性化书评。书店的各类书籍中，又以儿童、青少年类别的书种最为丰富，这个书区布置得特别温馨可人，因而吸引了众多的父母携带孩子上门。

1998 年《哈利波特》美国版第一集刚发行时，并未受到过多的关注，作者罗琳（J.K.Rowling）也不是那么知名，但"封面到封底"一开始就看好并大力推荐，妮基与店员那年又在书商的一个餐叙中碰见了来美国宣传书的罗琳，彼此留下好印象。次年（1999 年）《哈利波特》美国版的第二集与第三集问世，罗琳已成了明星，她再次到美国宣传，每家书店都积极争取她现身，但仅有少数中选。感恩的罗琳特别指名"封面到封底"为其中一家，以答谢书店早期的支持。

妮姬在千禧年退休，把"封面到封底"卖给服务超过十二年的老员工崔西・伟恩（Tracy Wynne）与马克・埃拉里克（Mark Ezarik）。这两位合伙人继续秉持着敦亲睦邻的书店哲学，替诺依谷的居民提供精神粮食。但经济不景气加上大环境的变化，书店逐年透支，2003 年夏天橱窗贴出了即将结束营业的告示。就在此时，一位书店之友彼得・盖博（Peter Gabel）号召社区的群众拯救"封面到封底"。盖博找到了四十二位善心人士，每人出借五千美元，集资二十一万美元，一半替书店还债、

1999年《哈利波特》美国版的第二集与第三集问世,作者罗琳(J. K. Rowling)到美国宣传时特别指名要到"封面到封底"签书,以答谢书店早期的支持。*Courtesy of Cover to Cover Booksellers*

一半进货。接着把书店从二十四街迁移到同区卡斯特罗街(Castro Street)一个空间较小、租金较低的店面,同时也诉请社区的民众能每个月在书店消费二十五美元,以保证书店能营运下去。原本要黯然关闭的"封面到封底",因而有了令人欣喜的结局。

"凯普乐"与"封面到封底"的奇迹并不容易复制,毕竟并非所有书店都有丰厚的历史背景、座落的社区也不是都像硅谷或诺依谷般拥有如此多经济富裕、素质颇高的居民。此外,书店虽然存活了下来,是否能够就此长存?当媒体不再聚焦报导,社区的居民是否又会变得冷漠、健忘?

告别书店黄金年代

旧金山湾区一直是全美独立书店最繁荣、最密集的地区之一,这也是为什么我会选择在此长期寄居的主因。但这几年湾区的书店日益凋零,我可以列出一长串消失的书店名单。没错,有些店是因主人退休或去世而歇业,也确有零星几家书店成立,但是开的家数远远少于关的家数。这个普遍现象反映在数字上,据统计,美国十多年前曾经有高达七千家的独立书店,而今却仅剩约两千五百家。

何以独立书店逐渐萎缩、营业额江河日下?答案其实既多又复杂,超级连锁书店与网络书店固然是威胁,但是当一些超级市场、药房纷纷贩售起杂志、平装本书,连Costco、Wal-Mart、Target这些大卖场都跟着倾销廉价

迁居到卡斯特罗街后的"封面到封底"，虽然书店面积只有先前的一半大，却依然布置得温馨可人，原本受孩童欢迎的黄色小木屋，也跟着被移到新店。

书时，你就可以知道小资本的独立书店处境有多险恶、生存有多艰难。尤其是多元媒体与网络的发达，吸引了许多人的注意力，因而削减了读书、买书的时间、兴趣与能力，这很可能才是问题最根本的关键。

书店经营者在这波洪流中，有些弃守，有些则自我调整。安迪放弃"寇帝"总店，保留两家新店；"封面到封底"搬迁到原店一半大的店面；克拉克接受外力赞助，继续在原地打拼。可喜的是，多数经营者并不怨天尤人，他们还是企图描绘出另一番书店风景，只不过在这个媚俗当道的时代，连安迪都不得不承认，他发现"寇帝"贩卖愈来愈多媒体炒作的畅销书，愈来愈少多样化的书类。

像我这种对书店一往情深的人，最感伤的莫过于得知一家书店的消逝，尤其是亲眼目睹关闭的景况，更是情何以堪！书店起起落落，一如生老病死般不可免。我真正哀悼的，倒不是个别书店的兴亡，而是整体阅读文化与购书习惯的变迁。做为一个长期的书店观察者与记录者，我从不认为实体书店会就此绝迹，只不过，我隐隐感到，美国（甚至全世界）实体书店的黄金年代已经结束了。

（初稿发表于2006年8月22、23日）

UPDATE 续访札记

　　这篇文章主要提到的三家书店"凯普乐"、"封面与封底"与"寇帝",这些年来有着令人喜与悲的两极发展。可喜的是,前两者在新模式的营运下,依然健在,成了社区与书店良性互动的最佳典范。可悲的是,"寇帝"历经了一连串曲折坎坷的过程。店主安迪在 2006 年 7 月才结束了电报街上的老店,众人还未从这个震荡中完全复原,9 月份就传出他将剩余的两家店卖给了一家日本企业体"洋贩"("日本洋书贩卖株式会社"的简称)。

　　"洋贩"在东京、纽约、伦敦都设有办公室,据称是日本最大的西洋书进口商,同时也跨足出版,并在日本拥有近二十家中小型书店,多半以卖西洋书为主。据媒体报导,曾任记者、出版商的"洋贩"社长兼 CEO 贺川洋先生,早在 1983 年初次拜访过"寇帝"后,就爱上这家书店,他知道"寇帝"财务困难,因此与安迪联络上,开始商讨收买可行性,最终由"寇帝"的仰慕者变为经营者。

(左)"寇帝书店"2005 年在旧金山市区开了一家面积比柏克莱总店还大的分店。

(右)这册巨大的安迪·沃霍尔作品集,非得有个特殊台面来摆放。

变迁的书店风景 | 249

旧金山市区的"寇帝书店"虽然装潢与氛围皆佳,书种也不差,但却总是觉得人气不够旺。2007年春天,此店开张还不满两年,就因不断亏钱而结束营业。

贺川洋自称是独立书店的爱好者,购买"寇帝"是为了延续书店的生命、成就一件好事,这与他数年前买下面临破产的日本个性书店"青山图书中心"是同样的出发点。他同时表示不会辞退"寇帝"的任何员工,安迪也被聘任为书店的总经理,继续领导"寇帝"。

只不过2007年春天,开张不到两年的"寇帝"旧金山分店还是因不断亏钱而结束营业,这个结果并不让人意外,毕竟安迪当初决定在租金高昂、连锁书店环绕的旧金山闹市开店时,业界没有人看好,安迪也因心力交瘁,在同年底辞职。

"寇帝"最后仅剩下柏克莱第四街上一家店。2008年初,据称店租上涨近三倍,贺川洋被迫把书店迁移到薛塔街一处面积较小的店面。我那年4月才拜访重新开幕的"寇帝",但6月底媒体就报导"寇帝"将结束营业,从此走入历史的尽头。贺川洋发表声明,表示自己的财力实在难以为继,只能忍痛做出无奈的决定。"寇帝"最后两三年的发展,彷如一个罹患癌症的患者,历经肿瘤切

除、放射线治疗、化疗、标靶治疗等一连串过程，最终还是枉然，我看着她日益萎缩而死亡，固然难过与不舍，却也庆幸自己曾见证过她的风光期、曾造访过她的几个不同据点。前后三任店主都曾努力与付出，对书店的热爱显然不分年龄、性别与国籍。

值得一提的是，安迪在2008年初成了出版经纪人（版权代理人），替代理的作家寻找出版机会。由于他的书业背景和读者、作者都有直接又长久的接触，因此很适合当出版社与作者间的桥梁，就某个角度而言，他依然是个"卖书人"（把书稿卖给出版社），他在某次接受媒体访问时表示，自己非常满意这个新角色，能替第一次出书的作者找到出版社，尤其令他骄傲和兴奋。当被问及是否怀念"寇帝"时，他直言"寇帝"和诸多独立书店都是历史的牺牲者，但他强调"寇帝"对自己和许多人都意义深重，那就很值得，而今他只能继续人生之路。他最后引用了加谬（Albert Camus）的一句名言："向高处奋斗的过程本身，足以充实一个人的心灵。"加谬以此角度解读希腊神话中，被惩罚在山下不断往上推巨石的西西弗斯，认为他应该是快乐的。

2008年初，第四街的"寇帝"被迫迁移到薛塔街一处面积较小的店面。4月初才重新开幕，但6月底媒体就报导"寇帝"将结束营业。同年7月，曾经是书店业的巨人，从此走入了历史的尽头。

> **NOTE**
>
> "封面与封底书店"2003年一度宣布要关闭，后由小区居民募款支助而得以继续生存。然而经过八年努力，迫于大环境的恶劣，两位店主不得不于2011年春天正式结束营业。虽然无奈，但他们表示，只要读者对书店拥有美好的记忆、对书之爱深植于心，那，就是他们的成功！

CHAPTER

17

IN MEMORY
一位古书商之死
OF
怀念艾伦·米克瑞特
ALLAN MILKERIT

艾伦是一个罕见的猎书人,有本事在一堆看似无趣又廉价的旧书中,捞出让人眼睛一亮的高档珍本书。对我而言,艾伦就像是个法力无边的魔术师般,能够随手变出我渴望的东西。

2007年5月底由旧金山返回台湾待了一个多月,该办的事还没办完,我却一心只盼望着要返回旧金山。这些年来,我已经习惯了和旧金山一些书店主人有常态的互动,我特别想念的,就是隔三差五到教会街(Mission Street)2141号那栋有着好几家书店的建筑闲晃,和那里的书商聊聊书人、书事,这已成了我生命中不可免的瘾头(有关教会街2141号楼书店群,请参考本书第五章)。

6月最后一天,我在台北接收电子邮件,跃入眼帘的第一封信就是旧金山"瓦哈拉书店"(Valhalla Books)主人乔·马席翁(Joe Marchione)捎来的信件,一看到信件的主旨栏,我就不自抑地哭了出来。"Sad News……Allan Milkerit died"这五个简短英文字所构成的两句话,让我一时间难过得不想进入信件的内容。主旨"伤心的讯息……艾伦·米克瑞特过世了"已传递了一切。

乔与艾伦都是买卖绝版书的书商,两人多年前都是一家以合作社方式经营的古旧书店"离奇故事"(Tall Stories)的成员。"离奇故事"就位于教会街2141号的301室,乔与艾伦两人于1998年退出此店,并在同栋建筑的二楼202室合开"瓦哈拉书店"。这两位书商风格迥异,乔有着罕见的耐心与纪律,处理书店杂务总是有条不紊,偏偏艾伦性子急,一切不按章法,对繁琐小事超级不耐烦。这两人能合伙,真算是奇迹。结果当然就像一对个性不合的配偶,结婚六年后终究分道扬镳,乔保有"瓦哈拉书店"的

不喜拍照的艾伦,曾经为了要交女友,而硬着头皮请乔替他拍了几张相亲照。还好乔保留了档案,否则书商们要替艾伦举办告别式,连张像样的照片都找不到。*Courtesy of Joe Marchione*

怀念艾伦·米克瑞特 | 253

这是一本高十三公分、宽十公分的童书，连封面与封底算上，只有八页，上下剪成锯齿状，彩色图文全部印在布料上。封底有一个公司的注册商标，图案是两只狗抢着一本书，下面注明"不易毁损"（QUITE INDESTRUCTIBLE），另外还附加此书可以清洗、符合卫生的字样。此书是由英国一家以布料制作书和玩具的公司Dean's Rag Book Co. 所出版，他们也是最早生产泰迪熊的公司。由于书上没有印出版的时间，我问了一些古书商，大家研判应该是1930年代前后，这又是另一个我在艾伦书堆中所挖到的宝。有一回，我带了此书到一个演讲会现场，展示给读者欣赏，谁知这本我喜爱的小布书竟在会后不翼而飞，让我心痛不已，只能盼望偷书的雅贼，好好珍藏它。

名号，继续在原处当老板兼伙计，艾伦则租下早先"离奇故事"（此店后来解散）的所在地，以自己名号开起"艾伦·米克瑞特书店"（Allan Milkerit Books）。

虽说拆伙，两人难免心存疙瘩，但彼此还是保有相当的敬意，他们在我面前从不数落对方的不是，我也乐得"脚踏两条船"，在楼上楼下两家店中穿梭，欣赏他们的藏书，听他们扯扯书业的甘苦与八卦。这两人几乎像是我的活字典般，我对书的知识许多都来自他们。特别是艾伦的店约有五六万册书，比乔的收藏多出数倍，更是经常提供我写作资料的参考室。

例如我写楚门·卡波提（Truman Capote，大陆一般译为杜鲁门·卡波特）时，艾伦随即领我到一个书柜前，上面放的全是卡波提的首版小说，从《蒂凡尼早餐》、《冷血》到《圣诞忆旧集》，此外，他还有一张录制卡波提原音朗诵自己作品的黑胶唱片、一本卡波提亲笔签名的杂志，内附他发表的文章。正当我已经觉得目不暇给之际，他又冷不防地递给我一册卡波提从早年到晚年接受媒体采访的文选集，这选集竟还是书籍未出版前的清样稿呢！

有次我在文章里提到《断背山》（Brokeback Mountain）的作者安妮·普鲁（Annie Proulx），他立刻向我展示作者早期出版的一些书，没想到这个晚年以文学性小说成名的作者，五十岁前竟然写的是一些非小说类的DIY实用手册，像是怎样从自家厨房做吉士到蛋奶冻，如何制作并享用苹果汁等的饮食参考书，或是教导园艺的指南。

AUTUMN

ODES
BY
JOHN KEATS

Decorated by
VIVIEN GRIBBLE

DUCKWORTH & CO.
3 HENRIETTA STREET
LONDON, W.C.
1923

Ode to a Nightingale

My heart aches, and a drowsy numbness pains
  My sense, as though of hemlock I had drunk,
Or emptied some dull opiate to the drains
  One minute past, and Lethe-wards had sunk:
'Tis not through envy of thy happy lot,
  But being too happy in thy happiness,
    That thou, light-winged Dryad of the trees,
        In some melodious plot
  Of beechen green, and shadows numberless,
    Singest of summer in full-throated ease.

O for a draught of vintage! that hath been
  Cool'd a long age in the deep-delved earth,
Tasting of Flora and the country-green,
  Dance, and Provençal song, and sunburnt mirth!

8

O for a beaker full of the warm South!
  Full of the true, the blushful Hippocrene,
    With beaded bubbles winking at the brim,
        And purple-stained mouth;
That I might drink, and leave the world unseen,
  And with thee fade away into the forest dim:

Fade far away, dissolve, and quite forget
  What thou among the leaves hast never known,
The weariness, the fever, and the fret
  Here, where men sit and hear each other groan;
Where palsy shakes a few, sad, last grey hairs,
  Where youth grows pale, and spectre-thin, and dies;
    Where but to think is to be full of sorrow
        And leaden-eyed despairs,
  Where beauty cannot keep her lustrous eyes,
    Or new Love pine at them beyond to-morrow.

Away! away! for I will fly to thee,
  Not charioted by Bacchus and his pards,
But on the viewless wings of Poesy,
  Though the dull brain perplexes and retards:
Already with thee! tender is the night,
  And haply the Queen-Moon is on her throne,
    Cluster'd around by all her starry Fays;
        But here there is no light,
  Save what from heaven is with the breezes blown
    Through verdurous glooms and winding mossy ways.

9

ODES
BY
JOHN KEATS

Ode on a Grecian Urn

Thou still unravish'd bride of quietness,
  Thou foster-child of Silence and slow Time,
Sylvan historian, who canst thus express
  A flowery tale more sweetly than our rhyme:
What leaf-fringed legend haunts about thy shape
  Of deities or mortals, or of both,
    In Tempe or the dales of Arcady?
  What men or gods are these? What maidens loth?
What mad pursuit? What struggle to escape?
  What pipes and timbrels? What wild ecstasy?

Heard melodies are sweet, but those unheard
  Are sweeter; therefore, ye soft pipes, play on;
Not to the sensual ear, but, more endear'd,
  Pipe to the spirit ditties of no tone:

5

Of this edition of ODES BY JOHN KEATS *printed on hand-made paper, with decorations designed and cut in wood by* VIVIEN GRIBBLE, *170 copies only, numbered and signed by the artist, have been printed, of which 150 copies are for sale*

No. 140

Vivien Gribble

艾伦的书店不乏印刷、装订精美的古书。

又有一回,我正在撰写一篇关于西方古书业的报导,其中特别提到以经营西洋绝版童书著称的书商贾斯汀·席勒(Justin Schiller),据闻贾斯汀年幼时就已经是《绿野仙踪》(*The Wonderful Wizard of Oz*)系列的权威,他的藏书还曾在哥伦比亚大学图书馆展出,我正苦于找不到第一手参考资料时,艾伦立刻对我眨眨眼,从柜台后的私人参考书架上拿出一册贾斯汀1978年拍卖所有《绿野仙踪》收藏品的目录,里面不仅登了贾斯汀十三岁时与哥伦比亚大学图书馆特藏区馆长的合照,还有他题赠给艾伦的签名和祝福语。

对我而言,艾伦简直就像是一个法力无边的魔术师般,能够随手变出我渴望的东西。对拥有骑士精神、颇为爱现的艾伦而言,我则像是个需要好好调教的学生,至于我的常态"骚扰",想必只会增添他的乐趣与荣耀,因为每次我走进他的书店,他总是神情愉悦地丢给我相同的问候语:"Hi!Kiddo, what's up?"(嗨!小鬼,有什么事吗?)

不仅是我佩服艾伦,连一些老经验的行家都对他很推崇。他死后那几天,好几位书商在网络讨论区表达了对他的哀悼,大家不约而同表示,艾伦是一个罕见的猎书人,有本事在一堆看似无趣又廉价的旧书拍卖中,捞出让人眼

这对1928年产的铜铸书挡(bookends)明显是仿雕塑家罗丹的名作《沉思者》。数年前我在艾伦的店中拍照时,被这对书挡与古老精装套书组合的画面给吸引。而今我却成了这对书挡的主人。

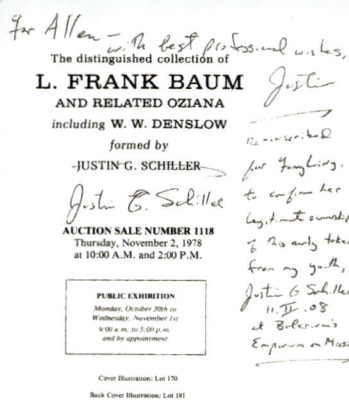

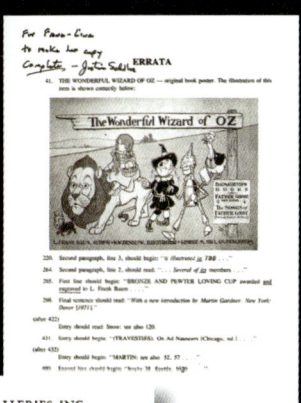

以经营西洋绝版童书而名震大西洋两岸的纽约古书商贾斯汀·席勒（Justin Schiller），年幼时就已经开始收藏弗兰克·鲍姆（L. Frank Baum）的相关作品，弗兰克·鲍姆创造了一系列奥兹国（The Land of Oz）的奇幻童书，其中最著名的莫过于《奥兹国之伟大巫师》（The Wonderful Wizard of Oz，一般译为《绿野仙踪》）。贾斯汀1978年拍卖他收藏的鲍姆系列，轰动一时，此拍卖目录不仅是最佳的童书交易参考书，如今也成了收藏品。一册他签名的目录，可以卖到一百五十美元。艾伦的私人参考书柜中曾藏有一本贾斯汀题赠给他的目录，里面还附了两页多项拍卖物件的成交价记录。艾伦死后，我成了这本目录的主人。有回我得知贾斯汀会到艾伦生前开店的楼层拜访另一家书店"波雷力恩"，特别拿了目录请他再次题赠。他写着："再次题赠给芳玲，以兹确认她合法拥有我这早期的青春表征，波雷力恩大商店，2008年2月11日，贾斯汀·席勒。"（"Re-inscribed for Fang Ling, to confirm her legitimate ownership of this early token from my youth. Justin G. Schiller. 11.II.08 at Bolerium's Emporium on Mission."）当我正感到无比幸福之际，贾斯汀随口问，怎么少了张勘误表？呜呜，勘误表？我不知道还有勘误表，看我顿时丧气十足，贾斯汀答应回纽约州家中后，寄给我一份。果真，几星期后，我收到了一个信封袋，里面两张硬纸板中夹着一张原版的勘误表，贾斯汀在左上角写着：
"给芳玲，让她的目录完整──贾斯汀·席勒。"（"For Fang-Ling, to make her copy complete──Justin Schiller"），另外还附了一张他私人精制的赠礼卡，上面印了插画家John Tenniel替首版《爱丽丝漫游奇境记》（Alice's Adventures in Wonderland）所绘的长脖子爱丽丝。当我小心翼翼把勘误表与赠礼卡插入目录时，感到一阵飘飘然，心想我真会被这些书商给宠坏了。

影片 Out of Africa（台湾译为《远离非洲》，大陆译为《走出非洲》）是以丹麦女作家 Karen von Blixen-Finecke（通称 Karen Blixen，笔名 Isak Dinesen）的作品与传记所改编。我在艾伦的书店买到了电影公司在 1985 年（Karen Blixen 诞生一百周年）发行影片时，提供给媒体报导的一份新闻资料夹。那是家用电脑、因特网尚未兴起的年代，因此纸本的新闻资料夹是不可或缺的宣传品。泛黄的资料夹中，除了附八份（共四十九页）的新闻稿，详细叙述影片拍摄的过程与工作人员的背景外，还有十五页用 A4 尺寸光面相纸列印的二十四张黑白剧照。电影中男主角（罗伯特·雷德福饰演）替女主角（梅丽尔·斯特里普饰演）在河边洗头发的片段让我印象深刻，照片中也包括了这浪漫的一幕。每隔一段时间，我就会把此片的录像带找出来看一遍。喜欢这部影片的剧情、音乐、场景、演员和梅丽尔·斯特里普的服装与帽子，但不中意台湾的片名翻译，"Out of Africa"固然可以解释为离开非洲，但主要意思是"源自非洲"，后者更能贴切表达书与电影的精神。另外，我还从艾伦处买到影片《教父》（The Godfather）发行二十五周年、影音转换数字后，重新上映的新闻资料夹，虽然没有前者丰富，但也附了二十页新闻稿与六张黑白剧照，其中最珍贵的，当然是阿尔·帕西诺与马龙·白兰度的合影。

"艾伦·米克瑞特书店"的店主人去世后,他那有着五六万册藏书的书店在一片漆黑中,静待被瓜分的命运。

睛一亮的高档珍本书,他有时甚至大方到把战利品拱手让给同行的书商。

艾伦嘉惠的对象还包括一堆书友。认识艾伦二十五年之久的一位藏书家约翰·利乐斯(John Lelas)就对我坦承,艾伦是他的启蒙老师,他所有关于藏书的知识,全都来自于艾伦不吝传授。另外,我也曾见证艾伦出面为某位藏书家朋友向一位打算退休的书商关说,以低于市价数千美元的价格买到一册首版的《飘》(Gone with the Wind,另一中译名为《乱世佳人》),书的品相良好,内附作者玛格丽特·米切尔(Margaret Mitchell)的亲笔签名,艾伦除了在买卖成交时,开心接受那位藏书家的午餐招待外,一毛回扣也没收。

热爱古旧书买卖的艾伦,在他乐观的外表下,其实有相当的焦虑。他经常对我抱怨,这个行业愈来愈难经营,上门的顾客寥寥无几;这个月的租金已经迟给了,下个月的店租和房租还没有着落,看来只能赶快上网贱价抛售一些书求现。偏偏他最恨上网卖书,有的顾客为了买一本书,可以啰啰嗦嗦、反反复复、琐琐碎碎在电话和电邮

里问个不停,他真是没有耐心回复。

当我听到艾伦去世时,第一个反应就是:他该不是自我了结生命吧?另一个随之而来的是:他那一生辛苦建立出来的几万本藏书该怎么办?乔在越洋电话中对我说,艾伦死前一个星期,突然身体不适,大伙儿要他去医院仔细检查,固执、没耐性的他就是不愿意,另一方面也可能担心自己负担不起高昂的医疗费用,结果进医院没几天就出院,书友们打电话给他住所的房东,才发现他已气绝公寓内,死亡的确切时间与原因皆不明。慌忙中,大家好不容易才辗转查出,艾伦最近的血亲是一对住在洛杉矶的外甥和外甥女,他们既和艾伦不熟,更不懂得古旧书,因此不知该如何是好。更糟的是,艾伦积欠店租,也没缴电费,偌大的书店一片漆黑,情况是浑沌不明中。

两个星期后,我回到旧金山,乔告知我,艾伦的亲戚已经委请他生前的好友约翰·利乐斯代为处理书店的存书。前几天已经有几位书商被允许先去挑书,每本书的实际售价为艾伦书上标价的四分之一。当时正是第二轮出清,由一家外州的书店大举购买预计一百箱的存书。这家大手笔的书店正是美国古书界赫赫有名的Booked Up,店主是改编小说《断背山》,而获得去年奥斯卡金像奖最佳改编剧本奖的得主拉里·麦克墨崔(Larry McMurtry)。

才华横溢的麦克墨崔,不仅是编剧家,其最显著的

(左)在书店清仓的最后几天,忙着挑书的书商来不及装箱,他们因此在书堆上放着大字报,标示自己是书籍拥有者,他人不准碰!"Don't Touch"简短的字句很有吓阻的意味。

(右)书商们拿着巨型手电筒在艾伦书店里寻宝。

（左）坎蒂·哈律斯一手举着无罩的台灯、一手查看艾伦的藏书，以便快速决定买还是不买。灯的电力得靠延长线接到书店外的公共插座来供应。

（右）艾伦的许多高档书，都装在这几十个纸箱内，将被运往德州射手城的古书店 Booked Up，它们的新主人是普利策奖与金像奖的得主麦克墨崔（有关麦克墨崔与他的书店，请参考本书第十五章）。图中左墙上那张编号 8/85 的版画则成了我的收藏，画中人物为 Shigeyoshi Murao（重芳村尾），一个在美国出生的日本人，他自1954年起在旧金山著名文化地标"城市之光书店"（City Lights Books）服务，达二十年之久，据称"城市之光"现今的氛围与风格都是由他所立下的基调。

身份其实是作家与古书商，他曾经获得普利策小说奖，作品也被改编成电影、电视。最让书商们津津乐道的是，他早年在美国东岸大都会华盛顿特区创立了古书店 Booked Up，后来又把书店搬到西部一个人口只有四千的偏远小镇，也就是他的家乡德州射手城（Archer City, Texas）。他把二三十万册的古旧书分放在射手城的四栋主要建筑内，让此成了世界知名的书镇（有关麦克墨崔的详细介绍，请参阅本书第十五章）。

艾伦去世的讯息也传到了麦克墨崔那里，他因此委请两位认识多年的书商朋友比尔·黑尔（Bill Hale）、坎蒂·哈律斯（Candee Harris）特别由华盛顿特区飞到旧金山，在四天内密集进行一百箱书籍的筛选、打包和邮寄。比尔与坎蒂在艾伦书店工作时，我正巧赶上。他们很遗憾地表示，在这种景况下与我相识，但是身为书商，他们其实都有心理准备，迟早自己也都会有这么一天。大家在唏嘘一阵后，都觉得艾伦的书能移到麦克墨崔的店，毕竟是一件好事。

比尔与坎蒂挑走一百箱书后，书架上还是立着一排又一排的书。接下来第三轮清仓，每本书低到数美元。那几天特价期间，只见许多二手书商拿着手电筒窝在书店内，把一堆又一堆的书放进他们带来的箱子内。至于墙上所挂的文学海报、版画、书架上的书挡（bookends）等艾伦珍藏的物件，也都成了大家收购的对象。有些书商对于自己如此"分食"艾伦的收藏，觉得像是秃鹰般，很有些罪恶感。约翰安慰大家说，他相信艾伦在天上有知，应该会乐见他的朋友们能拥有他的书。乔则对我说，这些宛如免费大放送的书，其实帮了不少书商，让他们能在不景气的当口即刻转卖获利，真的是功德一件，他个人至少就买了近千本。这不禁让人想起"生即是死，死即是生"的禅理，一个书商的死，也象征了其他书商的生。在这生生死死、死死生生的循环里，还看出了古旧书经营这一行的食物链关系。

我自然也加入了这些搜刮大队的行列中，但我倒不是像书商们心存获利。一方面是有些书太诱人了，我想买来阅读、收藏或把玩；再方面，我想留下一些艾伦的遗物，一些关于艾伦的记忆。当我翻阅书籍时，看见前面空白扉页上，有着艾伦用铅笔标价的字迹，耳中响起的是艾伦对我的招牌问候语："Hi！Kiddo, what's up？"

（初稿发表于2007年8月2日）

有着"生日快乐"字样的猿猴玩偶，反而突显出艾伦书店中的凄凉。

这家曾经书籍满溢的书店，是我获取许多知性养分的地方，亲眼目睹工人把书架清得一空，真是情何以堪！

UPDATE
续访札记

经过各方人马的收购，艾伦的书竟然还剩下许多，它们最后都捐给了非营利性的基金会"旧金山图书馆之友"贩卖，盈余嘉惠旧金山的公共图书馆。艾伦生前除了经常到这个基金会所办的书店与书展买书外，还常提供他们意见和协助，是名副其实的图书馆之友。2007年9月底，基金会为了向艾伦致意，那年他们在梅森堡举办的大书展特别纪念他，书展的目录有一页追悼图文，文字是艾伦的妻子茱迪·本哈德（Judy Bernhard）所写，中间配了一张我所拍摄的照片。那是数年前我在梅森堡书展时，正巧看到艾伦和以《中国男孩》（China Boy，大陆译为《支那崽》）成名的华裔作家歌斯·李（Gus Lee，中文名为李健孙）两人在小说区的同一个书摊挑书，当时随手拿着照相机咔嚓拍下的一张照片，谁知最终竟成了此用途（有关"旧金山图书馆之友"，请参考本书第八章）。

艾伦死后，教会街2141号301室又进驻了一家书店，但我很少去那儿逗留，一方面是他们以卖西班牙文的

每年夏末旧金山的"梅森堡书展"是艾伦绝对不会错过的盛会，2005年他与到场宣传的华裔作家Gus Lee（李健孙，以China Boy一书扬名美国）正巧在同一书区寻书，我不经意间拍到了这张照片。

书为主，非我所能阅读；最主要的，其实是我怕伤心。已经好几年了，每次想到艾伦，我还是想哭。不少人和我一样怀念他，例如现任《纽约时报》驻芝加哥记者大卫·史垂特菲尔德（David Streitfeld）。大卫曾经住在旧金山湾区，是艾伦的客户兼好友，他在网站上特别开辟了专区，谈论他从艾伦那儿买来的一本本书，以及与书相关的往事。大卫是位好写手，从他的描述中，我读到了一些所熟悉的艾伦，也看到了他一些以往不为我所知的面貌。大卫与我曾从艾伦口中听过彼此的名号多次，但在他死后那年的梅森堡书展上，两人才头一回碰面，情景格外感伤。稍堪安慰的是，我题赠给艾伦的第一本著作《书店风景》，大卫说已经成为他的藏书，而且绝对不会出让，连我也甭想买回。我很乐意艾伦冥冥之中成为我与其他爱书人之间一个联系的纽带。

大卫曾经是《华盛顿邮报》写与书籍相关报导的记者，他的职业生涯中的亮点之一，就是揭发1996年以无名氏为名撰写影射前美国总统克林顿竞选阵营丑态小说《原色》（*Primary Colors: A Novel of Politics*，原著改编之电影，台湾译为《风起云涌》）者的真实身份，此追踪过程竟然是源起于他某次搜书的结果。大卫本身就是一则传奇，有关他的故事，容我有机会再述。

最后值得一提的是，大卫也是麦克墨崔的好友，艾伦死时，就是他在第一时间向麦克墨崔通风报信。麦克墨崔2008年出版的一本回忆录 *Books: A Memoir* 的最后一篇，提到了他书店中的大量库存，其实是来自许多书店，他把历年来主要的收购对象一一列出，艾伦的名字也出现在其中。大卫表示，艾伦曾表示有机会要亲访麦克墨崔的书店，讽刺的是，他生前无法成行，他的书却替他完成了心愿。

前页我拍那张照片，被"梅森堡书展"放在2007年的书展目录中，并配上追思他的悼文。

=== INFORMATION ===
大卫·史垂特菲尔德纪念艾伦的网站
http://miravista.typepad.com/allan_milkerit

CHAPTER

18

BALDWIN'S BOOK BARN REVISITED

又见老人与小狗

重访鲍德温书仓

十多年后再次造访如诗如画的书仓,不仅有机会与几十万册书共眠,享用书仓主人亲自准备的餐点,还有店狗与店猫的相陪。更重要的是,我有幸听闻了许多传奇的故事。

不知何故,从 2008 年初开始,总是午后牙床酸痛,夜晚难以入眠、情绪低落、有时没来由地哭泣,一连串的身心失调、让原本热爱读书与写作的我,竟然连一小段文章都挤不出来、一本书也不想看。骤然间丧失了创作与阅读的动力和乐趣,不禁怀疑自己是否从此再也无法与文字打交道。待在旧金山的家中,彷如像是被囚禁在牢笼里的困兽,我觉得快要窒息,恐惧之感不断袭上心头,我想逃离,却又忧郁得提不起劲。这,真不是我所熟悉的自己。

出走或许能改善我的生理与心理,内在有一个小小的声音这么响起。亲密的伴侣也对我说:"你是人与马的混合体(射手座),无法待在一个地方太久,旧金山虽美,但已无法成为你灵感的泉源,换个环境、呼吸新鲜空气,应该有所助益。你的血液流着探险的因子,你需要出去飞翔。"旅行,似乎成了唯一的选择。2008 年 6 月下旬我终于强迫自己往美东行,主要的目的地是位于费城西方四十公里的小镇西彻斯特(West Chester),更精确地说,是小镇郊区一家名为"鲍德温书仓"(Baldwin's Book Barn)的书店。

十多年了,我不曾再返位于宾州的西彻斯特,但是"鲍德温书仓"的影像与氛围却不时在我脑中盘旋。2007 年底二度修订第一本书《书店风景》时,再次与书中提到的这家书店联络,惊喜地发现近七十岁的主人汤姆·鲍

"鲍德温书仓"户外的店招列出了网址,显示了时代与科技的演进。

上发条的古董挂钟,钟摆滴滴答答地来回摆动了几十年。

猫咪 Buddy 慵懒地在椅子上睡觉的画面,是书仓内的一幅好风景。

德温(Tom Baldwin)仍然固守父亲威廉·鲍德温(William Baldwin)1934 年所建立的古书店,买卖绝版的古董书与二手书。我和汤姆多次电话往返,不知是否因为他也是射手座,两人的磁场相通,发展出极友好的情谊,我们从古书经营聊到人生悲欢,以及一些书仓的起伏。汤姆表示,虽然店面的营运盛况不如以往,但是当众多独立书店一家家倒闭之际,书仓依然屹立不摇,2005 年还发现了菲茨杰拉德(F. Scott Fitzgerald)所著的第一版《了不起的盖茨比》(*The Great Gatsby*),引发国际媒体的报导。这版次因为书衣上的封面设计独特,再加上封底宣传句的一个大写的字错印成小写,出版社以手工校正,因此成了藏书家争相竞夺的收藏品,价格动辄数万到数十万美元。此外,当年我在书仓中所遇见的小狗 Crunch 早已去世,新的爱犬名唤 Pip,取自狄更斯的小说《远大前程》(*Great Expectations*)中主人翁的名字,前后两只狗都是杰克罗素梗犬(Jack Russell terrier);两只猫咪 Barney 与 Buddy 则是替 Pip 找来的同伴,猫犬相亲又相爱。一些琐碎小事让我觉得和书仓与它的主人更贴近。

久别重逢却又如此熟悉

知道我处于低潮期,汤姆坚持要我重访书仓,他不仅帮我安排食宿,且准备了一台车供我使用,另外,还有说不完的传奇故事等着我,汤姆信心满满地认为我的情况一定会改善,我并不这么乐观,但还是接受了他的邀请,"It can't get worse",我心想总不会更糟吧!

6 月 24 日下午 6 点,我抵达费城的机场,依约在行李区外等着汤姆来接我,这时我开始紧张起来了,虽然电话里彼此相谈甚欢,但万一见了面互看不顺眼怎么办?尤其我的身心状况如此差,不知是否能扮演个称职的访客?书仓的其他店员是否会欢迎我?还有,忘了问汤姆,我晚上到底要住在哪?正当我七上八下胡思乱想时,满头银发的汤姆开着一辆小卡车停在我面前,车门才打开,一只白底黑点毛色的小狗立刻亲昵地向我扑来,频频舔着我的脸

书仓主人汤姆·鲍德温与他的爱犬 Pip，是书仓中最抢眼的明星，老人与小狗的组合不时在电视节目、杂志、报纸中出现，他们当然也成了来访游客争相拍照的对象。

这座建立于 1822 年的古朴建筑,早先为农事之用的仓库,1946 年鲍德温家族将其买下,并改为卖书的场所。

颊,Pip 的热情与汤姆的微笑让我立刻忘了所有的疑虑,书仓的主人与他的小狗能亲自来迎接,对我而言,更胜皇家的礼遇。

在返回书仓的路上,我们中途停在隔邻小镇却兹福特(Chadds Ford)一家平实的小餐馆"汉克的地方"(Hank's Place)吃晚饭,这是世界知名画家安德鲁·怀斯(Andrew Wyeth)经常光顾的地方,对街不远处的一个博物馆就是以展出怀斯家族画作为主,汤姆悄悄地对我解说。难怪餐馆内挂了不少怀斯的复制画,日后考查,这间以家常菜著称的"汉克的地方"曾被《纽约时报》、《费城询问报》与一些国际美食杂志专文介绍。饭后我们沿着白兰地酒溪(Brandywine Creek)旁的小径行驶,美东夏日晚间七八点,天光尚明,我因此能欣赏沿途美景,一路草木扶疏,零星错落的屋宇多半是百年以上的古老建筑,不久左方出现了数十英亩的空旷大草原,除了几堆干草外,就是一栋原石砌成的房舍与附属的木造小屋,这景象宛如怀斯画作中常出现的场景,我不禁如此赞叹,汤姆

画家安德鲁·怀斯居住的庄园，总让人联想起他画笔下的世界，隔邻的白兰地酒河博物馆（Brandywine River Museum）自然少不了他的作品。右图所见就是博物馆为他特辟的专区一隅，前景陈列的巨幅画作是1989年的《雪丘》（Snow Hill），后景为1981年的《情人》（Lovers）。安德鲁·怀斯曾让邻居Helga担任他的秘密模特儿达十多年，《情人》中的裸女即是她，《雪丘》画中右方第一人也是她。同馆另有专区展览安德鲁·怀斯的父亲N. C. 怀斯（Newell Convers Wyeth, 1882~1945）的画作，N. C. 怀斯是二十世纪初期著名的插画家，曾替Charles Scribner's Sons出版社旗下许多知名作家的小说配画，其中最著名的莫过于1911年版史蒂文森（Robert Louis Stevenson）的《金银岛》（Treasure Island），下图中两幅油画就是此书的插画原作。

阔别十余载,我与书仓主人汤姆喜相逢,发现他还是热力十足。在书仓外这个庭院角落,他对我诉说了许多书仓的过往历史。

点点头对我说,是的,这正是他的老友安迪(安德鲁·怀斯的昵称)的庄园,年轻时他们常在那里开派对。

自下飞机以来,一切如梦似幻,但最让我激动的,还是当书仓出现在我眼前那一刻。十多年后再重逢,面对这座建立于1822年的古朴建筑,我仿佛从未离开过,外面的窗棂依旧是白漆,星条旗还是垂挂在入口回廊左上角。由于营业时间已过,汤姆拿出钥匙打开暗红色的木门,我终于正式再度踏入"鲍德温书仓"。金属大肚暖炉、古董挂钟、绿漆镶边的原木柜台和玻璃展示箱全都和我记忆中一模一样。无论世界怎么变,这书仓还是保持原貌。我尾随汤姆一路穿过不同书区,接着来到艺廊区,里面挂着一些画作以及不少装订精美的古书,这个区间曾经是汤姆儿时的客厅,最后我们来到一般顾客的"禁区",也就是汤姆的办公室兼厨房兼餐厅,这当然是我记忆中所欠缺的部分。才在办公室坐定不久,电话铃声就响起,汤姆拿起话筒,和对方说:"是的,她已经在书仓了,快过来吧!"放下电话,汤姆告知卡拉·贺门(Cara Herman)几分钟内就会来此见我。卡拉住在附近,她2007年底开始在书仓工作,我先前与汤姆联络时,他几次提到卡拉虽是新人,但已成了他的得力助手之一。汤姆也让她看过我的

（上）如此的场景，如此的氛围，是吸引我重访"鲍德温书仓"的理由。

（下）汤姆经手过的最大一笔交易，要属画家兼鸟类学家约翰·詹姆斯·奥杜邦（John James Audubon, 1785~1851）的作品《美国鸟类》（The Birds of America）。此套四册的鸟类绘本历经十二年出齐，内含四百多张铜版画，都是依奥杜邦的原画为底所印制，然后手工上色。书页尺寸超大，平均约90公分×60公分，是名副其实的"巨著"，因为奥杜邦是依鸟的原寸绘图。汤姆在1979年曾中介买卖这套书，当时成交价为三百万美元。2000年佳士得拍卖公司以八百八十万美元的天价卖出一套。2010年12月6日，苏富比拍卖公司又创新高纪录，以七百三十二万英镑（约一千一百五十万美元）卖出另一套。图中挂在书店墙上的复制画就是《美国鸟类》第一册的第一张图，名为《野火鸡》（Wild Turkey）。

书仓不少低矮处挂着白底红字的招牌，上面写着："DUCK OR GROUSE"，让人看了不禁莞尔。英文的"DUCK"与"GROUSE"分别指"鸭子"、"松鸡"，但是前者又可表示"快速低下头"，后者可表示"抱怨"，因此这是一个有趣的双关语，既可是"鸭子或松鸡"，也可是"低头或抱怨"，其实就是要大家小心，不要撞到头的意思。

书，说了不少关于我的事，他相信我们两人一定会投缘，这也促使卡拉立刻想和我碰面。

两个女人确实颇对味，我们年纪相仿，都喜欢一些古旧书籍与文件，闲聊中还发现一位旧金山的古书拍卖师竟然是共同认识的友人。天色已晚，汤姆打断我们的谈话，说今晚就委屈我暂住书仓，明晚开始则搬到卡拉宽敞、现代化的房子，她家中备有舒适的客房招待我，听到如此的安排让我感激不已。

融入书仓的脉动

卡拉告辞后，汤姆提着我的行李，引领我从艺廊区旁的楼梯直上阁楼，安置我在一间温馨的小厢房，两人互道晚安。任何人都可以拜访书仓，但能在书仓过夜可是莫大的荣幸，我才不在乎是否简陋，能够住在这栋近两百年的古老建筑，与几十万册书同在一个屋檐下，真是让人兴奋。本来已经严重失眠的我，这下更是睡不着了，服下一粒镇静剂，让自己快快进入梦乡，我期待着明早的来临，融入书仓的脉动。

隔天早上，我和汤姆在办公室内的一张餐桌上用早点，汤姆开始对我讲故事了。他说几星期前的某天上午，一位员工布莱恩·大卫斯（Bryan Davis）慌张地到办公室向他报告：欧文·威尔逊（Owen Wilson）驾临书仓！极少看电影的汤姆根本没听过这位当红男明星的名字，但还是出去致意。原来好莱坞大队人马拉拔到此小镇拍影片《马利与我》（Marley and Me，改编自同名畅销书），女主角是珍妮弗·安妮斯顿（Jennifer Aniston），男主角就是欧文·威尔逊。威尔逊是以写剧本起家，据说他早年其实最想当作家而非演员，拍片空档来到书仓逛逛很能被理解。威尔逊花了约一小时在书仓中觅书，离去前，他捧了一堆书到柜台准备付账，并得意地向汤姆表示，其中一本介绍美国了不起的人、事、物的图文书 American Greats 是他父亲罗伯·威尔逊（Robert A. Wilson）所编纂的，没想到汤姆非常酷地把那本书翻到第三十二与三十三页，

以前使用的磅秤，现在成为书仓外一角的装置艺术。

好莱坞知名男星欧文·威尔逊在拍影片《马利与我》的空档时，到书仓买书。威尔逊在书仓中觅得一本他父亲罗伯·威尔逊（Robert A. Wilson）所编纂的 American Greats，这是本介绍美国了不起的人、事、物的图文书，谁知那本书内两页彩图赫然是汤姆与 Pip 在书仓的影像。虽说这部分是推介 C-Span 传媒（一个非营利性组织所办的有线电视与电台，不接受外来广告，企图以中立、无私的立场播放公共事务的节目），正好用了汤姆接受电视采访的画面，但如此的巧合，大概比欧文·威尔逊主演的任何一部电影的片段都要让人难以忘怀。

跨页彩图赫然是他与 Pip 在书仓的影像，如此的巧合使得欧文顿时目瞪口呆，想必当时的场景比起他主演的任何一部电影的片段都要让他难以忘怀。

书仓十点开始营业，员工陆续出现，布莱恩这天负责收银台，他很早就到。接着是比尔·杰麦肯斯（Bill Jermacans），比尔是康奈尔大学英文系的毕业生，负责网络售书。这两位三四十岁的店员都是《每日地方报》（Daily Local News）的编辑，白天在书仓兼职，晚上到报社工作，时代的洪流虽无法淹没书仓保有的古老风貌，但要说书仓一丁点儿都没变，那是骗人骗己，毕竟书和员工都会流动，连户外草坪上矗立的店招都列了书仓的网址。的确，网络是必要经营的，透过这个管道，不仅可以让三十多万册的书有更高的流通机率，也让许多人经由书仓的网站或是其他影音网站散播书仓主人、员工与店猫、店狗的魅力，吸引更多访客。

下午时刻，当我正在书仓闲逛时，汤姆突然领了两个约二十多岁的年轻女孩到我面前，说他们是专程来看我的，这让我颇为茫然，她们是谁啊？原来汤姆早已四处宣扬我要来的消息，其中一个女孩是隔邻小镇一家连锁书店"邦斯与诺伯"（Barnes & Noble）的店员，不时也到"鲍德温书仓"溜达，她前几天到书仓来，汤姆向她提起我是个以逛书店为业的人，大概把我捧得天花乱坠，以致女孩

任何人都可以拜访如诗如画的书仓，但很少人能获准在那里住宿且享用书仓主人亲自准备的餐点。我非常感恩，自己竟成为那极少数的幸运儿之一。吃在书仓、玩在书仓、睡在书仓，确实是我这只书虫最兴奋之事，也是千金难买的可贵经验。

表明非要见上我一眼，问清了我抵达的时间，决定当个不速之客，还顺便拉了她的死党一道，这位朋友目前当代课老师，先前在镇上一家以卖新书为主的独立书店工作过。同是爱书人，而且两人还开了半个多小时的车程到此，我怎样也不忍心拒绝与她们分享我的经验，翻着我的书，一路当起纸上导游，她们看图神游过众多书店后，心满意足地向我道谢，并说我拥有她们梦想中的工作。不知有多少人曾这么对我说，我只能浅笑回应。是的，我确实很幸运，不过真要率性过我这样的日子，其实是要付出相当的代价。

书仓的知性人物

送走了两位女孩，我已经累得不行，此时汤姆已准备好可口的晚餐等我共享。汤姆提到他二十岁出头就已经成了销售凯迪拉克汽车的超级营业员，他接着买下了邻近小镇一家历史悠久的饭店"马修顿饭店"（Marshalton Inn），由于经营得极为成功，常有一些名流政要出入。但有一天他和大厨起争执，大厨愤而辞职，逼得汤姆得自己系上围裙当厨师，长达八年之久。我本想他大概在吹牛，但是日后几次看他烹饪的架式、选用的食材与品尝餐点的结果后，我不得不承认他真是个出色的厨师。那天晚餐结束不久，卡拉和他健谈的先生乔·贺门（Joe

汤姆的弟弟大卫在书仓一个小角落细心地修补一些封面或内页破损的古书。我从未见过有人像他一样，拿着灌满黏着剂的针筒朝书注射，这却又让我联想到，书籍修复师总是被戏（昵）称为"书的医生"（book doctor）。

退休的高中文学教师福列德，个性好、学养佳，是书仓不可或缺的老臣。

Herman）特别开车接我到他们邻近的家中，这对和善的夫妇拥有一双聪明懂事的青少年儿女、一栋舒适的宅院以及开放的心胸，能接纳我这么一个突然闯入的陌生人，这里也成了我未来一个多星期住宿之处。

接下来几天，我几乎是书仓开门就报到，因而熟识了所有的工作伙伴。我在此碰到了汤姆的亲弟弟大卫（David Baldwin），他们两兄弟看起来一点也不像，个性也极为不同。汤姆豪气外放，大卫则内向温驯。手巧的大卫，多年前无师自通，摸索出一些修补书籍的方法，汤姆因此为他在二楼一个小角落辟了工作区，摆满了补书的工具，大卫有空时就到书仓中帮忙，细心地"拯救"一些封面或内页破损的古旧书，让原本可能解体或丢入垃圾桶的残卷摇身变为值得收藏的宝贝。

另外，我发现几位上了年纪的成员有一个共通的特色，那就是他们都曾在其他行业任职数十年，自职场退休后才到此，他们各个生活无虞，根本不需要赚外快，在书仓工作是另一种社交圈的扩大，可以与书、与人打交道，让生活充实有劲，此外也能继续贡献自己的专长，帮助书仓有效率地营运。例如六十八岁的福列德·丹纳威（Fred Danaway），之前在中学教了几十年的文学，退休后他突然觉得大把时间不知该怎么运用，失落感油然而生，还好他很快就受雇于书仓，在此已快乐地工作了九年。总是满脸笑意的福列德，拥有文学的知识与绝佳的个性，和他接触的人无不如沐春风。

另一位六十七岁的员工乔瑟夫·史考特（Joseph Scott），曾经在世界知名的史考特纸厂（Scott Paper Co.，乔瑟夫与此公司创办人史考特家族并无亲戚关系）工作近三十年，专精商品的配送，退休前的职衔是国际物流部经理。乔瑟夫到书仓工作后，特别监控书籍的邮资，由于书很重，美国的运费又节节升高，如何找寻最可靠、最经济的邮件寄送公司与方式可是一门大学问，这就是他的专长了。在书仓工作以来，乔瑟夫最难忘怀的，莫过于前两年奈特·沙马兰（M. Night Shyamalan）编导的电影

《水中女妖》（Lady in the Water，杜可风为摄影指导）在附近城镇拍摄，电影公司向书仓租了五百本书当道具。乔瑟夫负责这个专案，亲自运送这些书到拍片现场，并在场景中布置出一间书房。

看起来就有一种大老板架式的戴弗·优瑞奇（Dave Uhrich）是汤姆的另一名爱将。六十六岁的戴弗在书仓工作六年，之前四十年纵横于传媒界，足迹遍及欧美各大城，曾受聘于美国知名电视网 ABC、CBS、NBC、特德·特纳（Ted Turner，媒体大亨，后来创办 CNN）等，担任节目制片、导演、经理等职，他最后搬到伦敦，在跨国媒体 ViaSat 工作了十年，退休时的头衔是营运副总裁。戴弗自己也是个收藏家，过去二十五年来，专门收集与拿破仑大帝相关的书籍与物件。他坦率对我表明，他根本不需要钱，在此工作是因为能和一些学识渊博、个性亲和的人共事，同时也增加他对藏书的知识，另外，也可以避免观看现今疯狂的电视节目，这出自媒体老将之口，确实很有趣。

这些优秀人才甘之如饴替汤姆打工，除了书仓的气氛，更重要的是汤姆让他们能弹性上班，互相调度时间，因此喜欢旅游的福列德可以和太太一年出国三四趟，爱打高尔夫球的乔瑟夫与戴弗则可以不时去打打小白球。真正爱一个人并让此人爱你，就是给他（她）自由，这也是汤姆高明之处。而汤姆也可以放心把生意交给他们，每一两个月就当起空中飞人，带着爱犬 Pip 往返于西彻斯特与佛罗里达探访家人（他的妻子与儿女多年前都已迁居至佛州）。

待在这里的每一刻都是享受，天天都有惊喜。某日我发现书仓柜台上摆着《彻斯特郡明信片集 1900～1930》（Chester County Post Card Album 1900～1930），翻开书赫然发现书仓的影像与威廉·鲍德温的名字出现在书名页。原来汤姆的祖先早在 1862 年就已从英国迁移到彻斯特郡，他的父亲生前熟知并热爱民俗与地方史，早期不仅曾经将书仓的主厅辟为乡村博物馆，摆放他收集的许多古老的家用与农事器具，更分别在 1980 与 1984 年和一位

"鲍德温书仓"的创办人威廉·鲍德温曾编辑并出版了两册彻斯特郡的古老明信片集。画面中威廉·鲍德温手里所握那本书正是明信片集的第二册。

Courtesy of Baldwin's Book Barn

我在书仓隔邻小镇的一个跳蚤市场买到了一本有关古董收藏的入门书,其中一页出现了"鲍德温书仓"至少半世纪前设置的乡村博物馆的黑白相片,画面中汤姆的父亲(威廉)正在招呼一位女客人,而柜台正是现在书仓中的柜台。书中空白页贴着一张宾州艾发拉塔公共图书馆(Ephrata Public Library)特制的手工印刷藏书票,有着漂亮的装饰花纹、图案与字体,下方打字机打出的字显示,这是艾发拉塔图书馆委员会为了纪念一位逝去的欧浩斯太太(Mrs. Harold H. Althouse),于 1967 年 9 月 25 日所捐赠之书。这书后面盖了"WITHDRAWN"字样的章,表示是图书馆清出的书,还好有此证明,否则别人可能误认我是偷书贼呢。

当地的历史学家合编并出版了两册的古老明信片集。这两本书都已绝版,汤姆还存有几本第二册,他很慷慨地送给了我一本。隔天早上,卡拉带我到一个跳蚤市场闲逛,和一个摊位的小贩聊天时,他知道我是书仓的访客,随口说他曾搜购了一本旧书,我应该会感兴趣,但不知道这书是否还在,他四处找了一阵,从一个纸箱中掏出一本有关古董收藏的入门书(The Beginning Antique Collector's Handbook and Guide to 1000 Items to Collect),里面一页出现了"鲍德温书仓"早年乡村博物馆的黑白相片,那至少是五十年前所拍摄,画面中汤姆的父亲正在招呼一位女客人,我马上就认出相片中的柜台正是现在书仓中的柜台。这本书虽然品相颇差,是一家公共图书馆报废的弃书,但我怎能错过呢?当然立刻买下!回到书仓后,我把战利品展示给汤姆,他竟然不知道这本书的存在,这让我更加开心,也对这个巧合感到不可思议。

汤姆丰富的人生阅历

有一晚汤姆开车带我去邻镇用餐,车子停在一栋古老的石砌屋宇前,我发现那正是汤姆曾拥有的"马修顿饭店",这间历史悠久的店家,自 1814 年开始营业,汤

姆是第二十五任店主,他买下此店后,进行了不少整修与装潢,并加上商业用的厨房,奠定了现今的规模,他因为经营成功,八年后被富有的杜邦家族相中,找他管理起高档的旅馆。在香槟酒与佳肴的伴随下,汤姆一路对我讲述他四十多年前与此饭店的渊源,餐后并带我到厨房和现任的厨师兼店主寒暄。一个餐厅的老板、旅馆总经理最后成为书仓主人,实在很特别,汤姆笑说,那没什么,他以前还四处赛车,1997 年他五十八岁"高龄"时,甚至参加了国际知名的"二十四小时戴通纳赛车"(24 Hours of Daytona Race),他与其他三名年轻组员持续二十四小时轮流开两小时的保时捷跑车,时速两百英里。我想他大概是全世界唯一有此经历的书商了,如此多彩多姿的过往,为书仓的历史更添传奇。早已不再赛车的汤姆,现在重心都放在书仓,这年头书店经营能打平或小赔就算奇迹,还好占地五英亩半的书仓是自有地,不需付租金,但要维持

"马修顿饭店"的招牌标示这间历史悠久的店家,自 1814 年起营业。

汤姆有着多彩多姿的人生。他在五十八岁（1997 年）时，参加了国际知名的"二十四小时戴通纳赛车"（24 Hours of Daytona Race），与其他三名年轻组员持续二十四小时轮流开两小时的保时捷跑车，时速两百英里。汤姆应该是唯一有此赛车纪录的书商了。
Courtesy of Baldwin's Book Barn

书仓营运，每天平均管销费用就得一千一百美元。汤姆所希望的，不过就是运用他早年的一些企业经验，守住这家七十多年的老店，让自己和爱书人都能享有一个独特的书世界，这也是他理想的生活方式。

我在书仓遇见了来自各地、行行色色的顾客——律师、记者、书探、作家、博物馆员、电脑工程师等。最让我欣喜的是，听到有些人表示，他们儿时就跟着父母到此闲逛、买书，这里的摆设与风格几乎没改变，现在他们也带着自己的小孩继续光顾书仓。

真正流动的飨宴

海明威曾经说巴黎是一席流动的飨宴，但对我而言，"鲍德温书仓"才是真正流动的飨宴，在这里，无论是店主、员工或访客，每个人都有精彩故事值得分享。然而世上没有不散的筵席，7 月 3 日那天中午，汤姆带着 Pip 开车送我去机场，从乡间小径慢慢行驶上高速公路，我意识到自己真的就要告别这如诗如画的情境，虽然我知道书仓已成了我另一个家，我一定会再回来，但还是忍不住一阵

小狗Pip的友善与亲昵,让许久不曾笑的我,重展欢颜。我相信狗和书是人类最好的朋友。

鼻酸,特别是Pip似乎知道我将要离去,显得非常躁郁,在我身上一直不安地摩蹭,让我更伤感,汤姆则握着方向盘静默无语。到了机场,卸下我的行李,汤姆总算勉强挤出点笑容,给了我一个大大的拥抱,告诉我书仓的每个人和Pip都爱我,期待我早日再访。当汤姆开着卡车离去时,我看见Pip紧贴它的脸在车窗上可怜兮兮地向我回望,这一幕成了强力的催泪弹,让我顿时瓦解。

难过归难过,但我心中充满了暖意,毕竟多少人能有如此机缘,拥有我过去那十天美好的历程与记忆?虽然我的身体状况还是不佳,但我开始有了动笔的欲望,想要记录下一些生活片段,我的焦虑感也大大降低。然而丧失写作的能力超过半年,再度提笔宛如重度创伤后进行复健,过程迟缓且艰辛,这篇文章写得很慢又很久,若非亲密的伴侣一路打气,我几乎要放弃。感谢他的鼓励,让我在忧郁中依然不绝望;感谢上苍的眷怜,让我在最低潮的时刻重访"鲍德温书仓",得到诸多书人的启迪与呵护。能够再度用文字留下这些书店风景,就是一种幸福。

(初稿发表于2008年9月29、30日)

UPDATE 续访札记

　　生于1938年的汤姆，虽已过了七十岁，身体还很健朗，不时搭机在宾州与佛罗里达州间穿梭，因为家人多年前就搬迁到佛州，所以每一两个月就当起空中飞人。但毕竟年纪大了，一双儿女又对书业没兴趣，他不得不思索书仓的未来。他当然希望书仓能继续下去，但要找到看得顺眼、对书有热情，而且还能拿出几百万美元买下书仓的人，并非一朝一夕可成之易事。为了有充裕时间觅得理想的人选，汤姆2010年初开始释放鲍德温书仓待售的讯息，并引来《纽约时报》与宾州周边地方报的报导。到目前为止，有几个人表达了购买书仓的意愿，但汤姆觉得他们不合适，因此予以婉拒。汤姆并不着急，他表示最坏的打算，是允许买主把此地改成有风味的B&B（提供早餐的民宿）或艺术工作室，但他绝不同意此地变成俗不可耐的购物商场。

　　我无法想象书仓不卖书，我更无法想象书仓没有汤姆，但我明了他终究还是得退休并与家人共度晚年。我祈祷汤姆能找到理想的继任者经营书仓，我也提醒自己"有花堪折直须折，莫待无花空折枝"，应该尽量在汤姆退休前多多造访书仓，未来是多么不可测。2010年4月我三访"鲍德温书仓"，这是一次略带伤感却依旧美好的旅程，就容我留待未来再追忆吧！

INFORMATION

鲍德温书仓 Baldwin's Book Barn

865 Lenape Road, West Chester, PA 19382, USA
TEL 1-610-696-0816
www.bookbarn.com

2010年2月12日《纽约时报》内的一则报导附了这张照片,望着两只猫咪悠闲盘踞在书仓桌上的美丽画面,我的内心却是一阵酸楚,因为报导中宣告了书仓现任主人打算退休的讯息。面对书仓前途未卜之际,我只能相信,这片福地终将会找到有缘人,延续书仓的传奇。
Courtesy of Baldwin's Book Barn

后记

终于来到了写后记的阶段。每出一本书都是一项挑战,但从未有像《书店传奇》如此之高难度。除了内容的前后书写逾十年,单是编辑部分,从构思到完成就达一年。继《书店风景》、《书天堂》后,就写作的选题上,这本书显然难以突破前两本著作,毕竟《书店风景》是华文世界第一本报导西方书店的专书;《书天堂》谈论与书相关的面向极广泛;然而在深度与角度上,《书店传奇》却更胜一筹。书中的故事,都是浸泡西方书世界多年后提炼的结晶,反映出个人智识与情感上更深的投入,毕竟所有的见闻与经历,都要靠时间一滴一点累积,绝无另一条捷径。

《书店传奇》得以流传,首先要感谢所有与我接触的英美书商,他们不仅在与我交往的过程中,热切对我述说与书相关的故事,更在写作与编辑上,不厌其烦地为我解惑并慷慨给予数据、图片、引荐上多方面的协助。

例如英国伦敦老店"莎乐伦"(Henry Sotheran Limited)的书商们,为了让我能精确地撰写一则图说、一个典故,他们有时放下手边繁忙的工作,集体讨论我所提出的问题,然后翻遍所有档案与参考书,甚至向业界的权威求证,以期给予我最信服的答案;有时为了替我配一些适切的图,书店的摄影兼设计 Javier Molina 立刻就拍出高质量的画面传给我;除了电话联系,单是我与他们的往返邮件就超过四百封。因特网看似发达与丰富,但并非涵盖全部,而且其中充斥了诸多错误、矛盾与不详之处。像我这样对书的背景喜欢追根究底者,唯有仰赖专业人士与书籍的辅助,才能觉得安心舒服。因此,编写这整本书的漫长历程是磨难、是酷刑,也是一种享受、一次幸福又感恩的学习之旅。

正如麦克墨崔所言:"从最卑微的平装本二手书店到高档的一流书店,所有的书商都是延续书籍文化的贡献者,我们一定不能丧失这个优秀的文化。"这句话让我感同身受,一路在英美书世界中遨游,我有幸成为受惠者之一;而今借助他们的传奇故事,除了散播出一些西方的书籍文化,更企盼读者能感受到人与人之间,因为某种共通的热爱,可以不分地域、种族、年龄、性别,不计较利害得失而发出真诚的善心与美意。

然而《书店传奇》能以繁体和简体中文面貌相继优雅问世,首先要衷心感谢海峡两岸优秀编辑人才先后全力的付出。此外,要谢谢大陆中央编译出版社的持续支持,继 2008 年《书店风景》增订版之后,再次出版此书以及《书天堂》的增订版,使得我的前三本著作首度在同一家出版社合体,并谱成一部互相唱和的"书话三部曲"。

走笔至此,想必有些读者忍不住要问,到底实体书店是否有前景?上个世纪末网络书店出现,许多人预言实体书店将消失。虽然实体书店在前期遭受极大的冲击,数量一度急速下滑,但是实体书店始终都存在,本书开篇所介绍的长寿古书店"莎乐伦",更是在 2011 年欢庆开业两百五十年;而且我发现无论从西方到东方、从大城到小镇,都有新兴的书店,并且经营得有声又有色,囿于篇幅之故,无法在此一一叙述。

这些年来,各类型的电子阅读器纷纷问世,人们又开始预言实体书将消逝。记得录像带、DVD 发明时,许多人担忧戏院将永不存,但事实证明,人们还是愿意走入电影院,感受不同的经验与互动。我从不认为纸本书、实体书店会绝迹。用不同的载体阅读文字与图像,以不同的方式买卖书,各有不同的便利与乐趣。这,将是一个纸本书与电子书、网络书店与实体书店共舞的美丽新世界!爱书人则永远会将有关书与书店的传奇故事继续流传下去。

图书在版编目（CIP）数据

书店传奇 / 钟芳玲著. —北京：中央编译出版社，
2017.8（2018.1重印）
ISBN 978-7-5117-3324-5

Ⅰ.①书…
Ⅱ.①钟…
Ⅲ.①书店—介绍—世界
Ⅳ.①G239.1

中国版本图书馆CIP数据核字（2017）第088576号

The first edition of Tales of Bookshops was published in traditional Chinese in 2010 by Vista Publishing Company, Taipei in hard- and softcover issues. A revised hardcover edition in simplified Chinese was published in 2012 by Central & Translation Press, Beijing, which the press reissued with minor corrections and amendments in 2013. The softcover issue of the 2014 revised simplified Chinese edition was once more published by Central Compilation & Translation Press, who are also the publishers of this 2017 revised and updated, simplified Chinese issue in a hardcover binding. Text and images copyright © 2010-2017 by Fang-Ling Jong, unless otherwise stated. All rights reserved.

本书简体中文版由钟芳玲小姐授权中央编译出版社独家出版。

书店传奇

出 版 人：葛海彦
出版统筹：贾宇琰
创意统筹：钟芳玲
责任编辑：王　琳
执行编辑：陶莎莎
版型设计：J. Chen
责任印制：刘　慧
出版发行：中央编译出版社
地　　址：北京西城区车公庄大街乙5号鸿儒大厦B座（100044）
电　　话：（010）52612345（总编室）（010）52612341（编辑室）
　　　　　（010）52612316（发行部）（010）52612346（馆配部）
传　　真：（010）66515838
经　　销：全国新华书店
印　　刷：北京文昌阁彩色印刷有限责任公司
开　　本：787毫米×1092毫米　1/16
字　　数：270千字
印　　张：18
版　　次：2017年8月第1版
印　　次：2018年1月第2次印刷
定　　价：139.00元

网　　址：www.cctphome.com　　邮　　箱：cctp@cctphome.com
新浪微博：@中央编译出版社　　微　　信：中央编译出版社（ID:cctphome）
淘宝网店：中央编译出版社直销店（http://shop108367160.taobao.com）（010）55626985

本社常年法律顾问：北京市吴栾赵阎律师事务所律师　闫军　梁勤
凡有印装质量问题，本社负责调换，电话：（010）55626985